U0326332

北京大學中國語言學研究中心

早期北京話珍稀文獻集成

主編 劉雲

朝鮮日據時期漢語會話書匯編

分卷主編 [韓]朴在淵 [韓]金雅瑛

高等官話華語精選

[韓]高永完 著

[韓]朴在淵 [韓]金雅瑛 校注

国家出版基金项目
NATIONAL PUBLICATION FOUNDATION

北京大学出版社
PEKING UNIVERSITY PRESS

圖書在版編目(CIP)數據

高等官話華語精選 /（韓）高永完著；（韓）朴在淵，（韓）金雅瑛校注.—北京：北京大學出版社，2017.7

（早期北京話珍本典籍校釋與研究）

ISBN 978-7-301-28099-7

Ⅰ.①高… Ⅱ.①高…②朴…③金… Ⅲ.①北京話—研究 Ⅳ.①H172.1

中國版本圖書館CIP數據核字（2017）第066421號

書　　名	高等官話華語精選 GAODENG GUANHUA HUAYU JINGXUAN
著作責任者	［韓］高永完　著　［韓］朴在淵　［韓］金雅瑛　校注
責任編輯	何傑傑　鄧曉霞
韓文編輯	曹夢玥　劉　暢　申明鈺
標準書號	ISBN 978-7-301-28099-7
出版發行	北京大學出版社
地　　址	北京市海淀區成府路205號　100871
網　　址	http://www. pup. cn　新浪微博：@北京大學出版社
電子信箱	zpup@ pup. cn
電　　話	郵購部 62752015　發行部 62750672　編輯部 62752028
印 刷 者	北京京華虎彩印刷有限公司
經 銷 者	新華書店
	720毫米×1020毫米　16開本　27.5印張　228千字
	2017年7月第1版　2018年3月第2次印刷
定　　價	98.00元

未經許可，不得以任何方式複製或抄襲本書之部分或全部內容。

版權所有，侵權必究

舉報電話：010-62752024　電子信箱：fd@pup.pku.edu.cn

圖書如有印裝質量問題，請與出版部聯繫，電話：010-62756370

總序

語言是文化的重要組成部分，也是文化的載體。語言中有歷史。

多元一體的中華文化，體現在我國豐富的民族文化和地域文化及其語言和方言之中。

北京是遼金元明清五代國都（遼時爲陪都），千餘年來，逐漸成爲中華民族所公認的政治中心。北方多個少數民族文化與漢文化在這裏碰撞、融合，產生出以漢文化爲主體的、帶有民族文化風味的特色文化。

現今的北京話是我國漢語方言和地域文化中極具特色的一支，它與遼金元明四代的北京話是否有直接繼承關係還不是十分清楚。但可以肯定的是，它與清代以來旗人語言文化與漢人語言文化的彼此交融有直接關係。再往前追溯，旗人與漢人語言文化的接觸與交融在入關前已經十分深刻。本叢書收集整理的這些語料直接反映了清代以來北京話、京味文化的發展變化。

早期北京話有獨特的歷史傳承和文化底蘊，於中華文化、歷史有特別的意義。

一者，這一時期的北京歷經滿漢雙語共存、雙語互協而新生出的漢語方言——北京話，它最終成爲我國民族共同語（普通話）的基礎方言。這一過程是中華多元一體文化自然形成的諸過程之一，對於了解形成中華文化多元一體關係的具體進程有重要的價值。

二者，清代以來，北京曾歷經數次重要的社會變動：清王朝的逐漸孱弱、八國聯軍的入侵、帝制覆滅和民國建立及其伴隨的滿漢關係變化、各路軍閥的來來往往、日本侵略者的占領，等等。在這些不同的社會環境下，北京人的構成有無重要變化？北京話和京味文化是否有變化？進一步地，地域方言和文化與自身的傳承性或發展性有着什麼樣的關係？與社會變遷有着什麼樣的關係？清代以至民國時期早期北京話的語料爲研究語言文化自身傳承性與社會的關係提供了很好的素材。

了解歷史才能更好地把握未來。新中國成立後，北京不僅是全國的政治中心，而且是全國的文化和科研中心，新的北京話和京味文化或正在形成。什麼是老北京京味文化的精華？如何傳承這些精華？爲把握新的地域文化形成的規律，爲傳承地域文化的精華，必須對過去的地域文化的特色及其形成過程進行細致的研究和理性的分析。而近幾十年來，各種新的傳媒形式不斷涌現，外來西方文化和國内其他地域文化的衝擊越來越强烈，北京地區人口流動日趨頻繁，老北京人逐漸分散，老北京話已幾近消失。清代以來各個重要歷史時期早期北京話語料的保護整理和研究迫在眉睫。

"早期北京話珍本典籍校釋與研究（暨早期北京話文獻數字化工程）"是北京大學中國語言學研究中心研究成果，由"早期北京話珍稀文獻集成""早期北京話數據庫"和"早期北京話研究書系"三部分組成。"集成"收録從清中葉到民國末年反映早期北京話面貌的珍稀文獻并對内容加以整理，"數據庫"爲研究者分析語料提供便利，"研究書系"是在上述文獻和數據庫基礎上對早期北京話的集中研究，反映了當前相關研究的最新進展。

本叢書可以爲語言學、歷史學、社會學、民俗學、文化學等多方面的研究提供素材。

願本叢書的出版爲中華優秀文化的傳承做出貢獻！

王洪君、郭鋭、劉雲

二〇一六年十月

"早期北京話珍稀文獻集成"序

清民兩代是北京話走向成熟的關鍵階段。從漢語史的角度看，這是一個承前啓後的重要時期，而成熟後的北京話又開始爲當代漢民族共同語——普通話源源不斷地提供着養分。蔣紹愚先生對此有着深刻的認識："特别是清初到19世紀末這一段的漢語，雖然按分期來説是屬于現代漢語而不屬於近代漢語，但這一段的語言（語法，尤其是詞彙）和'五四'以後的語言（通常所説的'現代漢語'就是指'五四'以後的語言）還有若干不同，研究這一段語言對於研究近代漢語是如何發展到'五四'以後的語言是很有價值的。"（《近代漢語研究概要》，北京大學出版社，2005年）然而國内的早期北京話研究并不盡如人意，在重視程度和材料發掘力度上都要落後於日本同行。自1876年至1945年間，日本漢語教學的目的語轉向當時的北京話，因此留下了大批的北京話教材，這爲其早期北京話研究提供了材料支撑。作爲日本北京話研究的奠基者，太田辰夫先生非常重視新語料的發掘，很早就利用了《小額》《北京》等京味兒小説材料。這種治學理念得到了很好的傳承，之後，日本陸續影印出版了《中國語學資料叢刊》《中國語教本類集成》《清民語料》等資料匯編，給研究帶來了便利。

新材料的發掘是學術研究的源頭活水。陳寅恪《〈敦煌劫餘録〉序》有云："一時代之學術，必有其新材料與新問題。取用此材料，以研求問題，則爲此時代學術之新潮流。"我們的研究要想取得突破，必須打破材料桎梏。在具體思路上，一方面要拓展視野，關注"異族之故書"，深度利用好朝鮮、日本、泰西諸國作者所主導編纂的早期北京話教本；另一方面，更要利用本土優勢，在"吾國之舊籍"中深入挖掘，官話正音教本、滿漢合璧教本、京味兒小説、曲藝劇本等新類型語料大有文章可做。在明確了思路之後，我們從2004年開始了前期的準備工作，在北京大學中國語言學研究中心的大力支持下，早期北京話的挖掘整理工作於2007年正式啓動。本次推出的"早期北京話珍稀文獻集成”是階段性成果之一，總體設計上“取異族之故書與吾國之舊籍互相補正”，共分“日本北京話教科書匯編”“朝鮮日據時期漢語會話書匯編”“西人北京話教科書匯編”“清代滿漢合璧文獻萃編”“清代官話正音文獻”“十全福”“清末民初京味兒小説書系”“清末民初京味兒時評書系”八個系列，臚列如下：

“日本北京話教科書匯編”於日本早期北京話會話書、綜合教科書、改編讀物和風俗紀聞讀物中精選出《燕京婦語》《四聲聯珠》《華語跬步》《官話指南》《改訂官話指南》《亞細亞言語集》《京華事略》《北京紀聞》《北京風土編》《北京風俗問答》《北京事情》《伊蘇普喻言》《搜奇新編》《今古奇觀》等二十餘部作品。這些教材是日本早期北京話教學活動的縮影，也是研究早期北京方言、民俗、史地問題的寶貴資料。本系列的編纂得到了日本學界的大力幫助。冰野善寛、内田慶市、太田齋、鱒澤彰夫諸先生在書影拍攝方面給予了諸多幫助。書中日語例言、日語小引的翻譯得到了竹越孝先生的悉心指導，在此深表謝忱。

“朝鮮日據時期漢語會話書匯編”由韓國著名漢學家朴在淵教授和金雅瑛博士校注，收入《改正增補漢語獨學》《修正獨習漢語指南》《高等官話華語精選》《官話華語教範》《速修漢語自通》《速修漢語大成》《無先生速修中國語自通》《官話標準：短期速修中國語自通》《中語大全》《“内鮮滿”最速成中國語自通》等十餘部日據時期（1910年至1945年）朝鮮教材。這批教材既是對《老乞大》《朴通事》的傳承，又深受日本早期北京話教學活動的影響。在中韓語言史、文化史研究中，日據時期是近現代過渡的重要時期，這些資料具有多方面的研究價值。

“西人北京話教科書匯編”收録了《語言自邇集》《官話類編》等十餘部西人編纂教材。這些西方作者多受過語言學訓練，他們用印歐語的眼光考量漢語，解釋漢語語法現象，設計記音符號系統，對早期北京話語音、詞彙、語法面貌的描寫要比本土文獻更爲精準。感謝郭鋭老師提供了《官話類編》《北京話語音讀本》和《漢語口語初級讀本》的底本，《尋津録》、《語言自邇集》（第一版、第二版）、《漢英北京官話詞彙》、《華語入門》等底本由北京大學圖書館特藏部提供，謹致謝忱。《華英文義津逮》《言語聲片》爲筆者從海外購回，其中最爲珍貴的是老舍先生在倫敦東方學院執教期間，與英國學者共同編寫的教材——《言語聲片》。教材共分兩卷：第一卷爲英文卷，用英語講授漢語，用音標標注課文的讀音；第二卷爲漢字卷。《言語聲片》采用先用英語導入，再學習漢字的教學方法講授漢語口語，是世界上第一部有聲漢語教材。書中漢字均由老舍先生親筆書寫，全書由老舍先生録音，共十六張唱片，京韵十足，殊爲珍貴。

上述三類“異族之故書”經江藍生、張衛東、汪維輝、張美蘭、李無未、王順洪、張西平、魯健驥、王澧華諸先生介紹，已經進入學界視野，對北京話研究和對外漢語教學史研究産生了很大的推動作用。我們希望將更多的域外經典北京話教本引入進來，考慮到日本卷和朝鮮卷中很多抄本字跡潦草，難以辨認，而刻本、印本中也存在着大量的異體字和俗字，重排點校注釋的出版形式更利于研究者利用，這也是前文“深度利用”的含義所在。

對“吾國之舊籍”挖掘整理的成果，則體現在下面五個系列中：

“清代滿漢合璧文獻萃編”收入《清文啓蒙》《清話問答四十條》《清文指要》《續編兼漢清文指要》《庸言知旨》《滿漢成語對待》《清文接字》《重刻清文虚字指南編》等十餘部經典滿漢合璧文獻。入關以後，在漢語這一强勢語言的影響下，熟習滿語的滿人越來越少，故雍正以降，出現了一批用當時的北京話注釋翻譯的滿語會話書和語法書。這批教科書的目的本是教授旗人學習滿語，却無意中成爲了早期北京話的珍貴記録。“清代滿漢合璧文獻萃編”首次對這批文獻進行了大規模整理，不僅對北京話溯源和滿漢語言接觸研究具有重要意義，也將爲滿語研究和滿語教學創造極大便利。由于底本多爲善本古籍，研究者不易見到，在北京大學圖書館古籍部和日本神户市外國語大學竹越孝教授的大力協助下，“萃編”將以重排點校加影印的形式出版。

“清代官話正音文獻”收入《正音撮要》（高静亭著）和《正音咀華》（莎彝尊著）兩種代表著作。雍正六年（1728），雍正諭令福建、廣東兩省推行官話，福建爲此還專門設立了正音書館。這一“正音”運動的直接影響就是以《正音撮要》和《正音咀華》爲代表的一批官話正音教材的問世。這些書的作者或爲旗人，或寓居京城多年，書中保留着大量北京話詞彙和口語材料，具有極高的研究價值。沈國威先生和侯興泉先生對底本搜集助力良多，特此致謝。

《十全福》是北京大學圖書館藏《程硯秋玉霜簃戲曲珍本》之一種，爲同治元年陳金雀抄本。陳曉博士發現該傳奇雖爲崑腔戲，念白却多爲京話，較爲罕見。

以上三個系列均爲古籍，且不乏善本，研究者不容易接觸到，因此我們提供了影印全文。

總體來説，由于言文不一，清代的本土北京話語料數量較少。而到了清末民初，風氣漸開，情況有了很大變化。彭翼仲、文實權、蔡友梅等一批北京愛國知識分子通過開辦白話報來“開啓民智”“改良社會”。著名愛國報人彭翼仲在《京話日報》的發刊詞中這樣寫道：“本報爲輸進文明、改良風俗，以開通社會多數人之智識爲宗旨。故通幅概用京話，以淺顯之筆，達樸實之理，紀緊要之事，務令雅俗共賞，婦穉咸宜。”在當時北京白話報刊的諸多欄目中，最受市民歡迎的當屬京味兒小説連載和《益世餘譚》之類的評論欄目，語言極爲地道。

“清末民初京味兒小説書系”首次對以蔡友梅、冷佛、徐劍膽、儒丐、勳鋭爲代表的晚清民國京味兒作家群及作品進行系統挖掘和整理，從千餘部京味兒小説中萃取代表作家的代表作品，并加以點校注釋。該作家群活躍于清末民初，以報紙爲陣地，以小説爲工具，開展了一場轟轟烈烈的底層啓蒙運動，爲新文化運動的興起打下了一定的群衆基礎，他們的作品對老舍等京味兒小説大家的創作産生了積極影響。本系列的問世亦將爲文學史和思想史研究提供議題。于潤琦、方梅、陳清茹、雷曉彤諸先生爲本系列提供了部分底本或館藏綫索，首都圖書館歷史文獻閲覽室、天津圖書館、國家圖書館提供了極大便利，謹致謝意！

“清末民初京味兒時評書系”則收入《益世餘譚》和《益世餘墨》，均係著名京味兒小説家蔡友梅在民初報章上發表的專欄時評，由日本岐阜聖德學園大學劉一之教授、矢野賀子教授校注。

這一時期存世的報載北京話語料口語化程度高，且總量龐大，但發掘和整理却殊爲不易，稱得上“珍稀”二字。一方面，由于報載小説等欄目的流行，外地作者也加入了京味兒小説創作行列，五花八門的筆名背後還需考證作者是否爲京籍，以蔡友梅爲例，其真名爲蔡松齡，查明的筆名還有損、損公、退化、亦我、梅蒐、老梅、今睿等。另一方面，這些作者的作品多爲急就章，文字錯訛很多，并且鮮有單行本存世，老報紙殘損老化的情况日益嚴重，整理的難度可想而知。

上述八個系列在某種程度上填補了相關領域的空白。由于各個系列在内容、體例、出版年代和出版形式上都存在較大的差異，我們在整理時借鑒《朝鮮時代漢語教科書叢刊續編》《〈清文指要〉匯校與語言研究》等語言類古籍的整理體例，結合各個系列自身特點和讀者需求，靈活制定體例。“清末民初京味兒小説書系”和“清末民初京味兒時評書系”年代較近，讀者群體更爲廣泛，經過多方調研和反復討論，我們决定在整理時使用簡體横排的形式，儘可能同時滿足專業研究者和普通讀者的需求。“清代滿漢合璧文獻萃編”“清代官話正音文獻”等系列整理時則采用繁體。“早期北京話珍稀文獻集成”總計六十餘册，總字數近千萬字，稱得上是工程浩大，由于我們能力有限，體例和校注中難免會有疏漏，加之受客觀條件所限，一些擬定的重要書目本次無法收入，還望讀者多多諒解。

“早期北京話珍稀文獻集成”可以説是中日韓三國學者通力合作的結晶，得到了方方面面的幫助，我們還要感謝陸儉明、馬真、蔣紹愚、江藍生、崔希亮、方梅、張美蘭、陳前瑞、趙日新、陳躍紅、徐大軍、張世方、李明、鄧如冰、王強、陳保新諸先生的大力支持，感謝北京大學圖書館的協助以及蕭群書記的熱心協調。“集成”的編纂隊伍以青年學者爲主，經驗不足，兩位叢書總主編傾注了大量心血。王洪君老師不僅在經費和資料上提供保障，還積極扶掖新進，“我們搭臺，你們年輕人唱戲”的話語令人倍感温暖和鼓舞。郭鋭老師在經費和人員上也予以了大力支持，不僅對體例制定、底本選定等具體工作進行了細致指導，還無私地將自己發現的新材料和新課題與大家分享，令人欽佩。“集成”能够順利出版還要特别感謝國家出版基金規劃管理辦公室的支持以及北京大學出版社王明舟社長、張鳳珠副總編的精心策劃，感謝漢語編輯室杜若明、鄧曉霞、張弘泓、宋立文等老師所付出的辛勞。需要感謝的師友還有很多，在此一并致以誠摯的謝意。

“上窮碧落下黄泉，動手動脚找東西”，我們不奢望引領“時代學術之新潮流”，惟願能給研究者帶來一些便利，免去一些奔波之苦，這也是我們向所有關心幫助過“早期北京話珍稀文獻集成”的人士致以的最誠摯的謝意。

劉　雲

二〇一五年六月二十三日

於對外經貿大學求索樓

二〇一六年四月十九日

改定於潤澤公館

整理说明

本叢書收録的是20世紀前半葉韓國出版的漢語教材，反映了那個時期韓國漢語教學的基本情况。教材都是刻版印刷，質量略有參差，但總體上來説不錯。當然，錯誤難免，這也是此次整理所要解决的。

考慮到閱讀的方便，整理本不是原様照録（如果那樣，僅影印原本已足够），而是將原本中用字不規範甚至錯誤之處加以訂正，作妥善的處理，方便讀者閱讀。

下面將整理情况作一簡要説明。

一、原本中錯字、漏字的處理。因刻寫者水平關係，錯字、漏字不少。整理時將正確的字用六角括號括起來置於錯字後面。如：

悠〔您〕、道〔道〕、辨〔辦〕、兩〔雨〕、郡〔都〕、早〔旱〕、删〔剛〕、往〔住〕、玖〔玫〕、牧〔牡〕、湖〔胡〕、衣〔做〕、長〔漲〕、瘐〔瘦〕、敝〔敝〕、泐〔沏〕、臢〔臢〕、掛〔褂〕、榻〔褟〕、紛〔粉〕、宁〔廳〕、蜥〔螄〕、叹〔哎〕、林〔材〕、醮〔瞧〕、到〔倒〕、仙〔他〕、設〔説〕、悟〔誤〕、嗐〔瞎〕、韂〔韂〕、囔〔讓〕、斫〔砍〕、抗〔亢〕、摟〔樓〕、遛〔溜〕、藝〔囈〕、刃〔刀〕、歐〔毆〕、肯〔背〕、叔〔叙〕、坂〔坡〕、褭〔裏〕、炎〔災〕、正〔五〕、着〔看〕、呆〔茶〕、怜悧〔伶俐〕、邦〔那〕、尿〔屁〕、常〔當〕、師〔帥〕、撤〔撒〕、例〔倒〕、孽〔孳〕、昧〔眯〕

如果錯字具有系統性，即整部書全用該字形，整理本徑改。如：

“熱”誤作“熱”、“已”誤作“己”、“麽”誤作“麽”、“豐”誤作“豊”、“懂”誤作“憧/懂”、“聽”誤作“聽”、“緊”誤作“緊”

二、字跡漫漶或缺字處用尖括號在相應位置標出。如：

賞口〈罰〉、這口〈不〉是

三、異體字的處理。異體字的問題較爲複雜，它不僅反映了當時某一地域漢字使用的習慣，同時也可能提供别的信息，因此，對僅僅是寫法不同的異體字，整理本徑改爲通行字體。如：

呌—叫	伱、儞—你	煑—煮
䭾、駄—馱	幇—幫	冐—冒
恠—怪	寃—冤	徃—往
胷—胸	樻—櫃	鴈—雁
决—决	牀—床	鎻—鎖
硑—碰	粧—裝	箇—個
閙—閙	鑛—礦	牆—墻
舘—館	僃—備	喒、偺、昝—咱
膓—腸	葯—藥	寳—寶
稾—稟	讃—讚	蓆—席
盃—杯	砲、礮—炮	姪—侄
窓—窗	躭—耽	欵—款
荅—答	糡—糨	踈—疏
聦—聰	贜—臟	揝—攥
餽—饋	撢—撣	躰—體
醎—鹹	坭—泥	窰—窑
滙—匯	朶—朵	擡—抬
煙—烟	賸—剩	骽—腿

以上字形，整理本取後一字。

對有不同用法的異體字，整理時加以保留。如：

疋—匹　　升—昇—陞

四、部分卷册目録與正文不一致，整理本做了相應的處理，其中有標號舛誤之處因涉及全書的結構，整理本暫仍其舊。

序

客有問於僕曰："讀書與著書孰難？" 僕應之曰："讀書匪難，著書實難，而加以翻譯尤爲難。" 何也？擇焉惟恐不精，語焉惟恐不詳。

此吾友高君之著書，又翻譯用心之苦是也。此君留燕京三載，與文人學士日日相接，深得京話之口音，毫無差錯。又游滬上幾年，雖方言土話亦爲稍解，其聰明過人，推此可知也。今編著一書以餉世，名曰《華語精選》，要序于予，又屬校証。予披閱再三，欽歎其博覽博識，而况此書簡而不漏，易而不疏，分門列類，尤極詳確，足以爲後來學華語者之指南耳。予竊喜，語學雖小道，實爲兩國交涉通商之要端，故不敢以不文辭而玆搆數語以証。

中華民國二年夏四月上澣

朝鮮京城華商〔商〕民團總會翻譯員 張上達 識

序　二

我們是原來明白漢字的人哪！現在要學中國語很容易，只是專心别隔斷了，能有忍耐的性兒，挨着次兒的學，不過一兩年的工夫，自然有頭緒了。不但説得話很好，而且有將來做文章的進益，這不是一舉兩得的事麼？若是三天打魚，兩天晒網的，念到十個年也是白費勁兒了。我拿一個人做榜樣的，説給你們聽一聽。我們同窗朋友裏頭，有一位姓高的，官印叫永完，道號藕汀。原來没才幹，口音很笨，當初學話的時候，連一兩句的話，就結結吧吧不能念出來的啊。現在是我們國裏頭，説官話也算是數一數二的人哪。這是甚麼緣故呢？他往北京去三趟，做過了十來年的工課，到如今還是不離嘴兒的念，不離手兒的看，所以有志者事竟成了。現在他爲後來的學生，作一個本子《華語精選》。這是把先人的話條子，撮其要，删其繁，又多一半兒是自己編造出來的，分門列類，叫人看着，井井然有條理了。我在那位跟前講究中國話，幾乎有兩年的工夫，我到不了他那地步十分之一，也知道華語的網〔綱〕領，所以能做幾句話，寫在這本子上頭，勸勉後來的學生，實在慚愧的了不得。

大正二年春三月中旬

華語研究會班長 吴知泳 謹撰

凡 例

一, 京話有二ㅎ니 一爲俗話요, 一爲官話라. 其辭氣之不容相混이 猶涇渭之不容并流ㅎ니 是編은 分門列類ㅎ야 令學者로 視之에 井井有條理ㅎ야 因人因地而施之에 可以知所適從也라.

一, 初學四聲之法이 最難解説일식 今舉梗概ㅎ니 如平聲者은 平道莫低昻이요, 上聲者은 高呼猛烈强이요, 去聲者은 分明哀遠道요, 入聲者은 短促急收藏이니 然而説話時에 無入聲也라. 故로 入聲字ㅣ分出於上下平聲ㅎ니 學者留意焉ㅎ라.

一, 凡言語内에 如値有兩上聲字相連者은 其上一字는 應讀平聲이요, 其下一字은 應讀上聲이니 所謂 逢上必倒是也라.

一, 凡讀華語者ㅣ應知有輕重音, 輕音卽窄音, 重音卽寬音, 字句之間에 有宜重念者ㅣ 最爲緊要ㅎ니 比如(我上那兒去) 那兒二字를 重念則其腔調을 可受聽이니 餘倣此ㅎ니라.

一, 此華音에 或重音되는 者ㅣ 有ㅎ니 譬若(갇)者는 가오之合音이며 (잗)者는 저우之合音이오, (쯔)者는 즈스之間音이며 (뿌)者는 부우之間音이니 脣齒間으로 發音ㅎ며 (싀)者는 이리之間音이니 輕脣而發音ㅎ는 者ㅣ라. 餘倣此ㅎ고 (디)者 듸와 音이 彷彿ㅎ고 (티)者는 틔와 同音ㅎ니라.

目　錄

官話平仄編

華語類解

天文類	11	房屋類	19
地理類	11	鋪店類	20
地輿類	12	衣服類	21
時令類	13	飲食類	22
家族類	14	家具類	24
身體類 附病身	16	金玉類 附草木	26
稱呼類	18	禽獸類 附昆虫	27

官話入門

第一篇〔編〕	29	第九編 主僕	37
第二編 氣候	30	第十編 應酬	38
第三編 訪問	31	第十一編 家眷	39
第四編 會食	32	第十二編 請客	41
第五編 告別	33	第十三編 寫真	42
第六編 散步	34	第十四編 説話	43
第七編 學事	35	第十五編 辦事	44
第八編 商賣	36		

散話補聰

動辭應用編

文話應用編

華語問答

第一章 初次相會 …………………… 79
第二章 再次相會 …………………… 79
第三章 久別相會 …………………… 80
第四章 歡迎請客 …………………… 80
第五章 紹介朋友 …………………… 81
第六章 謝友餽食 …………………… 82
第七章 托友事情 …………………… 82
第八章 告别辭意 …………………… 83
第九章 賀友陞任 …………………… 83
第十章 過綢緞〔緞〕鋪…………… 84
第十一章 過鐘表店 ………………… 85
第十二章 見裁縫人 ………………… 86
第十三章 要貰房屋 ………………… 87
第十四章 過料理店 ………………… 88
第十五章 過料理店續 ……………… 88
第十六章 銀行匯錢 ………………… 90
第十七章 錢鋪换票 ………………… 90
第十八章 鐵路買票 ………………… 91
第十九章 壽旦聽戲 ………………… 92
第二十章 旅行問答 ………………… 93
第二十一章 旅行問答續 ………… 94
第二十二章 叱罵家僕 …………… 95
第二十三章 叱罵厨子 …………… 96
第二十四章 曉諭苦力 …………… 96
第二十五章 新歲請安 …………… 97
第二十六章 尋訪未遇 …………… 98
第二十七章 謝友不逢 …………… 98
第二十八章 謝友辦勞 …………… 99
第二十九章 見畫工求畫 ………… 99
第三十章 漢語討論 ………………100
第三十一章 邀友觀花 ……………101
第三十二章 邀友會食 ……………101
第三十三章 夏搭凉棚 ……………102
第三十四章 雇用馬車 ……………103
第三十五章 旅行束裝 ……………103
第三十六章 搬家運貨 ……………104
第三十七章 探問年形 ……………105
第三十八章 慰問吊喪 ……………106
第三十九章 病中慰勞 ……………106
第四十章 見醫師問病 ……………107

華音二千字文

官話平仄編

	上平	下平	上聲	去聲
아	啊		啊	
이	揖	益	伊	易
우	屋	無	武	勿
어우	歐		偶	嘔
와	挖	娃	瓦	襪
윈	云	雲	允	運
양	央	羊	養	樣
ᄋᆡ	哀	埃	矮	愛
이	依	一	醫	乙
위	微〔微〕	爲	委	位
언	恩			揾
왜	歪			外
얼	兒	耳		二
야오	腰	遥		要
안	安	暗	淹	岸
잉	應	迎	影	英
위	愚	魚	雨	預
운	温	文	穩	問
완	灣	完	晚	萬
아오	熬		襖	傲
여우	憂	油	有	右
앙	昂			
인	音	銀	引	印
어		額	餓	惡
웅	翁			瓮
왕	汪	王	往	忘
야	丫	牙	雅	壓
예	噎	爺	野	夜
옌	烟	言	眼	沿
가	嘎			
가오	高		稿	告
카오			考	靠
쿠이	虧	揆	傀	愧
컹	坑			
커	可	可	渴	客
콰	誇		侉	跨

续表

	上平	下平	上聲	去聲
원	寃	原	遠	願
개	該		改	概
캐	開		慨	
구	估	骨	古	固
끈	根	跟		艮
꾸	溝	狗		勾
궁	工	公		共
괘	乖		拐	怪
웨	曰	噦		月
깐	甘	干	趕	幹
칸	看	侃	砍	看
쿠	窟		苦	褲
큰			肯	肯
컥	摳		口	叩
쿵	空		孔	空
쾌			擓	快
융	庸	容	永	用
깡	剛		堈	杠
캉	康	扛	抗	炕
귀	規		詭	貴
끙	更	庚	揯	更
꺼	哥	格	各	個
과	瓜		寡	挂
관	官		管	慣
콴	寬		欵	
쿤	坤		閫	困
사	撒	瞰	洒	
산	騷		掃	掃
쌰	殺		傻	刿
쌴	消	學	小	笑
싱	星	行	醒	姓
쏀	先	閑	險	限
쒀	説	學		朔
광	光		廣	逛
궈	鍋	國	果	過
새	腮			賽
시	西	席	喜	細
쌴	山		閃	善
샤	燒	杓	少	少
성	生	繩	省	剩

续表

	上平	下平	上聲	去聲
쓩	兄	熊		
쒀	搜		叟	嗽
쾅	誆	狂		況
쿼				闊
산	三		傘	散
싀	失	十	使	事
샹	商〔商〕	晌	賞	上
신	心	尋		信
슈	修		圬	袖
솽	雙		爽	雙
솨	刷		耍	
군			滾	棍
상	桑		嗓	喪
샤	瞎	霞		夏
썅	香	詳	想	向
신	身	神	審	慎
수	書	贖	數	數
써	賒	舌	捨	射
쇄	衰			率
싀	篩		色	晒
쉬	雖	隨	髓	
솬	酸			筭
다	荅	搭	打	大
댜〔닷〕	刀	搗	倒	道
탕	湯	糖	黨〔躺〕	湯
디	的	敵	底	地
톈	天	田	餂	掭
쉐	靴	穴	雪	穴
셰	些	鞋	血	謝
순	孫		損	
대	呆		歹	代
타	他		塔	榻
탄	叨	逃	討	套
티	梯	提	體	替
딩	釘		頂	定
쓰	絲		死	四
숴	唆		銷〔鎖〕	溯

续表

	上平	下平	上聲	去聲
숭	松		疏	送
단	單		胆	蛋
태	胎	抬		太
데	爹	叠		
뒤	丢		咶	
팅	聽	停	梃	聽
수	蘇	速		素
쉬	收		手	獸
당	當		擋	當
탄	貪	談	坦	炭
톄	貼		鐵	帖
덴	攧		點	店
댜	貂			吊
톼	挑	條	挑	跳
퉈	托	駝	妥	唾
퉤	堆		腿	退
퇀		團		
퉁	通	同	統	痛
자	渣	劄	拃	乍
쬐	齋	宅	窄	債
장	章		長	賬
쟝	江		講	匠
더	叨	得		
두	督	毒	賭	妒
뗭	燈		等	鐙
둔	敦	頓	盹	鈍
뒤	兜		斗	豆
차	叉	茶	扠	
채	拆	柴	冊	
창	娼	長	廠〔廠〕	唱
챵	腔	墻	搶	鎗
터	忒			特
투	秃	塗	土	唾
텅		疼		橙
툰	吞	屯		

续表

	上平	下平	上聲	去聲
퉈	偷	頭		透
쟈	家	夾	甲	價
잔	沾		盞	站
쪙	正		整	正
좌	招	着	找	兆
퉈	偷	頭		透
쟈	家	夾	甲	價
잔	沾		盞	站
쪙	正		整	正
좌	招	着	找	兆
둬	多	奪	朵	惰〔惰〕
뒤				對
돤	端		短	斷
둥	冬		懂	動
챠	掏		卡	恰
찬	攙	饞	産	懺
청	稱	成	懲	秤
촤	吵	巢	炒	鈔
좌	交	嚼	脚	叫
줘	桌	濁		
지	鷄	吉	己	記
진	斤		錦	近
징	睛		井	静
중	中		腫	重
쥬	猪	竹	主	住
주	周	軸	肘	晝
촤	敲	橋	巧	俏
춰	擉			綽
치	七	奇	起	氣
친	親	勤	寢	唚
칭	輕	晴	請	慶
충	充	虫	寵	锐
츄	出	厨	處	處
추	抽	紬〔綢〕	醜	臭
저	遮	摺	者	這
제	街	結	解	借

续表

	上平	下平	上聲	去聲
즤	知	值	指	志
쪤	真		枕	震
졘	奸		減	見
ᄌᆛ	究		酒	救
쥐	居	局	舉	句
줴	噘	絶	蹶	倔
처	車		扯	撤
체	切		且	妾
츼	赤	遲	尺	翅
쳰	嗔	臣	磣	趁
쳰	千	錢	淺	欠
ᄎᆛ	秋	求	糗	
취	屈	渠	取	去
췌	缺	瘸		確
좌	抓		爪	
쥐	追			墜
쥔	君		菌	俊
좐	專		轉	傳
ᄶᅳ	資		子	字
저			則	
쟈		雜	咱	
쥐			嘴	罪
쥰	尊		樽	
촤	欻			
취	吹	垂		
췬		群		
촨	穿	船	喘	串
츠		磁	此	次
처				策
챠(차)	擦			
취	催			萃
춘	村	存	忖	寸
줘(줴)	拽		跩	
좐	捐		捲	眷
준	諄		準	
좡	裝		裝	狀

续表

	上平	下平	上聲	去聲
주	租	足	租	
줘	作	昨	左	作
재	栽		宰	在
작			走	奏
즁	宗		總	縱
쵀	揣		揣	踹
쵄	圈	全	犬	勸
춘	春	純	蠢	蠢
촹	窗	床	闖	創
추	粗			醋
춰	挫			錯
채	猜	才	彩	菜
척				凑
츙	葱	從		
나	哪	拿	那	那
니		泥	擬	匿
눈				嫩〔嫰〕
닌			您	
녠	拈	年	捻	念
잪	遭		早	造
바	八	拔	把	罷
밮	包	薄	保	抱
내			奶	耐
닉	妞	牛	鈕	拗
능		能		
닝		寧	擰	佞
눙		濃		弄
챂	操	糟〔槽〕	草	
배	掰	白	百	拜
왝	夫	扶	斧	父
난	喃	男		難
뉘			女	
냪	囔		鳥	尿
누		奴	努	怒
잔	簪	咱	攢	贊
반	班		板	半

续表

	上平	下平	上聲	去聲
ᄫᅡ	發	法	髮	法
냐	撓	鐃	惱	鬧
내				內
냥		娘		釀
녜	捏	呆〔茶〕		孽
챤	參	慚	慘	
방	幫		綁	
ᄫᅴ	非	肥	匪	費
ᄫᅡᆫ	翻	煩	反	飯
파	琶	扒		拍
퍞	抛	袍	跑	礟〔炮〕
핀		貧	品	牝
퍞	漂	嫖	漂	票
폐	撆		撇	
퍼	坡	婆		破
펀	噴	盆		噴
만	顢	瞞	滿	慢
ᄫᅡᆼ	方	房	訪	放
패	拍	牌		派
새	逼	鼻	筆	必
빙	兵		稟	病
부	不	不	補	不
볜	邊		扁	便
볘	背		北	背
펑	烹	朋	捧	碰
망	茫	忙	莽	
ᄫᅥᆫ	分	墳	粉	分
판	攀	盤		盼
피	批	皮	鄙	屁
핑	砰	憑		聘
푸	鋪	葡	普	鋪
폔	偏	便	諞	片
폐	披	陪		配
마	媽	麻	馬	罵
먀	猫	毛	卯	貌
ᄫᅥᆼ	風	縫		奉

续表

	上平	下平	上聲	去聲
팡	胖	旁	嗙	胖
볜	賓			殯
뱌	標		表	
베	憋	別	彆	
버	波	駁	播	簸
뻔	奔		本	奔
매		埋	買	賣
미	眯	迷	米	密
민	民	憫		
메		煤	美	昧
먼	捫	門	悶	
라	拉	邋〔邋〕		蠟
랖	撈	勞	老	澇
릮	遛	留	柳	六
룬	掄	倫		論
러			咧	列
밍		名		命
먹		謀	某	
멍	懵	盟	猛	夢
래		來		賴
렁		棱	冷	
뤼		驢	屢	律
랴		聊	了	料
럭	摟	樓	簍	陋
먀	猫	苗	藐	廟
멘		綿	勉	面
란	襤	婪	懶	爛
리	璃	離	禮	立
링		零	領	另
루	嚕	爐	擼	路
렌	連	憐	臉	練
무	模	母		木
머	摩	麽	抹	末
랑	榔	狼	朗	浪
랴			倆	
량	量	凉	兩	諒

续表

	上平	下平	上聲	去聲
레	勒	雷	累	類
뤄	擄	騾	裸	駱
룽	窿	龍	弄	
ᅀᅡᆫ		然	染	
ᅀᅵᆫ		人	忍	任
ᅀᅥ			蕊	瑞
ᅀᅡᆼ	嚷	瓤	嚷	讓
ᅀᅥᆼ	扔			
ᅀᅮᆫ			潤	
ᅀᅣ		饒	繞	繞
ᅀᅮ	如	如	入	入
ᅀᅲᆼ			榮	毹
ᅀᅵ				日
ᅀᅡᆫ			軟	
ᅀᅯ	揉	柔		肉

華語類解

天文類

天 [텐] 하ᄂᆞᆯ
日頭, 太陽 [ᅀᅵ터ᇢ, 태양] ᄒᆡ
月亮 [웨량] ᄃᆞᆯ
峨眉月 [어메웨] 쵸싱ᄃᆞᆯ
星星 [싱싱] 별
掃帚星 [산쥬싱] 혜셩
天氣 [텐치] 일긔
雲彩 [윈ᄎᆡ] 구름
天晴 [텐칭] ᄀᆡᆫ ᄂᆞᆯ
天陰 [텐인] 흐린 ᄂᆞᆯ
天亮 [텐량] 동트다
天昏地暗 [텐훈디안] 어두침침ᄒᆞᆫ ᄂᆞᆯ
晴天朗日 [칭텐상〔랑〕ᅀᅵ] ᄭᆡᄭᅳᆺᄒᆞᆫ ᄂᆞᆯ
颳風 [과ᄫᅥᆼ] 바ᄅᆞᆷ 부다
順風 [쉰ᄫᅥᆼ] 슌풍
頂風 [딩ᄫᅥᆼ] 역풍
旋風 [쉔ᄫᅥᆼ] 회리바ᄅᆞᆷ
南風 [난ᄫᅥᆼ] 남풍
北風 [베ᄫᅥᆼ] 북풍
東風 [둥ᄫᅥᆼ] 동풍
西風 [시ᄫᅥᆼ] 셔풍
鬧天氣 [난텐치] 풍우 ᄃᆡ작ᄒᆞᆫ ᄂᆞᆯ
下雨 [쌰위] 비 오다
下雪 [쌰쉐] 눈 오다
下霧 [쌰우] 안ᄀᆡ 오다
下霜 [쌰솽] 셔리 오다
下雹子 [쌰바ᇢᄍᆞ] 우박 오다
濛鬆雨 [멍쑹위] 가랑비
連陰雨 [렌신위] 쟝마비
暴雨 [바ᇢ위] 폭우
日蝕 [ᅀᅵ싀] 일식
打雷 [따레] 우뢰ᄒᆞ다
打閃 [따샨] 번ᄀᆡᄒᆞ다
打霹靂 [따피리] 벼락 치다
月蝕 [웨싀] 월식

地理類

山峰 [쌴ᄫᅥᆼ] 봉도리
山嶺兒 [쌴링얼] 산고ᄀᆡ
山坡子 [쌴퍼ᄍᆞ] 산언덕
山澗子 [쌴졘ᄍᆞ] 산시ᄂᆡ
山窪子 [쌴와ᄍᆞ] 굴
露水珠兒 [루쉐쥬얼] 이슬
結冰, 結凍 [졔빙, 졔둥] 합빙ᄒᆞ다
冰柱兒 [빙주얼] 고두룸
陡坡子 [떠ᇢ퍼ᄍᆞ] 놉픈 언덕
土〔山〕坡兒 [쌴퍼얼] 조산

山底下 [쌴디쌰] 산밋
河叉子 [허차쯔] 내 갈ᄂᆞ진 곳
河沿兒 [허엔얼] 강가
旋窩 [쉔위〔워〕]물구비진 웅덩이
大道 [다닾] 큰길
小道 [쌴닾] 저근 길
岔道 [챠닾] 갈ᄂᆞ진 길
三岔路 [샨챠루] 삼거리
十字街 [시쯔졔] 십ᄌᆞ가
大街 [다졔] 큰 길거리
小巷 [쌴썅] 저근 골목
大衚衕 [다후둥] 큰 골목
小衚衕 [샤후둥] 져근 골목
活衚衕 [훠후둥] 통ᄒᆞᆫ 골목
死衚衕 [쓰후둥] 막다른 골목
拐灣兒 [괘완얼] 휘도는 곳
嘎拉裏 [까라리] 모퉁이 진 데
樹林子 [수신〔린〕쯔] 수풩이
墳地 [펀디] 무덤
鄉下 [샹쌰] 시골
鎮店 [진덴] 음닉
村莊 [춘좡] 촌
擺渡口 [배두컥] 나루가
上潮 [썅챠] 밀물
下潮 [쌰챠] 켤물
海潮 [히챠] 조수
水路 [쉐루] 수로
旱路 [한루] 륙로
煤窑 [메야] 셕탄광
金礦 [진쾅] 금광
銀礦 [인쾅] 은광
火山 [훠쌴] 화산
温泉 [운촨] 온졍
瀑布 [쌒부] 폭포
地震, 地動 [디진, 디둥] 지진
波浪 [버랑] 물결
塵土 [진투] 먼지
鐵路 [톄루] 쳘로
火車站 [훠쳐쟌] 졍거장

地輿類

滿洲 [만젹]
蒙古 [멍구]
東三省 [둥쌴성]
盛京 [성징]
吉林 [지린]
黑龍江 [희룽쟝]
十八省 [시쌔성]
直隸 [지리]
江蘇 [쟝수]
安徽 [안휘]
江西 [쟝시]
浙江 [저쟝]
福建 [ᅋᅮ젠]
湖北 [후베]
湖南 [후난]
河南 [허ᄂᆞᆫ]

山東 [싼둥]
山西 [싼시]
陝西 [샤시]
甘肅 [깐수]
四川 [쓰촨]
廣東 [광둥]
廣西 [광시]
雲南 [윈난]
貴州 [귀쩌]
馬頭 [마뚜] 항우
上海 [샹히]
鎮江 [진쟝]
寧波 [닝퍼]
漢口 [한컥]
天津 [텐진]
牛莊 [누좡]
芝罘, 烟台 [지뿌, 옌래〔태〕]
福州 [뿌쩌]
厦門 [샤먼]
蕪湖 [우후]
宜昌 [이창]
重慶 [즁칭]

沙市 [싸싀]
泰山 [태싼]
華山 [화싼]
衡山 [헝싼]
恒山 [항싼]
嵩山 [쑹싼]
鴨緑江 [야루쟝]
遼河 [쟌허]
灤河 [난허]
白河 [빅허]
運河 [윈허]
黄河 [황허]
楊子江 [양쯔쟝]
洞庭湖 [둥팅후]
鄱陽湖 [뻔양후]
洪澤湖 [훙저후]
太湖 [태후]
寶應湖 [봐잉후]
渤海 [버히]
黄海 [황히]
大洋 [다양]

時令類

四季 [쓰지] 사계샤
春景天 [춘징텐] 봄
夏景天 [샤징텐] 여름
秋景天 [취징텐] 가을
冬景天 [둥징텐] 겨울
一個禮拜 [이거리빅] 일쥬일

禮拜 [리빅] 일요일
禮拜一 [리빅이] 월요일
禮拜二 [리배얼] 화요일
禮拜三 [리빅싼] 수요일
禮拜四 [리빅쓰] 목요일
禮拜五 [리배우] 금요일

禮拜六 [리ᄇᆡ루] 토요일
大前年 [다쳰녠] 그그럭게
前年 [쳰녠] 그럭게
去年 [취녠] 쟉년
今年 [진녠] 금년
明年 [밍녠] 명년
後年 [힉녠] 후년
大後年 [다힉녠] 후후년
上月 [샹웨] 지ᄂᆞᆫ ᄃᆞᆯ
本月 [뻔웨] 이ᄃᆞᆯ
下月, 來月 [샤웨,ᄅᆡ웨] ᄅᆡ월
大前兒個, 大前天 [다쳰얼거, 다쳰텐] 그그젹계
前兒個, 前天 [쳰얼거, 쳰텐] 그젹계
昨兒個, 昨天 [줘얼거, 줘텐] 어졔
今兒個, 今天 [진얼거, 진텐] 오ᄂᆞᆯ
明兒個, 明天 [밍얼거, 밍텐] ᄂᆡ일
後兒個, 後天 [힉얼거, 힉텐] 모레
大後兒個, 大後天 [다힉얼거, 다힉텐] 글피
一點鐘, 一下兒鐘 [이덴즁, 이샤얼즁] 일뎜죵
一點半鐘, 一下兒半 [이덴빤즁, 이샤얼빤] 일뎜 반죵
上半天 [샹빤텐] 상오
下半天 [쌰빤텐] 하오
前半月 [쳰빤웨] 션보름
後半月 [힉빤웨] 후보름
白天 [배텐] ᄂᆞᆽ
夜裏 [예리] 밤
早上, 早起 [쟌샹, 쟌치] 식젼
上午 [샹우] 뎡오
晚上 [완샹] 져녁 ᄭᆡ
天天, 見天 [텐텐, 젠텐] 날마다
整天家 [쪙텐쟈] 왼죵일
整年家 [쪙녠쟈] 왼 일 년
整夜裏 [쪙예리] 왼밤
年底下 [녠디쌰] 셧ᄃᆞᆯ 그음
月底 [웨디] 이ᄃᆞᆯ 금음
這程子 [저청쯔] 요쟈막
這幾天 [져지텐] 이 몃칠
新近 [신진] 근ᄅᆡ
現在, 脚下 [쏀ᄌᆡ, 쟌쌰] 현ᄌᆡ
上回 [샹휘] 거번
這回 [져휘] 이번
下回 [쌰휘] 요ᄃᆡ음
當初, 起初 [당추, 치추] 당쵸
從前, 向來 [충쳰, 샹ᄅᆡ] 이젼
往後, 後來 [왕힉, 힉ᄅᆡ] 이ᄃᆡ음
剛纔, 方纔 [짱ᄎᆡ, 빵ᄎᆡ] 악가
早已, 已經 [쟌이, 이징] 벌셔
一會兒 [이휘얼] 한동안
回頭, 回來 [휘투, 휘ᄅᆡ] 고ᄃᆡ

家族類

祖父, 爺爺 [쥬ᅗᅮᆫ[ᅗᅮ], 예예] 죠부
祖母, 奶奶 [쥬무, 내내] 죠모

太公 [태궁] 시할아바지
太婆 [태퍼] 시할마니
外祖父, 外公 [왜쥬뿌, 왜궁] 외죠부
外祖母, 外婆 [왜쥬무, 왜퍼] 외죠모
父親, 爸爸 [뿌친, 바바] 부친
母親, 媽媽 [무친, 마마] 모친
公公 [궁궁] 시아바지
婆婆 [퍼퍼] 시어머니
岳父 [워뿌] 장인
岳母 [워무] 장모
令尊, 老太爺 [링쥰, 랖태예] 춘부장
令堂, 老太太 [링탕, 랖태태] 헌당
家父, 家嚴 [쟈뿌, 쟈옌] 가친
家母, 家慈 [쟈무, 쟈츠] 쟈친
大爺 [다예] 빅부
大娘 [다냥] 빅모
叔叔 [수수] 숙부
嬸娘 [신냥] 숙모
姑夫 [구뿌] 고모부
姑姑 [구구] 고모
舅舅 [직직] 외삼촌
舅母 [직무] 외숙모
姨父 [이뿌] 이모부
姨媽 [이마] 이모
夫妻 [뿌치] 부쳐
兩口子 [량컥쯔] 양쥐
丈夫, 男人 [쟝뿌, 난싄] 남편
老婆, 媳婦 [랖퍼, 시뿌] 마누라
賤荆, 賤内 [젼싱, 젼닉] 실인
大伯子 [싸쌔쯔] 시아지비
小叔子 [쌴수쯔] 시동싱
嫂子 [샾쯔] 형수
小嬸兒 [쌴신얼] 졔수
大姑子 [다구쯔] 시누위
小姑子 [쌴구쯔] 시아릭누의
哥哥 [거거] 형님
兄弟 [쓩디] 동싱
令兄 [링쓩] 빅씨
令弟 [링디] 졔씨
家兄 [쟈쓩] 가형
舍弟 [써디] 사졔
姐姐 [저저] 웃누의
妹妹 [메메] 아릭누의
兒子, 小孩兒 [얼쯔, 쌴히얼] 아둘
女兒, 女孩兒 [뉘얼, 뉘히얼] 쏠
侄兒 [즤얼] 족하
侄女兒 [즤뉘얼] 족하쏠
令郎, 公子 [링랑, 궁쯔] 주졔
令愛, 小姐 [링이, 쌴저] 싸님
女婿 [뉘쉬] 사위
連襟兒 [련진얼] 동셔
孫子 [쑨쯔] 숀쟈
孫女兒 [쑨뉘얼] 숀녀
叔伯弟兄 [수베디쓩] 사촌형졔
叔伯姐妹 [수볘저메] 사촌누의
姑表弟兄 [구뱌디쓩] 내외죵간
姨表弟兄 [이뱌디쓩] 이죵간
親戚 [친치] 친쳑
本家 [연쟈] 일가

乾爹 [깐데] 수양아비
乾媽 [깐마] 수양어미
幹〔乾〕兒子 [깐얼쯔] 수양아ᄃᆞᆯ
幹〔乾〕女孩兒 [깐뉘히얼] 수양ᄯᆞᆯ
生母 [ᄭᅥᆼ무] ᄉᆡᆼ모

嫡母 [디무] 뎍모
繼母 [지무] 계모
過繼個兒子 [궈지거얼쯔] 양ᄌᆞ
小妾 [쌰쳬] 쳡
奶媽 [ᄂᆡ마] 유모

身體類 附病身

腦袋 [난ᄃᆡ] 뇌수
頭髮 [텩빠] 머리털
天庭 [톈딩] 텬졍
印堂 [인탕] 량미간
顖門兒 [쓩먼얼] 숫구멍
臉 [렌] 얼골
眉毛 [메맢] 눈셥
眼睫毛 [옌졔맢] 속눈셥
眼胞子 [옌팦쯔] 눈방울
眼睛 [옌징] 안쳥
鼻子 [비쯔] 코
鼻準頭 [비쥰텩] 코마루
鼻孔兒 [비쿵얼] 코구멍
嘴 [쥐] 닙
嘴唇兒 [쥐츈얼] 닙살
舌頭 [써텩] 셔
咽喉 [인헉] 인후
腮頰, 腮幫子 [씨쟈, 씨빵쯔] ᄲᅡᆷ
笑窩 [쌰워] 웃ᄂᆞᆫ 우물①
鬍子 [후쯔] 수염
八字鬍 [빠쯔후] 팔쟈수염

連鬓〔鬢〕鬍子 [렌센후쯔] 귀에ᄂᆞ
룻
鬓〔鬢〕角兒 [센쟢얼] 살젹
頦〔脖〕子 [쌔쯔] 목
嗓子 [쌍쯔] 목구멍
肩膀 [졘팡] 엇ᄀᆡ
下巴頦 [쌰바커] 아ᄅᆡ턱
肚子 [두쯔] ᄇᆡ
脊梁 [지량] 등
胳臂 [꺼비] 팔뚝
手 [셕] 손
脚 [쟈] 발
手背 [셕베] 손등
手心 [셕신] 손바닥
手縫兒 [셕뻥얼] 손샷②
手紋兒 [셕운얼] 손금
指頭 [즤텩] 손가락
指甲 [즤쟈] 손톱
大拇指頭 [다무즤텩] 엄지손
二拇指頭 [얼무즤텩] 둘직손가락
中指 [즁즤] 장가락

---

① 웃ᄂᆞᆫ 우물: 笑窩. 보조개.

② 손샷: 手縫兒. 손가락 사이.

四指 [쓰즤] 무명지
小拇指頭 [쌰무즤투] 삿기손가락
大腿 [다퉈] 넙젹ᄃᆡ리
小腿 [쌰퉈] 죵아리
腿肚子 [뤼〔퉈〕두쯔] 쟝단지
脚板 [쟢판] 발바당
牙 [야] 니
牙床子 [야촹쯔] 이몸
牙縫兒 [야뿡얼] 이틀
門牙 [먼야] 암니
板牙 [판야] 어금니
奶牙 [ᄂᆡ야] 졋니
牙花兒 [야화얼] 니ᄯᅩᆼ
眼淚 [옌레] 눈물
眼脂兒 [옌즤얼] 눈곱
鼻涕 [비티] 코물
鼻血 [비세] 코피
耳朵 [얼둬] 귀
耳輪 [얼륜] 귀바퀴
耳矢 [얼싀] 귀지
胳肢窩 [꺼지워] 겻으랑이
心窩子 [신워쯔] 명문
肚臍眼兒 [두치옌얼] ᄇᆡ곱
胸堂 [쓩탕] 가슴
奶膀 [ᄂᆡ팡] 졋가슴
奶頭兒 [ᄂᆡ투얼] 졋곡지
手腕 [셔완] 손목
拳頭 [촨투] 주먹귀
骨頭 [구투] ᄲᅧ
骨節兒 [구제얼] 잔ᄲᅧ
踝子骨 [궈쯔구] 복ᄉᆞᄲᅧ

屁股 [피구] 볼기
穀道 [구닾] ᄯᅩᆼ구멍
肛門 [항먼] 항문
卵子兒 [란쯔얼] 부랄알망이
卵胞兒 [란팦얼] 신낭
陽物, 㞗叭 [양우, 지바] 쟈지
陰户, 屄 [인후, 비] 음문
腎 [신] 신경
肝 [깐] 간경
脾 [피] 비경
肺 [페] 폐경
胃 [위] 위경
腸 [챵] 챵ᄌᆞ
糟鼻子 [챺비쯔] 주부코
塌鼻子 [타비쯔] 납젹코
齉鼻子 [눙비쯔] 코증증이
細高䠷〔挑〕兒 [싀갚턒얼] 킈 큰 사ᄅᆞᆷ
胖子 [팡쯔] 퉁퉁ᄒᆞᆫ 사ᄅᆞᆷ
矮胖子 [왜팡쯔] 난쟝이
禿子 [투쯔] 민머리
瞎子 [쌰쯔] 쟝님
青睁眼 [칭졍옌] 청ᄆᆡᆼ관
聾子 [룽쯔] 귀먹어리
啞吧 [야바] 벙어리
結吧 [제바] 반벙어리
麻子 [마쯔] 곰보
瘋子 [뻥쯔] 밋친 사ᄅᆞᆷ
呆子 [ᄃᆡ쯔] 바싀이
駝背 [퉈베] 곱쟝이
鷄胸 [지쓩] ᄉᆡ가슴
老公嘴兒 [랖궁쥐얼] 수염 업ᄂᆞᆫ 사ᄅᆞᆷ

缺唇兒 [췌츈얼] 언쳥이
瘸子 [췌쯔] 절쑥발이
瘤子 [릭쯔] 혹부리
黑污子 [희우쯔] ᄉᆞ마귀
脚眼 [쟢옌] 튀눈
汗瘢 [한반] 어루럭이
手丫巴兒 [쇆야바얼] 곰배팔리
睙一眼 [뱌이옌] 익구눈이
擤鼻子 [싱비쯔] 코 풀다
打哈息 [싸허시] 하품ᄒᆞ다
打噴嚏 [싸편디] ᄌᆡᄎᆡ기ᄒᆞ다
咳嗽 [커셕] 기침ᄒᆞ다
舒腕 [수완] 기지ᄀᆡ 케다
撒溺 [쌰냪] 오줌누다
出恭 [쥬궁] 뒤보다
大便 [다볜] ᄃᆡ변
小便 [쌴볜] 쇼변

稱呼類

皇上, 萬歲爺 [황샹, 완쉐예] 황제
王爺 [왕예] 친왕
中堂, 宮保 [즁탕, 궁반] 대신
尚書 [샹수] 판셔
侍郎 [시랑] 챰판
大人 [다싄] ᄃᆡ인
太老爺 [태랖예] 로영감
老爺 [랖예] 영감
少爺 [쌰예] 데레님
姑爺 [구예] ᄉᆡ셔방님
姑奶奶 [구ᄂᆡᄂᆡ] ᄉᆡ아시
老太太 [랖태태] 로마님
奶奶 [ᄂᆡᄂᆡ] 아가씨
老頭兒 [랖턱얼] 하라범
老媽 [랖마] 할미
小厮 [쌴스]아희죵
丫鬟〔鬟〕[야환] 계집아희죵
奶媽 [ᄂᆡ마] 위모
房東 [뺭둥] 집주인
和尚 [훠샹] 즁
道士 [닾쓰] 도ᄉᆞ
百姓 [비싱] 빅셩
趕車的 [싼쳐디] 차부
馬夫 [마쀼] 마부
跟班的 [쓴반디] 텽칙이
看門的 [칸먼디] 문직이
大夫 [ᄃᆡ쀼] 의원
太醫 [태이] 어의
厨子 [츄쯔] 숙슈
打雜兒的 [싸쟈얼디] 품군
裁縫 [ᄎᆡ뼝] 옷 진ᄂᆞᆫ 사ᄅᆞᆷ
洗衣裳的 [시이샹디] 마젼쟝ᄉᆞ
引水的 [인쒜디] 물쟝ᄉᆞ
筭命的 [솬밍디] 뎜쟝이
跑信的 [팦신디] 톄젼부
唱戲的 [창싀디] 광ᄃᆡ
弄戲法兒的 [룽싀빠얼디] 요술쟝이

照相的 [좌샹디] 사진 ᄇᆡᆨ이ᄂᆞᆫ 사ᄅᆞᆷ
木匠 [무쟝] 목슈
泥匠 [니쟝] 미쟝이
鐵匠 [톄쟝] ᄃᆡ졍쟝인
油漆匠 [역치쟝] 칠쟝인
裱糊匠 [뱌후쟝] 도ᄇᆡ쟝인
帽匠 [뫄쟝] 갓샹인
鞋匠 [쎄쟝] 갓밧치
掌櫃〔樻〕的 [장궤디] 쟝ᄉᆞ주인
夥計 [징지] 아ᄅᆡ동모
經記 [징지] 거간
屠户 [투후] ᄇᆡᆨ쟝
花子 [화쯔] 거지
土匪 [투비] 토비

房屋類

皇宮 [황궁] ᄃᆡ궐
禁地 [진디] 검디
衙門 [야먼] 아문
兵房, 營房 [빙ᄫᅡᆼ, 잉ᄫᅡᆼ] 영문
廟 [먀] 사당집
和尚廟 [훠샹먀] 절
道士廟 [돠쓰먀] 도ᄉᆞ묘
教場 [좌챵] 교쟝
炮台 [퐈태] 포ᄃᆡ
學堂 [쒀탕] 학당
鋪子 [푸쯔] 뎐당
房子 [ᄫᅡᆼ쯔] 집
院子 [웬쯔] ᄯᅳᆯ
屋子 [우쯔] 방
影壁 [잉세] 판쟝
客廳 [커팅] 사랑
飯廳 [ᅋᅡᆫ팅] 식당
臥房 [와ᄫᅡᆼ] 침방
厨房 [츄ᄫᅡᆼ] 음식간
門房 [먼ᄫᅡᆼ] 길텽
正房 [쪙ᄫᅡᆼ] ᄃᆡ텽
廂房 [샹ᄫᅡᆼ] 아ᄅᆡ치
賬房 [쟝ᄫᅡᆼ] 문셔방
閨房 [쉬ᄫᅡᆼ] 안방
套間兒 [톼젠얼] 골방
大門 [다먼] ᄃᆡ면
後門 [헉먼] 뒤문
澡堂 [쫘탕] 목욕간
馬棚 [마평] 마부간
茅房, 茅厠 [뫄ᄫᅡᆼ, 뫄스] 뒤간
頂棚 [딩평] 텬졍
地板 [디판〔반〕] 마루
窗户 [촹후] 창호
槅扇 [꺼샨] 겻문쟉
炕 [캉] 구둘
臺階兒 [태졔얼] 층게
樓梯 [럭티] 사작ᄃᆡ리
倉庫 [챵구] 고집
烟筒 [옌퉁] 굴둑
門閂 [면〔먼〕샨] 문빗쟝
花園子 [화웬쯔] ᄭᅩᆺ동산
菜園子 [채웬쯔] 나물밧

籬笆 [리바] 울타리
井 [징] 우물
晒臺 [씨딕] 셸릭 너는 곳
戲臺 [싀딕] 희딕
柱子 [쥬쯔] 기동
椽木 [옌무] 연목
隔壁兒 [꺼비얼] 격벽
蓋房子 [끽빵쯔] 집 닛다
打夯 [짜쌍] 디경닷다
砌墻 [치챵] 담 솻다
抹墻 [머챵] 담에 식벽ᄒᆞ다

鋪店類

公司 [궁스] 회ᄉᆞ
銀行 [인항] 은힝
錢鋪 [첸푸] 천푸
首飾樓 [셔시러] 수식젼
藥鋪 [야푸] 약국
當鋪 [당푸] 뎐당집
書鋪 [수푸] 칙ᄉᆞ
雜貨鋪 [자훠푸] 잡화상
綢緞〔緞〕鋪 [쳑돤푸] 션젼
古董鋪 [구둥푸] 도ᄌᆞ젼
玉器鋪 [위치푸] 옥방
眼鏡鋪 [옌징푸] 안경방
酒鋪 [직푸] 술집
鞍韂鋪 [안덴푸] 안장젼
染坊 [산빵] 염칙집
鞋鋪 [쎄푸] 신젼
估衣鋪 [구이푸] 의젼
魚床子 [위촹쯔] 어물젼
茶葉鋪 [차예푸] 차 파는 집
香蠟鋪 [샹라푸] 향촉젼
紙鋪 [즤푸] 지젼
糧食店 [량시덴] 미젼
煤炭鋪 [메튼푸] 셕탄젼
木廠子 [무챵쯔] 쟝목젼
木作坊 [무줘빵] 목긔젼
裁縫鋪 [칙뻥푸] 옷젼
澡堂子 [쫘탕쯔] 목욕집
磁器鋪 [츠치푸] 사긔젼
烟袋鋪 [옌딕푸] 연죽젼
刻字鋪 [써쯔푸] 각쟈포
皮貨鋪 [피훠푸] 피물젼
油坊 [역빵] 지름집
羊肉鋪 [양싀푸] 양육젼
飯館子 [빤관쯔] 요리집
茶館兒 [챠관얼] 챠집
豆腐坊 [덕뿌빵] 두부집
麵館子 [멘관쯔] 국수집
電報局 [덴반쥐] 뎐보국
書信館 [수신관] 우편국
病院 [빙웬] 병원
税關 [시관] 히관
船廠〔廠〕[촨챵] 션창
機器局 [지치쥐] 긔계국
禮拜堂 [리빅탕] 례빅당

衣服類

蟒袍 [망판] 룡포
朝珠兒 [챠쥬얼] 죠복 염쥬
長袍 [창판] 관복
褂子 [과쯔]□□□□〈덧적고리〉
長褂子 [창과쯔] 쥬의
短襖兒 [돤와얼] 동옷
外褂子 [왜과쯔] 외투
□□〈坎肩〉兒 [칸젠얼] □□〈듯기〉
褲子 [쿠쯔] 바지
套褲 [톼쿠] 힝젼
肚帶兒 [두듸얼] 요듸
腿帶兒 [퉈듸얼] 듸님
汗巾兒, 汗衫 [한젠얼, 한샤] 속젹삼
襪子 [와쯔] 버션
領子 [링쯔] 모도리
領帶 [링듸] 넥타이
單衣裳 [싼이샹] 홋옷
夾衣裳 [쟈이샹] 겹옷
綿衣裳 [멘이샹] 솜옷
靴子 [쉐쯔] 장혜
鞋 [쎄] 신
官帽兒 [관맏얼] 관모즈
小帽子 [쌰맏쯔] 평숭모즈
涼帽 [양〔량〕맏] 여름 모즈
煖帽 [완〔뇐〕맏] 겨울 모즈
頂子 [딩쯔] 뎡즈
手帕子 [쑤패쯔] 손수건
手套 [쑤톼] 장갑
錶 [뱌] 시계
錶鍊〔鏈〕子 [뱌렌쯔] 시표줄
眼鏡 [옌징] 안경
戒指兒 [졔즤얼] 반지
褡褳兒 [다렌얼] 다련
扇子 [샨쯔] 션즈
團扇 [퇀샨] 단션
鈕子眼兒 [뉘쯔옌얼] 단초구멍
鈕子 [뉘쯔] 단추
鈕襻兒 [뉘반얼] 단추밧침
荷包 [허봐] 주먼니
帳子 [쟝쯔] 문쟝
靠背 [콰베] 안식
引枕 [인쪈] 사방침
鋪蓋, 被窩 [푸기, 베워] 이불
褥子 [수쯔] 요
枕頭 [□□〈쪈턱〉] 베기
氈子 [쟌즈] 담요
被單子 [베단쯔] 홋이불
枕頭籠市〔布〕[쪈턱룽부] 베기잇
包袱 [뱌〔봐〕뿌] 보쟈기
孝服 [샤뿌] 거상옷
草鞋 [챠쎄] 집싯
洋布 [양부] 양목
夏布 [□〈쌰〉부] 모시
麻布 [마부] 베
綢子 [적쯔] 면쥬

貢緞〔緞〕[궁돤] 공단
縐紗 [젇샤] 사
綾子 [링쯔] 공능
法蘭絨 [빤란융] 융
綿花 [멘화] 솜

飲食類

早飯 [잪빤] 죠반
晌飯 [샹빤] 낫밥
晩飯 [완빤] 제녁밥
白米 [빅미] 쏠
糯米 [뤄미] 찹쏠
粳米 [징미] 샹미
小米 [쌒미] 좁쏠
大麥 [다메] 모리
小麥 [쌒메] 밀
高粱〔粱〕[갚량] 수수
玉米 [위미] 옥수수
黑豆 [흐덕] 거문콩
黃豆 [황덕] 황두
綠豆 [루덕] 녹두
芝麻 [지마] 씨
蘿菖〔蔔〕[뤄뽀] 무
白菜 [빅치] 빅추
韭菜 [잒치] 부추
芹菜 [□〈진〉 치] 미느리
菠菜 [버치] 버치
豌豆 [완덕] 강남콩
葱 [충] 파
蒜 [샨] 마늘
豆芽菜 [덕야치] 콩기름
芋頭 [위틱] 토련
白薯 [빅수] 감즈
香菌 [쌍쥰] 버섯
茄子 [□〈쟈〉 쯔] 자지
黃瓜 [황과] 물외
東瓜 [둥과] 동와
西瓜 [시과] 셔과[①]
南瓜 [난과] 호박
甜瓜, 香瓜 [텐과, 쌍과] 참외
竹笋 [쥬순] 죽슌
鹹菜 [쏀치] 침치
醬菜 [쟝치] 쟝아찌
生薑 [썽갸] 싱강
芥末 [졔머] 계즈가루
胡椒麵兒 [후쟢멘얼] 호쵸가루
辣草麵兒 [라챺멘얼] 고쵸가루
牛肉 [닉싁] 황육
羊肉 [양싁] 양육
猪肉 [주싁] 계육
鴨子 [야쯔] 오리
□□〈野鷄〉[예지] 싱치
鴿子 [꺼쯔] 비둘기
公鷄 [궁지] 숫닭
母鷄 [무지] 암닭

---

① 셔과: 西瓜. 수박.

鷄蛋, 鷄子兒 [지단, 지쯔얼] 계란
家雀兒 [쟈챺얼] 춤식
麵 [멘] 가루
麵包 [멘봐] 면보
飯 [앤] 밥
□□□ 〈粥, 稀飯〉 [주, 서앤] 죽
火腿 [□□ 〈훠퉈] 〉 염제육
酒 [직] 술
紹興酒 [샾싱직] 소흥쥬
燒酒 [샾직] 쇼쥬
紅酒 [홍직] 포도쥬
三賓酒 [싼핀직] 삼판쥬
卑〔啤〕酒, 麥酒 [비직, 메직] 밐쥬
白乾兒 [빅싼얼] 빅알
荷蘭水 [허란쉐] 나무닉
白糖 [빅탕] 셜당
白□ 〈鹽〉 [빅옌] 소금
醬 [쟝] 쟝
香油 [썅약] 참기름
燈油 [쩡약] 들기름
黃油 [황약] 킁〔콩〕기름
牛奶 [닉닉] 우유
茶〔茶〕 [챠] 차
珈琲〔咖啡〕 [까□ 〈베〉] 가피ᄎᆞ[①]
饅頭 [만퉉] 만두
餃子 [쟢쯔] 교자
元宵餅 [웬샾빙] 썩국
黃油 [황약] 쌔다
奶餅 [닉빙] 치스

果子 [궈쯔] 과ᄌᆞ
桃兒 [탚얼] 복샤
李子 [리쯔] 외얏
梨 [리] 빅
杏兒 [싱얼] 살구
蘋果 [핑궈] 능금
葡萄 [푸탚] 포도
柿子 [싀쯔] 감
柿餅 [싀빙] 곶감
栗子 [리쯔] 밤
柘〔石〕榴 [시릭] 석유
橘子 [쥐쯔] 감ᄌᆞ
橙子 [쩡쯔] 귤
核桃 [히탚] 호도
樱桃 [잉탚] 잉도
白果 [빅궈] 은힝
紅棗兒 [홍쟢얼] 딕초
橄欖, 青果 [싼란, 칭궈] 감람
山裏紅 [싼리홍] 아가위
龍眼 [룽옌] 용안
荔枝 [리지] 여지
無花果 [우화궈] 무화과
落花生 [뤄화썽] 낙화싱
枇杷 [비파] 비파
松子 [쑹쯔] 잣
海鯽魚 [힉지위] 도미
鯽魚 [지위] 부어
鱔魚 [싼위] 빔쟝어
鯉魚 [리위] 이어

① 가피ᄎᆞ: 咖啡. 커피.

銀魚 [인위] 은어
黃海魚 [화히위] 죠긔
鯖魚 [칭위] 비웃
甲魚 [쟈위] ᄌᆞ라
鮑魚 [봐위] 뎐복
龍蝦 [룽샤] ᄃᆡ하
蛤蠣 [꺼리] 죠기
螃蟹 [팡세] 게
海蔘〔參〕[히쓴] 히삼
八條魚 [싸퇴위] 문어
鯨魚 [징위] 고릭
魚翅 [위츼] 어싀
燕窩 [옌워] 연와치
海帶菜 [히ᄃᆡ칙] 다시마
魚肚 [위짱] 블에
紫菜 [ᄌᆞ칙] 김

家具類

飯碗 [앤완] 사발
茶〔茶〕碗 [챠완] 차완
茶〔茶〕鐘〔盅〕[챠즁] 차죵ᄌᆞ
茶〔茶〕壺 [챠후] 차관
茶〔茶〕船兒 [챠촨얼] 차잔 밧침
茶〔茶〕盤兒 [챠판얼] 차반
酒杯 [직베] 슐잔
酒壺 [직후] 쥬젼ᄌᆞ
盤子 [판쯔] 소반
碟子 [데쯔] 졉시
海碗 [히완] 탕긔
匙子 [츼쯔] 수져
勺子 [샾쯔] 국이
叉子 [차쯔] ᄉᆞ스랑
刀子 [댶쯔] 칼
筷子 [쾌쯔] 져ᄉᆡ락
羹匙 [껑츼] ᄉᆞ시
酒瓶 [직핑] 슐병
七星罐兒 [치싱관얼] 짜피ᄎᆞ관
台布 [틱부] 샹보
鐵鍋 [테궈] 솟
沙鍋 [샤궈] 퉁노긔
桌子 [줘쯔] 탁ᄌᆞ
椅子 [이쯔] 괴의
凳子 [덩쯔] 반둥
脚踏兒 [쟢타얼] 등샹
鐵床 [테촹] 텰샹
木床 [무촹] 평샹
櫃子 [궤쯔] 괴
鏡子 [징쯔] 톄경
地毯 [디탄] 쟝판
凉席 [량시] 돗ᄌᆞ리
煖席 [란시] 다담이
洋燈 [양덩] 양둥
蠟燈 [라덩] 촉ᄃᆡ
燈籠 [덩룽] 등롱
取燈兒, 自來火 [취덩얼, 쯔릭훠] 성양
胰子 [이쯔] 왜비누
手巾 [쒀젠] 수건

洗臉盆 [시렌펀] 세수ᄃᆡ야
臉盆架子 [렌펀쟈ᄶᅳ] 세수탁ᄌᆞ
刷子 [솨ᄶᅳ] 사쟈
牙刷子 [야솨ᄶᅳ] 니솔
牙籤〔籖〕兒 [야쳰얼] 이소시ᄀᆡ
烟袋 [옌ᄃᆡ] 연ᄃᆡ
烟荷包 [옌허밮] 담비ᄉᆞᆷ지
火爐子 [훠루ᄶᅳ] 란노
煤斗子 [메덕ᄶᅳ] 셕탄그릇
煤鏟子 [메찬ᄶᅳ] 부삽
煤 [메] 셕탄
木炭 [무탄] 숫
柴火 [ᄎᆡ훠] 쟝작
火紙捻兒 [훠ᄶᅴ녠얼] 화지
秫稭〔秫秸〕兒, 高樑〔粱〕幹兒 [취ᄀᆡ얼, 간량ᄭᅡᆫ얼] 수수ᄭᅡᆼ
鎖子 [쒀ᄶᅳ] 잠을쇠
鑰匙 [ᄋᆄ츼] 열시
激筒 [지퉁] 무자위
熨斗 [윈덕] ᄃᆡ루리
吊桶 [댶퉁] 드레박
水桶 [쉐퉁] 물통
簸箕 [버치] 키
笤帚 [초쥐] 비
箅盤 [숸판] 쥬판
棒槌 [벙쵀] 도리ᄭᆡ
鐮刀, 鐮子 [렌댶, 렌ᄶᅳ] ᄂᆞᆺ
斧子 [ᄫᅮᄶᅳ] 도긔
鋤子 [추ᄶᅳ] 호ᄆᆡ
鉅〔鋸〕子 [쥐ᄶᅳ] 톱
錐子 [쥐ᄶᅳ] 송곳
鎚子 [쵀ᄶᅳ] 쟝도리
鍤子 [챠ᄶᅳ] 가레
刨子 [꽢ᄶᅳ] ᄃᆡ픠
鏨子 [쫴ᄶᅳ] ᄭᅳᆯ
鉗子 [쳰ᄶᅳ] 집게
紡車 [□□〈ᄫᅡᆼ처〉] 물ᄅᆡ
碓子 [쒸ᄶᅳ] 절구
杵子 [추ᄶᅳ] 박아공이
竹把 [쥬바] 갈퀴
紙 [ᄶᅴ] 죠희
筆 [ᄲᅵ] 붓
墨 [머] 먹
硯池, 硯台 [옌지, 옌태] 베루
墨盒兒 [머허얼] 먹합
印色 [인싀] 인쥬
圖書, 圖章 [투수, 투쟝] 도셔
鋼筆 [ᄭᅡᆼᄲᅵ] 털필
鉛筆 [옌ᄲᅵ] 연필
信紙 [신ᄶᅴ] 편지 죠희
信封兒 [신ᄫᅥᆼ얼] 봉투
火漆 [훠치] 봉납
洋糡〔鏡〕子 [양징ᄶᅳ] 풀
信票 [신퍞] 우표
木梳 [무수] 빗
剪子 [쪤ᄶᅳ] 가위
剃頭刀 [티텍댶] 멘도
耳挖子 [얼와ᄶᅳ] 귀이ᄀᆡ
酒鑽子 [쥐찬ᄶᅳ] 막에 ᄢᅦ는 송곳
火盆 [훠펀] 화로
鞍子 [안ᄶᅳ] 안쟝
繮繩 [쟝셩] 고ᄲᅵ

馬□〈鐙〉[마덩] 등ᄌᆞ
嚼子 [ᄌᅸᄍᆞ] ᄌᆡ갈
肚帶 [두ᄃᆡ] ᄇᆡᄯᆡᄭᅳᆫ
馬掌 [마쟝] 말신
籠頭 [룽퉉] 구레
繩子 [썽ᄍᆞ] 줄
草繩 [ᄎᅸ썽] 삭기줄
雨傘 [ᄋᆔ샨] 우산
旱傘 [한샨] 한산
琵琶 [비파]□□〈비파〉
鑼 [뤄] 쨩가리
喇叭 [라ᄲᅡ] 라팔
鼓 [구] 북
笛 [디] 피리
三弦 [싼셴] 삼현금
胡琴兒 [후친얼] ᄒᆡ금
月琴 [웨친] 거문고

金玉類 附草木

金 [진] 금
銀 [ᅌᅵᆫ] 은
銅 [퉁] 동
鐵 [톄] 쇠
洋鐵, 馬鐵 [양톄, 마톄] 양텰
紅銅 [홍퉁] 구리
白銅 [ᄇᆡ퉁] ᄇᆡᆨ통
青銅 [칭퉁] 함셕
錫鑼 [시라] 쥬셕
鉛 [옌] 납
水銀 [쉐인] 수은
金剛石 [진짱시] 금강셕
珍珠 [진주] 진쥬
珊瑚 [산후] 산호
琥珀 [후버] 밀화
羊脂玉 [양ᄌᆡᄋᆔ] ᄇᆡᆨ옥
翡翠玉 [ᅋᅦ취ᄋᆔ] □□□〈비취옥〉
瑪瑙 [마ᄂᅸ] 수만옥
水晶 [쉐징] 수졍
大理石 [다리시] 옥돌
紫檀, 紅木 [ᄎᆞ단, 홍무] 박ᄃᆞᆯᄂᆞ무
桑樹 [샹수] ᄲᅩᆼᄂᆞ무
松樹 [쑹수] 소ᄂᆞ무
杉樹 [산수] 전ᄂᆞ무
柳樹 [릭수] 버들
□〈藤〉[텅]□□□〈등ᄂᆞ무〉
竹 [□〈주〉] ᄃᆡ
芭蕉 [파ᄎᅸ] 파쵸
牡丹 [무란단] 모란
芍藥 [ᄉᅸᅌᅸ] 작약
水仙 [쉐셴] 수션화
玟〔玫〕瑰花 [메구화] 문괴화
萄〔菊〕花 [쥐화] 국화
藕花, 蓮花 [ᅌᅮ화, 롄화] 연화
海棠 [ᄒᆡ당] ᄒᆡ당화
蘭花 [〈난〉화] 난쵸
百日紅 [배ᅀᅵ홍] ᄇᆡᆨ일홍
百合 [ᄇᆡ허] ᄇᆡᆨ합

桂花 [ᄭᅰ화] 계화
杜鵑花 [두쥔화] 두견화
樹根 [수ᄭᅳᆫ] ᄂᆞ무ᄲᅮ리
葉子 [예쯔] 닙ᄉᆞ귀
樹枝兒 [수지얼] 가장귀

禽獸類 附昆虫

獅子 [싀쯔] ᄉᆞ지
老虎 [ᄅᅶ후] 범
豹子 [ᄇᅶ쯔] 표범
象 [샹] 코기리
狼 [낭] 이리
公牛 [궁뉘] 수소
母牛 [무뉘] 암소
〈水牛〉 [쉐뉘] 〈물소〉
牛犢子, 小牛 [뉘두쯔, 쌷뉘] 송아지
山羊 [쌴양] 산양
綿羊 [몐양] 염소
羊羔兒 [양ᄭᅶ얼] 어린양
駱駝 [뤄퉈] 약ᄃᆡ
驢 [뤼] 나귀
騾子 [뤄쯔] 노ᄉᆡ
〈馬〉 [마] 〈말〉
狐狸 [〈호리〉] 여호
鹿 [루] 사슴
家兔兒 [쟈ᄐᅶ얼] 집토기
狗熊 [ᄭᅯ쓩] 곰
松鼠兒 [쓩쉬얼] 다람쥐
狗 [ᄭᅯ] ᄀᆡ
猫 [ᄆᅶ] 괴양이
猴兒 [훠얼] 원숭이
耗子 [ᄒᅶ쯔] 쥐
野猪 [예쥬] 산도야지
仙鶴 [쏀허] 학
孔雀 [쿵ᄎᅸ] 공작
老雕 [ᄅᅶ쟢] 황ᄉᆡ
鷹 [잉] ᄆᆡ
雁 [안] 기러기
老鴰 [ᄅᅶᄭᅥ] 솔ᄀᆡ
鵝 [어] 거위
鴨子 [야쯔] 오리
鴿子 [ᄭᅥ쯔] 비ᄃᆞᆯ기
公鷄 [궁지] 수닭
母鷄 [무지] 암ᄃᆞᆰ
燕子 [옌즈(쯔)] 졔비
鸚哥兒 [잉거얼] 잉모ᄉᆡ
黃鶯 [황잉] ᄭᅬ고리
夜猫子 [예ᄆᅶ쯔] 벙이
家雀兒 [쟈ᄎᅸ얼] 참ᄉᆡ
□〈蠶〉虫 [찬충] 누에
蝴蝶兒 [후뎨얼] 나븨
蜜蜂 [미ᄫᅥᆼ] ᄭᅮᆯ벌
螞螂 [마랑] ᄶᅡᆨ정벌레
長虫 [창충] ᄇᆡ암
蛤蟆 [ᄭᅥ머] 개구리
螞蟻 [마이] 개미

蒼蠅 [챵잉] 파리
蚊子 [운쯔] 모기
火虫 [훠충] □□□ 〈반듸불〉
蜻蜓 [칭팅] 짬ᄌᆞ리
秋蟬 [칙챤] ᄆᆡᆷ이
螞〔馬〕蜂 [마ᄫᅣᆼ] 말벌
蜘蛛 [지쥬] 거믜
蜈蚣 [우궁] 진네
虱子 [싀쯔] 이
虼蚤 [쪄쟌] 베룩
臭虫 [쳐충] 빈ᄃᆡ

官話入門

第一篇〔編〕

你 [니] 네
您 [닌] 당신
我 [워] 내
他 [타] 저 사름
你們 [니먼] 너의들
我們 [워먼] 우리들
他們 [타먼] 저 사름들
咱們 [자먼] 우리들
誰的 [쉐디] 뉘 것, 뉘의
你的 [니디] 네 것, 네의
我的 [위〔워〕디] 내 것, 내의
他的 [타디] 저 사름의 것
這個 [저거] 이것
那個 [나거] 저것
那個 [나거] 어늬 것
這兒 [저얼] 여긔
那兒 [나얼] 저긔
那兒 [나얼] 어디
〈這麽大〉[저마다] □□□□□〈이러케 크고〉
那麽小 [나마쌴] 져러케 적다
多麽好 [둬마화] 얼마콤 둇타
什麽 [시마] 무엇
怎麽 [즘마] 엇지, 왜
那麽 [나마] 그러면
懂得 [둥더] 알아듯다
認得 [싄더] 아라보다
記得 [지더] 긔역ᄒᆞ다
□□〈知道〉[지닾] □□〈알다〉
曉得 [샤더] ᄭᆡ닷다
明白 [밍비] 명빅ᄒᆞ다
糊塗 [후두] ᄆᆡ옥ᄒᆞ다
乾净 [깐징] 정ᄒᆞ다
腌臟 [안쨩] 더럽다
聽見 [팅젠] 듯다
看見 [칸젠] 보다
我給 [워긔] 내가 주다
給我 [긔워] 나를 주다
不給我 [부긔워] 나를 주지 안타
我給不了 [워긔부랴] 내 주지 못ᄒᆞ겟다
説給我 [쒀긔워] 내게 말ᄒᆞ시오
交給我 [쟈긔워] 내게 맛기시오
遞給我 [디긔워] 내게 집어 주시오
送給我 [쑹긔워] 내게 보ᄂᆡ 주시오
借給我 [졔긔워] 내게 빌여 주시오
賣給我 [ᄆᆡ긔워] 내게 팔아 주시오

第二編 氣候

今兒天氣怎麽樣? [진얼톈치즘마양] 오늘 일긔 엇더흔 모양이오?

今兒個是半陰半晴。[진얼거씌빤인빤칭] 오늘은 반쯤 흐리고 반쯤 기엿소.

這幾天天氣没準兒。[저지롄〔톈〕톈치메쥰얼] 이 몟칠 일긔를 쥰젹홀 수 업소.

昨天暖和, 今天又冷了。[쥐톈놘훠진톈역렁라] 어졔는 짜듯흐더니 오늘은 또 칩다.

忽然颳起一陣大風來。[후산과치이진다뗭릭] 홀연이 일진딕풍이 부러옵니다.

外頭土大得很。[왜텩투다더흔] 밧게 먼지가 딕단홈이다.

這兩天連陰着下雨。[저량톈롄인저쌰위] 이 흔 니틀 연흐야 비가 옴이다.

道兒上實在不好走了。[닾얼샹시직부핲적라] 길 우희 실샹 단니기 둇치 못흐오.

上天黑雲彩鬧起來了。[〈샹톈회윈칙난치릭라〉] 하늘에 거문 구름이 피여 이러 옴이다.

這個暴雨越下越緊〔緊〕。[저거뱦위웨쌰웨진]이 폭우가 더욱 올소록 더욱 긴흐다.

你在這兒暫且避雨罷。[니직저얼잔쳬펴〔피〕위바] 네, 여긔 잇셔 잠시 비를 피흐시오.

等着一會兒, 天快晴了罷。[덩저이훠얼톈쾌칭랖바] 한동안 기딕리면 쟝춧 늘이 기겟소.

天氣很冷, 河溝都凍了。[톈치흔렁허쯕두둥라] 일긔가 믹우 차셔 내와 기쳔이 다 어럿소.

到了晌午, 雪都化了。[닾랖쟝〔샹〕우쉐두화라]낫지 되믹 눈이 다 노갓소.

今兒早起看見瓦上的霜。[진얼쟢치칸졘와샹디쐉] 오늘 아츰에 긔와 우희 셔리를 보왓소.

怪不得昨天夜裏覺着冷了。[괘부더쥐톈예리쟢저렁라] 괴이치 안타. 어졔 밤에 치운 것을 아랏소.

今天是這個月幾兒了? [진롄〔톈〕씌저거웨지얼라] 오늘은 이돌 몃칠이온닛가?

今天是禮拜, 歇一天工了。[진롄〔톈〕씌리빅쎄이톈궁라] 오늘은 례빅일이라 하로 공부를 쉬다.

打了號砲了没有? [짜랖한팦라메역] 호포를 노앗ᄂᆞ뇨 아니뇨?

剛打了十二點鐘了。[짱짜랖시얼톈

즁라] 막 열쭈 덤죵을 쳣습니다.

第三編 訪問

久仰高名, 今天特過來拜訪。[ᄌᆡ양잔〔간〕밍진톈터궈ᄅᆡᄇᆡᄫᅡᆼ] 오ᄅᆡ 놉푸신 일홈을 듯고 오늘 특별이 심방ᄒᆞ엿소.

不敢當, 勞駕得很。[부깐당랖쟈더흔] 불감ᄒᆞᆫ 말ᄉᆞᆷ이오. 오시게 ᄆᆡ우 소고ᄒᆞ셧소.

請您到客廳裏坐罷。[칭닌닾커팅리줘바] 청컨ᄃᆡ 당신은 사랑에 드러가 안즈시오.

您請上坐罷。[닌칭샹줘바] 당신 샹좌에 안즈시오.

您請。[닌칭] 당신 먼쳐.

今兒幸得相會, 有緣那。[진얼싱더샹훠엳옌나] 오늘 다ᄒᆡᆼ이 셔로 만ᄂᆞ니 이〔인〕연이 잇습니다.

前天請安來, 您沒在家。[젠〔첸〕톈칭안ᄅᆡ닌메ᄌᆡ쟈] 젼일에 문안ᄒᆞ라 왓더니 당신 집에 아니 게ᄉᆞᆸ듸다.

可不是, 失迎失迎。[커부씌시잉시잉] 엇지ᄒᆞᆫ지 나가 맛지 못ᄒᆞ엿소.

那位是怎麽稱呼? [나위씌즘마청후] 져분은 뉘라구 칭호ᄒᆞ심닛가?

這位是姓高, 我們同鄉的人。[저위씌싱갚워먼퉁샹디ᅀᅵᆫ] 이분은 셩이 고씨요, 우리 동향 사ᄅᆞᆷ이외다.

咱們瞧着好面善。[쟈먼챺저핲멘싼] 우리 뵈옵기에 ᄆᆡ우 낫치 닉습니다.

還沒領教您納。[히메링쟢닌나] 오히려 당신게 말ᄉᆞᆷ을 못 엿좌소.

不敢當, 我實在羡慕得很。[부깐당워시ᄌᆡ쏀무더흔] 불감ᄒᆞᆫ 말ᄉᆞᆷ이오. 나도 셩화를 닉이 드럿소.

您今年貴庚? [닌진녠귀ᄭᅥᆼ] 당신 금년에 무ᄉᆞᆷ ᄉᆡᆼ이시오?

我還少〔小〕哪, 二十五歲了。[워히쌰나얼시우쉐라] 내 아즉 졈소. 이십오 셰외다.

您在那兒住着了? [닌ᄌᆡ나얼주저라] 당신 어ᄃᆡ셔 머무심닛가?

我在前門外頭客店裏住着了。[워ᄌᆡ첸먼왜턱커뎬리주저라] 내 남문 박 ᄀᆡᆨ뎜에 머무러 잇소.

咱們這一向少見少見。[쟈먼저이샹쌰젠쌰젠] 우리 요쟈막 드문드문 보ᄂᆞᆫ구료.

你們府上都好呀? [니먼ᄬᅮ샹두핲아] 당신 ᄐᆡᆨᄂᆡ 다 평안ᄒᆞ시오?

托福托福, 倒很好了。[〈퉈ᄬᅮ퉈ᄬᅮ

단ᄒᆞᆫ화라〉] 복을 험닙어 다 잘 잇습니다.

第四編 會食

我要陪您吃晚飯了。[워얀페닌치완빤라] 내 당신을 뫼시고 만찬을 먹고져 ᄒᆞ오.

咱們找個飯館子去罷。[쟈먼좌거빤관쯔취바] 우리 요리집을 차져갑시다.

菜單子拿來, 給我們看看。[ᄎᆡ단쯔나ᄅᆡᄀᆡ원먼칸칸] 음식 발긔를 내게 가져와 뵈시오.

這茶太釅, 苦的喝不得了。[저챠ᄐᆡ옌쿠디허부더라] 이 챠가 너무 독ᄒᆞ야 써셔 먹을 수 업소.

這個菜合您口味不合呢? [저거ᄎᆡ허닌컥웨부허니] 이 음식이 당신 구미에 맛소 맛지 안소?

我要清淡的, 不要油膩的。[워얀칭딴디부얀엳이디] 나는 청담ᄒᆞᆫ 것을 구ᄒᆞ고 밋기ᄒᆞᆫ① 것은 실소.

請您隨便, 不要客氣。[칭닌쉬벤부얀커치] 청컨ᄃᆡ 당신 편ᄒᆞᆯ ᄃᆡ로 ᄒᆞ고 톄면 부리지 마시오.

再用點兒海參湯麽? [재융뎬얼ᄒᆡ쓴탕마] 또 ᄒᆡ삼탕을 좀 잡수시겟소?

已經吃飽了, 再不能喝了。[이징치봐라ᄌᆡ부능허라] 벌셔 먹어 ᄇᆡ부르니 다시 먹을 수 업소.

鷄肉不新鮮, 快擐〔換〕來罷。[지ᅀᅮ부신셴쾌환ᄅᆡ바] ᄃᆞᆰ고기가 신션치 못ᄒᆞ니 속히 밧구아 오시요.

没預備什麽菜, 不成敬意得很。[메위베시마ᄎᆡ부청징이더ᄒᆞᆫ] 무ᄉᆞᆷ 음식을 예비ᄒᆞᆷ이 업셔 공경ᄒᆞᆫ 듯을 이루지 못ᄒᆞ오.

那兒的話呢, 這是太盛設了。[나얼디화니저씌태썽셔라] 무ᄉᆞᆷ 말ᄉᆞᆷ이오. 이 너무 셩셜②이외다.

咱們滑幾拳罷。[쟈먼화지촨바] 우리 화뎐이ᄂᆞ ᄒᆞ여 봅시다.

可以, 很有趣兒了。[커이ᄒᆞᆫ역쮀얼라] 됏소. ᄆᆡ우 쟈미잇소.

遞給我辣草麵兒和醎〔鹹〕菜來罷。[티ᄀᆡ워라챂멘얼훠쏀ᄎᆡᄅᆡ바] 내게 고쵸가루와 김치를 갓다 주시오.

火爐子裏再添點兒煤。[훠루쯔리ᄌᆡ텐뎬얼메] 란로에 또 셕탄을 더 느어라.

跑堂兒的, 快點上燈罷。[팦탕얼디

① 밋기ᄒᆞᆫ: 油膩. 느끼한.

② 셩셜: 盛設. 잔치 따위를 성대하게 베풂.

쾌덴샹딩바] 고용ᄒᆞ는 사ᄅᆞᆷ 속히 등잔에 불 케시오.

我們吃完了, 都撤下去罷。[워먼치완라두쳐싸취바] 우리 다 먹엇스니 다 물녀 가시오.

咱們可以筭賬。[쟈먼커이쏸쟝] 우리 가히 셰음ᄒᆞᆸ시다.

咱們找個戲館子聽戲去罷。[쟈먼챠거시관ᄶᅳ팅시취바] 우리 연극쟝을 챠져 소리 드르라 갑시다.

第五編 告別

天不早了, 我要告暇。[텐부ᄌᅸ라워ᄋᅸ간쟈] 일긔가 □□〈느져〉스니 내 가고져 ᄒᆞ오.

忙甚麽, 再坐一坐罷。[망슴마재쥐이쥐바] 무엇이 밧부시오. 더 안즈시오.

我有黠〔點〕兒事, 再來請安。[워역덴얼싀재릐칭안] 내 좀 일이 잇스니 다시 와셔 문안ᄒᆞ겟소.

那麽我倒不敢深留了。[나마워ᄃᅶ부싼신〔선〕릭라] 그러면 내 감히 더 잇스라 아니ᄒᆞ겟소.

多咱您要動身回鄉下去? [둬쟌닌요둥신휘샹싸취] 언제 당신이 써ᄂᆞ 시굴[①] 가고져 ᄒᆞ시오?

明兒早起我要坐着早車去。[밍얼ᄌᅸ치워ᄋᅸ쥐저ᄎᅸ쳐취] ᄂᆡ일 아ᄎᆞᆷ에 쳣차를 타고져 ᄒᆞ오.

我很盼望你快回來。[워흔펀왕니쾌휘릭] 내 당신 속히 도라오시기를 바라오.

承兄台的惦記着我了。[청쓩태디덴지저워라] 로형의 ᄉᆡᆼ각ᄒᆞ여 주시믈 입ᄉᆞ외다.

想會主人, 請轉致一聲。[샹휘주인칭좐지이셩] 쥬인 만ᄂᆞ거든 쳥컨ᄃᆡ ᄒᆞᆫ 말ᄉᆞᆷᄒᆞ여 주시오.

您回家去, 都替我請安問好。[닌휘쟈취두티워□□□□〈칭안운화〉] 당신 집에 가시거든 다 내의 문안ᄒᆞ여 주시오.

是, 回去都替您說就是了。[싀휘취두티닌쒀쥐씌라] 네, 가셔 당신 ᄃᆡ신ᄒᆞ여 말ᄉᆞᆷᄒᆞ오리다.

明兒我到了火車站給您送行去。[밍얼워ᄃᅶᄅᅶ훠처쟌긔닌쓩싱취] 내일 내 정거장에 가셔 당신게 작별ᄒᆞ라 가겟소.

不敢當, 不必勞兄台的駕了。[부싼당부쎄ᄅᅶ쓩태디쟈라] 불감ᄒᆞᆫ 말이오. 로형, 소고로히 오실 것이 아니오.

您回家之後, 給我一封信罷。[닌휘쟈지허긔워이옹신바] 당신 집에

① 시굴: 鄕下. 시골.

가신 후 내게 편지ᄒᆞ시오.

是，您静候我的佳音就是了。［씌닌징후워디쟈인직씌라］네，당신내의 편지를 기ᄃᆡ리시오.

現在我要失陪了您納。［썬재워얖시페랖닌나］즉금 내 당신게 작별코자 ᄒᆞ오.

再會再會。［재휘재휘］ᄯᅩ 뵈옵시다.

一路上請您寶重罷。［이루샹칭닌뱌〔봐〕즁바］로샹에 부ᄃᆡ 평안ᄒᆞ시오.

請留步，別送別送。［칭릭부베쑹베쑹］청컨ᄃᆡ 거름을 머추시고 보ᄂᆡ지 마시요.

不送不送。［부쑹부쑹］보ᄂᆡ지 못ᄒᆞ오.

第六編 散步

今天是禮拜，做何消遣？［진톈씌리비줘허샤첸］오날은 공일이니 무엇으로 소견ᄒᆞᆯ고？

没什麽事，大概逛逛去好。［메시마스다기쐉쐉취햐］무슴 일이 업스니 ᄃᆡ쳐[①] 놀ᄂᆞ 가는 것이 돗소.

那麽，咱們一塊兒溜達去罷。［나마쟈먼이쾌얼릭다취바］그러ᄒᆞ면 우리 한가지 산보ᄒᆞ라 갑시다.

你多咱有工夫兒？［니둬쟌역궁뿌얼］네，언졔 틈이 잇ᄂᆞ뇨？

我近來没事，那天都行了。［워진릭메싀나톈두싱라］나는 근ᄅᆡ 일이 업스니 아모 놀이ᄂᆞ 되겟소.

咱們上那兒狂〔逛〕去好呢？［쟈먼샹나얼쐉취햐니］우리 어ᄃᆡ로 놀ᄂᆞ 가면 됴켓소？

勿論什麽地方都可以。［우룬시마디방두커이］어늬 디방이던지 다 좃소.

那麽上公園裏看花去罷。［나마샹궁웬리칸화취바］그러면 공원에 ᄭᅩᆺ 구경ᄒᆞ라 갑시다.

你要愛去，我也陪您搭伴走。［니얖이취워예페닌싸ᄈᆞᆼ적］네 가고져 ᄒᆞ면 나도 너를 뫼시고 쟉반합시다.

那邊兒風光實在爽快得很。［나볜얼ᄈᆞᆼ광시재샹쾌더훈］거긔 풍경이 츰 샹쾌홈이다.

穿過那樹林子裏去罷，這是抄近的道兒。［촨궈나수린ᄶᅳ리취바저씌챠건〔진〕디댶얼］져 수평이[②]

---

① ᄃᆡ쳐：大概. 대체.

② 수평이：樹林子. 숲.

로 바로 갑시다. 이것이 질너가는 길이외다.

綠森森的, 草木都發芽兒了。[루샨샨디챠ᅩ무두뺘야얼라] 푸루숙숙ᄒᆞᆫ 초목이 다 싹이 ᄂᆞ다.

別説桃李, 連海棠開得好看。[베쒀탸ᅩ리롄ᄒᆡ탕캐더햐ᅩ칸] 도화, 이화는 말 말고 ᄒᆡ당화ᄭᆞ지 잘 피엇습니다.

若是過了兩三天, 花都要謝了。[야ᅩ씌궈랴ᅩ량싼톈화두야ᅩ셰라] 만일 이ᄉᆞᆷ 일 지ᄂᆡ면 ᄭᅩᆺ치 다 여위겟소.

趁着好機會, 大家熱鬧熱鬧罷。[츤저햐ᅩ지휘다쟈ᅀᅥ난ᅀᅥ난바] 죠흔 긔회를 타셔 여러히 ᄯᅥ들고 놉시다.

現在我很乏了, 在那兒歇好呢? [쏀재워흔쎄라재나얼세햐ᅩ니] 즉금 내 ᄆᆡ우 곤ᄒᆞ니 어ᄃᆡ셔 잘 쉬을ᄭᅩ?

這兒有椅子, 請您坐一坐罷。[저얼여ᅮ이쯔칭닌줘이줘바] 여긔 교의가 잇스니 쳥컨ᄃᆡ 안즈시오.

您瞧天不早了, 咱們回家去罷。[닌챠ᅩ톈부쟈ᅩ라쟈먼휘쟈취바] 당신 보시오. ᄂᆞᆯ이 느지니 우리 집으로 갑시다.

就是黑了, 也不要緊, 打着燈籠去了。[져ᅮ씌희라예부야ᅩ진짜저덩룽취라] 곳 져물드ᄅᆡ도 샹관업소. 등농을 가지고 갑시다.

第七編 學事

你天天早晌上那兒去呢? [니톈톈쟈ᅩ샹샹나얼취니] 네 ᄂᆞᆯ마다 아ᄎᆞᆷ이면 어ᄃᆡ로 가ᄂᆞ뇨?

我上學堂去。[워샹쉬탕취] 내 학당에 감니다.

你們的學堂在那兒? [니먼디쉬탕재나얼] 너의 학당이 어ᄃᆡ 잇ᄂᆞ뇨?

大街上門口有報字的。[다졔샹먼커ᅮ여ᅮ바ᅩ쯔디] 큰길 우희 문 어귀에 광고가 잇습니다.

天天兒甚麽時候兒用工? [톈톈얼슴마시허ᅮ얼융궁] ᄆᆡ일 어ᄂᆡ ᄯᆡ 공부ᄒᆞ시오?

早起八點到了十二點鐘。[쟈ᅩ치빠덴댜ᅩ랴ᅩ시얼덴즁] 아ᄎᆞᆷ 여덜 시부터 열두 뎜ᄭᆞ지오.

你們的教習有幾位? [니먼디쟈ᅩ싀여ᅮ지위] 당신의 교습ᄒᆞᄂᆞᆫ 선ᄉᆡᆼ이 몃 분이오?

教習是三個人。[쟈ᅩ씌씌싼거ᅀᅵᆫ] 교습이 세 분이외다.

一個月多少月敬? [이거웨둬쌰ᅩ웨징] 일 ᄀᆡ월에 월ᄉᆞ금이 얼마뇨?

每月兩塊洋錢。[메웨량쾌양쳰] 미월에 이 원 은젼이외다.

你學過幾年的工夫? [니쌰궈지넨디궁뿌] 네 몟 ᄒᆡ 동안을 ᄇᆡ화ᄂᆞ뇨?

差不多有一年。[차부둬역이녠] 거의 일 년이 되여ᄂᆞ이다.

你會說英國話麽? [니휘쒀잉궈화마] 네 영국말을 ᄒᆞ슴ᄂᆞ잇가?

會說一點兒, 不多。[휘쒀이뎬얼부둬] 조곰 알고 만치 못ᄒᆞ오.

學過幾年纔畢業呢? [쌰궈지녠치쎄예니] 몟 ᄒᆡ를 배호면 능히 졸업를 ᄒᆞᄂᆞ뇨?

定的是三年畢業的。[딩디씌싼녠쎄예디] 쟉졍ᄒᆞ기는 삼 년 만에 졸업홀이다.

功課完了快回家去罷。[궁쿼완라쾌휘쟈취바] 공부를 맛쳐스니 속히 집에 갑시다.

我們班上還有一點鐘。[워먼빤샹히역이뎬즁] 우리 반에는 아즉 한 시 동안이 잇소.

第八編 商賣

辛苦掌櫃的, 這幾天買賣好呀? [신쿠쟝궈디저지톈믜믜화아] 쟝괴디, 신고ᄒᆞ시오. 요쟈막 메ᄆᆡ가 좃소?

托您的福, 行〔生〕意還筭可以的。[퉈닌디뿌싱이히쏸커이다] 당신의 복을 힛닙어 싱의[①]가 그러훌 만ᄒᆞ외다.

你多咱開鋪子? 買〔賣〕什麽東西? [니둬잔캐푸쯔믜시마둥시] 네 언제 뎐방을 열며 무슴 몰건을 파ᄂᆞ뇨?

開雜貨店, 都是家常用的東西。[캐자훠뎬두씌쟈챵융디둥시] 잡화뎐을 ᄂᆡ여 집에 항상 쓰ᄂᆞᆫ 물건이외다.

我要買一個皮包和一把旱傘。[워얀믜이거피뱦훠이바한샨] 내 ᄒᆞᆫ 기 갑안[②]과 ᄒᆞᆫ 자루 양산을 사고져 ᄒᆞ오.

有好幾樣兒東西, 您挑一挑罷。[역한지양얼둥시닌퍈이퍈바] 여러 가지 물건이 잇스니 당신 고르시요.

大約這樣兒的價錢怎麽樣? [다웨저양얼디쟈쳰즘마양] ᄃᆡ져 이러ᄒᆞᆫ 것은 갑시 엇더ᄒᆞᆫ 모양이오?

皮包是四塊半, 旱傘是兩塊七角五分錢。[피반씌쓰쾌빤한샨씌량

---

① 싱의: 行意. 장사. 생계.

② 갑안: 皮包. 가방.

쾌치쩌우쑌췌] 갑안은 사 원 오 십 전, 양산은 이 원 칠십오 전이 외다.

這是一定的價錢, 減給我點兒。[저씌이딩디쟈첸졘끠워뎬얼] 이 일졍훈 갑시오. 좀 감후여 주시오.

您若是打躉兒買, 可以減點兒, 您要一個一個的零買, 就是這個價錢。[닌야씌짜둔얼믜커이졘뎬얼닌□□□□□□□□〈야이거이거디링믜〉 직씌저거쟈져] 당신 만일 다슨①으로 스면 가히 좀 감후되 한 기 한 기식 푸러 스면 곳 이 갑시외다.

你說實話, 不要說謊價罷。[니쒸시화부야쒀황쟈바] 네 바로 말후고 외누리후여 말후지 마시오.

這是很公道, 到家的價兒。[저씌흔궁닾닾쟈디쟈얼] 이것이 믜우 공도요, 집에 가져온 본갑이외다.

那裏有這樣太貴呢? [나리유저양태귀니] 엇지 이러케 너무 비싸단 말이오?

因爲市上的貨很短, 所以行市往上長。[인위씌장〔상〕디훠흔돤쒀이항씌왕샹창] 시샹에 몰건이 달이무로 인후야 시셰가 올누감니다.

我給你現錢, 買〔賣〕給我便宜些兒。[워끠니쏀첸믜끠원〔워〕펜이세얼] 내 너를 맛돈② 주는 것이니 좀 싸게 후여 주시오.

我們鋪子裏言無二價。[워먼푸쯔리옌우얼쟈] 우리 뎐방에는 말에 두 갑시 업스외다.

少了一個錢, 斷不敢賣。[샤랴이거췌돤부싼믜] 흔 푼 틀여도 감히 팔지 못후오.

我不是駁你還價兒, 看這不誤主顧的臉面。[워부씌써니환쟈얼칸저부우주구디렌멘] 내 당신의 갑돈을 싹고져 홈이 아니라 단골에 그릇 아니후는 낫출 보시오.

我雖然賠錢, 賣給您, 十成裏頭減一成了。[워쉬산페췌믜끠닌시청리투졘이청라] 내 비록 밋지드릭도 당신쎄 열에 훈누식 할리후여 주리다.

第九編 主僕

天快亮了, 老爺起來罷。[텐쾌량라랖예치릐바] 하늘이 쟝찻 발그니 로야은 이러누시오.

我要洗臉, 你去打水來。[워야시렌

---

① 다슨: 打躉兒. 도매.

② 맛돈: 現錢. 현금.

니취ᄶᅡ쉐ᄅᆡ] 내 세수ᄒᆞ고져 ᄒᆞ니 네 가셔 물 ᄯᅥ 오너라.

洗臉水打來了, 胰子和白塩〔鹽〕在那兒。[시렌쉐ᄶᅡᄅᆡ라이ᄶᅳ훠비옌ᄌᆡ나얼] 세수물 ᄯᅥ 왓소. 비누와 소금이 거긔 잇습니다.

這水怎麼這麼溷? [저쉐즘마저마훈] 이 물이 엇지 이갓치 흐린뇨?

我要喝茶〔茶〕, 水開了您〔你〕來告訴我。[워야허챠쉐캐라니ᄅᆡ잔수워] 내 차를 먹ᄀᆡ스니 물이 ᄭᅳᆯ커든 네 와셔 고ᄒᆞ라.

您〔你〕拿早飯來。[니나ᄌᆄᅗᅡᆫᄅᆡ] 네 죠반 가져오너라.

那個菜還沒預備好哪。[나거ᄎᆡ히메위븨ᄒᆄ나] 그 반ᄎᆞᆫ을 아즉 예비치 못ᄒᆞ엿소.

飯得了沒有? [ᅗᅡᆫ더라메역] 밥이 되얏느냐 아니냐?

天不早了, 開飯罷。[텐부ᄌᆄ라키반〔ᅗᅡᆫ〕바] 일긔가 일지 안타. 밥을 펴라.

您愛喝甚麼酒? [닌ᄋᆡ허슴마직] 당신 무ᄉᆞᆷ ᄉᆞᆯ을 먹기 사랑ᄒᆞ시오?

勿論甚麼酒都好。[우룬슴마직두ᄒᆄ] 무ᄉᆞᆷ ᄉᆞᆯ을 몰논ᄒᆞ고 다 좃타.

我們都吃完了, 撤下去罷。[워먼두치완라쳐쌰취바] 우리 다 먹엇스니 물녀가거라.

你雇東洋車來。[니구둥양쳐ᄅᆡ] 인력거를 세ᄂᆡ여 오너라.

雇到什麼地方? [구ᄃᆄ시마디ᅗᅡᆼ] 어늬 디방에 가기ᄭᆞ지 세ᄂᆡ오리가?

包雇一天是多少錢? [ᄇᆄ구이텐씌뒤ᄊᆄ쳰] 하로를 통히 세ᄂᆡ면 얼마ᄂᆞ 되오?

來回多兒錢? [ᄅᆡ휘뒤얼쳰] ᄅᆡ왕에ᄂᆞᆫ 얼마ᄂᆞ 되오?

一送兒兩角錢。[〈이쑹얼량ᄌᆄ쳰〉] 한 쪽에ᄂᆞᆫ 이십오 진이외다.

你跑得快, 我多少給你酒錢。[니ᄑᆄ더쾌워뒤ᄊᆄ끠니직쳰] 네 쒸기를 속히 ᄒᆞ면 내 다소간 ᄉᆞᆯ갑슬 주마.

您上那兒去? [니샹나얼취] 당신 어ᄃᆡ로 가시오?

我上學堂去。[워샹쒀탕취] 내 학당으로 향ᄒᆞ야 간다.

第十編 應酬

這一向少見, 府上都好呀? [저이샹ᄊᆄ젠ᅗᅮ썅두ᄒᆄ야] 요쟈막 뵈옵지 못ᄒᆞ오. ᄐᆡᆨ늬 평안ᄒᆞ시오?

托福都好了。[퉈ᅗᅮ두ᄒᆄ라] 복을

힘님어 다 잘 잇습니다.

過兩天, 我一定望看您去。[궈량톈워이딩왕칸닌취] 이틀 지닉여 내일 졍히 당신을 보라 가리다〔라〕.

我在家裏等着就是了。[워진쟈리덩저쥐씌라] 내 집에 잇셔 기딕리는 것이 곳 올습니다.

貴國是那一國? [귀궈씌나이궈] 귀국은 어늬 나라시온닛가?

弊國是日本。[쎄궈씌시연] 폐국은 일본이외다.

您到這兒有幾年了? [닌닾저얼역지녠라] 당신 여긔 오신 지 몃 히ᄂᆞ 되엿소?

纔兩年。[취량〔량〕녠] 겨우 량 년이오.

您會説中國話麽? [닌훠쒀즁궈화마] 다신 즁국말를 아심닛가?

會説一點兒, 不多。[훠쒀이탐얼부둬] 좀 알되 만치 못ᄒᆞ오.

明兒禮拜, 您上那兒逛去? [밍얼리비닌상나얼꽝취] 내일은 공일이라 당신 어딕로 놀ᄂᆞ 가랴심닛가?

我約了一個朋友照相去。[□□□□□□□□□□〈워웨랴이거펑역쟈상취〉] 내 한 친구로 언약ᄒᆞ야 사진 박이라 가겟소.

他是天天兒來麽? [타씌톈톈얼릭마] 그는 날마다 옴잇가?

不是, 隔一天一來。[부씌꺼이톈이릭] 아니요. 간일ᄒᆞ야 ᄒᆞᆫ 번식 옴니다.

都是甚麽時候兒? [두씌슴마시훠얼] 도시 어늬 ᄯᅢ즘이온닛가?

不是早起, 就是晚上。[부씌쟈치쥐씌완샹] 아츰이 아니면 곳 제녁이외다.

您到那兒當天可以回來麽? [닌닾나얼당톈커이휘릭마] 당신 거긔 가시면 당일 가히 회환ᄒᆞ겟습닛가?

當天我可回不來。[당톈워커휘부릭] 당일노ᄂᆞᆫ 가히 오지 못ᄒᆞ겟소.

你是早來了, 是剛來呀? [닌씌쟈릭라씌쌍릭야] 당신은 벌셔 오셧소 막 이 오셧소?

我來了一會子了。[워릭라이휘쯔라] 내 온 지가 ᄒᆞᆫ동안 되엿소.

第十一編 家眷

寶眷在這兒了麽? [반촨지저얼랴바〔마〕] 귀 가속이 여긔 잇습닛가?

沒有, 我是一個人來的。[메역워씌이거신릭디] 업셔요. 나 ᄒᆞᆫ 사름만 온 것이외다.

把家眷接來不好麽? [바쟈촨졔릭부한마] 가속을 데려옴미 좃치

안습닛가?

道兒遠, 太累贅。[닾얼웬틔뤼쮀] 길이 머러 너무 귀찬습니다.

某兄有信來了麽? [무쓩역신ᄅᆡ랸마] 아모 형의 편지가 왓셧더뇨?

來了, 他還問您好來着。[ᄅᆡ라타ᄒᆡ운닌핲ᄅᆡ저] 왓셔요. 그가 당신께 문안ᄒᆡ습듸다.

好説, 他没提還來不來麽? [□□□□□ 〈한쒀타메티〉 ᄒᆡᄅᆡ부ᄅᆡ마] 죠ᄒᆞᆫ 말이슴[숨이] 오. 그 ᄉᆞᄅᆞᆷ이 온다던지 못 온다던지 말슴ᄒᆞ지 아니ᄒᆞ엿소?

他提還要來, 可是一時不能來。[타티ᄒᆡ얖ᄅᆡ커씌이시부능ᄅᆡ] 그가 오겟다구 말ᄒᆞᄃᆡ 그러ᄂᆞ 일시에 능히 오지 못ᄒᆞ오.

今兒老師跟前, 告一天暇。[진얼랸(랖)스ᄉᆞᆫ쳰쌒이톈쟈] 오ᄂᆞᆯ 션싱님 압혜 ᄒᆞ로 수유를 청ᄒᆞ오.

你告暇有什麽事? [니쌒쟈역시마ᄉᆡ] 네 수유를 고ᄒᆞᆷ은 무슴 일이 잇ᄂᆞ뇨?

因爲我母親有點兒不舒服。[인위워무친역톈얼부수뿌] 내 모친이 좀 편지 못ᄒᆞᆷ으로 인ᄒᆞᆷ이외다.

那麽你快回去罷。[나마니쾌휘취바] 그러면 네 속히 가거라.

咱們這一别, 不定多咱見哪, 我實在捨不得呢。[쟈먼저이베부딩뒈잔젠나워ᄉᆡᄌᆡ써부더니] 우리 ᄒᆞᆫ번 이별ᄒᆞᄆᆡ 언제 볼지 쟉정 못ᄒᆞ니 내 실노 ᄂᆡ이지 못ᄒᆞ오.

可不是麽, 我心裏也是難受。[커부씌마워신리예씌난ᄉᆡᆨ] 왜 그러치 안켓소. 내 ᄆᆞ옴에도 ᄯᅩᄒᆞᆫ 셥셥ᄒᆞ오.

您到了那兒, 務必賞給我一封信罷。[닌닾랸나얼우쌔샹긔위이뽕신바] 당신 거긔 가시거든 반다시 내게 ᄒᆞᆫ 봉 편지를 ᄒᆞ시요.

您打筭多咱動身? [닌싸솬뒤잔둥신] 당신 로량에 언제 길 ᄯᅥᄂᆞ려ᄒᆞ오?

本月底, 或是下月初罷。[뻔웨디훠씌싸웨추바] 이ᄃᆞᆯ 금음이ᄂᆞ 혹 ᄅᆡ월 초싱이ᄉᆡᆨ뵈다.

行李都預備好〔好〕了麽? [싱리두위쀄핲랸마] ᄒᆡᆼ리를 다 예비ᄒᆞ엿습닛가?

就是護照還没下來哪。[쥐씌후쟌ᄒᆡ메쌰ᄅᆡ나] 다만 집죠①를 아즉 ᄂᆡ지 못ᄒᆞ엿소.

① 집죠(執照): 護照. 여권.

第十二編 請客

今兒個我做東, 咱們找個地方吃飯去。[□□□□□□□□□□〈진얼거워줘둥쟈먼좐거〉디빵치앤취] 오ᄂᆞᆯ 내 음식 ᄒᆞᆫ 턱 ᄒᆞ니 어ᄂᆡ 디방을 차져 밥 먹으라 갑시다.

怎麽又是你做東? [즘마역씌니줘둥] 엇지ᄒᆞ야 ᄯᅩ 네가 음식 턱을 ᄂᆡ려 ᄒᆞᄂᆞ뇨?

上回不是吃了您的了麽? [샹훼부씌치랖닌디랖마] 거번에 당신의 것을 먹지 아니ᄒᆞ엿ᄂᆞ요?

那不筭甚麽。[나부솬슴마] 그 무엇 그러잘게 업소.

我來得晚了, 叫你受等。[워ᄅᆡ더완라쟌니셔덩] 내 오기를 늣게 ᄒᆞ야 당신으로 ᄒᆞ야곰 기ᄃᆡ리게 ᄒᆞ엿소.

不晚, 諸位也都是剛到了。[부완주위예두씌쌍닾라] 늣지 안소. 여러분이 ᄯᅩᄒᆞᆫ 다 막 오셧소.

今兒請了有多少位客? [진얼칭랖역둬쌒위커] 오ᄂᆞᆯ 몃 분 손님을 청ᄒᆞ엿ᄂᆞ뇨?

没有外人, 都是分内的朋友。[메역왜쉰두씌뻔ᄂᆡ디펑역] 외인은 업고 도시 분ᄂᆡ의 친구외다.

這個菜您吃得來麽? [져거취닌치더ᄅᆡ마] 이 음식을 당신이 잡수시겟습닛가?

怎麽吃不來呢? [즘마치부ᄅᆡ니] 엇지 먹지 못ᄒᆞ리요?

我怕是不合您的口味兒罷。[워파씌부허닌디컥웨얼바] 나는 아마도 당신 구미에 합당치 못ᄒᆞᆯ가보외다.

那兒的話呢, 我吃着很奸〔好〕。[나얼디화니워치저흔화] 무슴 말슴이오. 내 먹기를 ᄆᆡ우 잘ᄒᆞ오.

請您用點兒點心。[칭닌융덴얼덴신] 청컨ᄃᆡ 당신은 좀 졈심을 잡수시오.

我剛吃了飯了。[워쌍치랖뺀라] 내 막 밥을 먹엇소.

您別客氣。[닌베커치] 당신 톄면 부리지 마시오.

我真不餓。[〈워쪤부어〉] 내 ᄎᆞᆷ ᄇᆡ고푸지 안소.

這店裏住一天多兒錢? [져덴리주이텐둬얼첸] 이 주막에 하로 머물면 얼마 돈이오?

五角錢一天。[우쟌첸이텐] ᄒᆞ로에 오십 젼식이외다.

飯錢都在其内麽? [뺀첸두ᄌᆡ치ᄂᆡ마] 밥갑도 그 안에 잇습닛가?

是, 連房帶飯一包在内。[씌렌빵ᄃᆡ

앤이밧즤ᄂᆡ] 네, 방세와 밥갑ᄭᆞ지 통 그 안에 잇슴ᄂᆡ다.

第十三編 寫真

這張照相是那個照相館照的? [저장쟈샹씌나거쟈샹관쟈디] 이 장 사진은 어ᄂᆡ 사진관에셔 박인 것이오?

不是照相館照的, 是我自己照的。[부씌쟈샹관쟈디씌워쯔즤쟈디] 사진관에셔 박인 것이 아니라 내 쟈긔가 박인 것이오.

您自己能照的這麽好麽? [닌쯔즤능쟈디거마화마] 당신 쟈긔가 능히 박이기를 이ᄀᆞᆺ치 잘ᄒᆞᄂᆞ뇨?

您別瞧不起人, 我下過些個工夫的。[닌베챠부치신워쌰궈세거궁뿌디] 당신은 남을 납비 보지 마시오. 내 그 공부를 ᄒᆞ엿소.

這個你得赶緊的做罷, 我等着用那。[저거니더깐진디줘바워덩저융나] 이것은 속ᄒᆞ게 만드시오. 내 쓰기에 밧부외다.

是, 我給您快作, 决誤不了您的事。[씌워긔닌쾌줘쒜우부랸닌디싀] 네, 급히 지어 당신의 일을 결단코 그릇ᄒᆞ지 아니ᄒᆞ리다.

活得了, 我打發人取去罷。[훠더라워싸빠신취취바] 일이 되거든 내 사ᄅᆞᆷ을 보ᄂᆡ여 가질ᄂᆞ 가리다.

不用了, 得了, 我們給您送了去。[부융라더라워먼긔닌쑹랸취] 그리홀 것 업소. 되거든 우리가 당신의게 보ᄂᆡ 드리리다.

這件事登了《新報》了没有? [저젠싀덩랸신반랸에(메)여] 이 사건이 신보에 계직ᄒᆞ엿ᄂᆞ뇨 아니뇨?

登了有好幾天了, 您怎麽不知道阿? [덩랸역화지톈라닌즘마부지닷아] 계직ᄒᆞᆫ 지 여러 ᄂᆞᆯ이 되엿소. 당신 엇지ᄒᆞ야 아지 못ᄒᆞ오?

登在那個報上了? [덩지나거반샹라] 어ᄂᆡ 신보에 계직ᄒᆞ엿ᄂᆞ뇨?

登在《大坂每日新報》上了。[덩지다판메싀신반샹라] ᄃᆡ판 ᄆᆡ일 신보 상에 계직ᄒᆞ엿소.

這封信寄到日本得貼幾分信票? [저뽕신지닫싀뻔더테지뻔신퍈] 이 봉 편지를 일본에 붓쳐 가랴면 몃 푼 우표를 붓치오?

您挂號不挂號? [닌쾌화부쾌화] 당신이 등긔로 ᄒᆞ오 등긔 아니로 ᄒᆞ오?

挂號。[쾌화] 등긔요.

等我邀一邀分量, 這封信貼一角就彀〔够〕了。[덩워얀이얀뻔량저뽕신톄이쟈직꺼라] 내 즁량을 다라 보겟소. 이 봉 편지에 십 젼 붓치면 곳 넉넉ᄒᆞ오.

若是不挂號呢? [야씌부쾌한니] 만일 등긔가 아니면?

不挂號貼三分。[부쾌한테싼뻔] 등긔가 아니면 숨 젼을 붓치요.

大概得多少日子可以到呢? [다기더둬쌰ᄉᆡ쯔커이단니] ᄃᆡ기 몃칠 동안이면 가히 도달ᄒᆞ겟소?

若是趕上船, 一個禮拜就到了。[야씌깐상촨이거리빅쥐단라] 만일 빅 편에 밋치면 일주일간에 곳 도달ᄒᆞ겟소.

若是趕不上船, 致多十二三天準可以到。[야씌깐부상촨지둬시얼싼톈쭌커이단] 만일 빅 편에 밋치 못ᄒᆞ면 지극히 만아도 십이숨 일이면 가히 도달ᄒᆞ오.

第十四編 說話

心裏有許多的話, 可說不上來。[신리여쉬둬디화커쒀부상릭] 심즁에 허다ᄒᆞᆫ 말이 잇스되 가히 말이 나오지 아니ᄒᆞ오.

我說是說上來, 還不能聽。[워쒀(쒀)씌쒀상릭히부능팅] ᄂᆡ 말은 말ᄒᆞᆷ즉 ᄒᆞᄂᆞ 오히려 듯지 못ᄒᆞ오.

我不是不說, 我是說上不〔不上〕來。[워부씌부쒀워씌쒀상부〔부상〕릭] 내 말을 아니ᄒᆞ랴는 것이 아니라 내 말이 나오지 아니ᄒᆞ오.

今兒没預備甚麽, 没甚麽可說的。[진얼메위베슴마메슴마커쒀디] 오ᄂᆞᆯ 무엇을 예비ᄒᆞᆷ이 업셔 무엇이라구 말ᄒᆞᆯ 것이 업ᄉᆞ외다.

慢着點兒說, 別說的這麽快。[만저덴얼쒀베쒀디저마쾌] 좀 찬찬히 말솜ᄒᆞ시고 이것치 속히 말ᄒᆞ지 마시오.

要像您說的這麽好, 那可真不容易。[야상닌쒀디저마한나커쏀부융이] 당신 말ᄒᆞ시듯키 이것치 잘ᄒᆞ랴면 춤 용이치 못ᄒᆞ오.

這話不用往下說了。[저화부융왕쌰쒀라] 이 말은 ᄉᆞᆺᄉᆡᆨ지 말ᄒᆞᆯ 것이 아니요.

這件事没有大說頭了。[저졘싀메여다쒀퉈라] 이 사건은 큰말 ᄒᆞᆯ 것이 업ᄉᆞ외다.

您是當面兒和他說的麽? [닌씌당멘얼훠타쒀디마] 당신이 당면ᄒᆞ여 그 사ᄅᆞᆷ으로 더브러 말ᄒᆞᆫ 것이뇨?

我多咱這麽說來着? [워둬잔저마쒀릭저] 내 엇제 이러케 말ᄒᆞ엿ᄂᆞ뇨?

我是說好呵, 是不說好呵? [□□□□

□□□□□□ 〈워씌쒀화아씌부쒀화아〉] 내가 말을 ᄒᆡ야 죠흐냐 말을 아니ᄒᆡ야 죠흐냐?

別竟你一個人説, 也得讓他説。[배징니이거신쒀예더상타쒀] 다만 너 혼쟈 말 마시고 ᄯᅩᄒᆞᆫ 남도 말좀 ᄒᆞ게 ᄒᆞ오.

説説笑笑的, 很熱鬧。[쒀쒀쌰쌰디흔서난] 말ᄒᆞ고 우스면셔 ᄆᆡ우 ᄯᅥ드다.

説來説去, 還是爲錢。[쒀릭쒀취히씌위첸] 이리 말ᄒᆞ고 져리 말호ᄃᆡ 오히려 돈 샹관이오.

竟説瞎話, 没正經説。[징쒀쌰화메정징쒀] 다만 헛된 말만 ᄒᆞ고 정경ᄒᆞᆫ 말은 업소.

笑裏藏刀, 别上他的當。[쌰리챵닾베샹타디당] 웃ᄂᆞᆫ 속에 칼을 감초아 쓰니 그 사ᄅᆞᆷ의 ᄭᅬ임에 ᄲᅡ지지 마시오.

買不買, 不要緊, 你自請看。[ᄆᆡ부ᄆᆡ부야진니쯔칭칸] 사든 아니 사든 샹관업소. 네 스ᄉᆞ로 쳥컨ᄃᆡ 보시오.

您若是買的多, 可以饒兩個。[닌야씌매디둬커이야량거] 당신이 만일 사기를 만히 ᄒᆞ면 가히 둘식 더ᄒᆞ여 주오.

這都是總得定做的, 没有賣現成的。[저두씌충더〔더〕딩줘디메ᄋᆑᄆᆡ쏀청디] 이ᄂᆞᆫ 도시 맛치여 만든 것이오. ᄆᆡᆫ드러 놋코 파는 것은 업소.

家裏白擱着好些個, 你又買做甚麽? [쟈리빅써저환세거니ᄋᆑ매줘슴마] 집에 공연히 여러 ᄀᆡ를 두고 ᄯᅩ 사셔 무엇ᄒᆞ시오?

早知道這麽長錢, 去年該多買下幾個。[쟌지닾져마챵첸취녠ᄀᆡ둬ᄆᆡ쌰지거] 일즉 이갓치 오를 줄 아라ᄯᅳ면 거년에 웅당 몃 ᄀᆡ를 더 사셔 둘 것이라.

第十五編 辦事

這麽點兒事, 還辦不了麽? [저마덴얼싀히쌘부랴마] 이러ᄒᆞᆫ 일을 오히려 판단치 못ᄒᆞ엿소?

没他辦不了的事。[□□□□□□□〈메타쌘부랴디싀〉] 그가 판단치 못ᄒᆞᄂᆞᆫ 일이 업소.

總得按着規矩辦。[충더안저귀줘쌘] 엇지ᄒᆞ던지 규칙ᄃᆡ로 의지ᄒᆞ야 판단ᄒᆞ시요.

那件事, 他一個人包辦。[나젠싀타이거신반쌘] 그 조건 일을 그 ᄒᆞᆫ 사ᄅᆞᆷ이 도만터 판단ᄒᆞ오.

要辦太費事, 不辦又顉〔寒〕磣。[야쌘틔예싀부쌘역한츤] 판단코쟈

ᄒᆞ면 너무 힘들고 판단치 아니ᄒᆞ면 ᄯᅩ 야속ᄒᆞ오.

他辦事老是辦到半截兒。[타싼싀랖쐬싼돤빤제얼] 제가 일을 판단홈이 늘 반씀 홉듸다.

既要辦, 總得辦成。[지얀싼충더싼청] 이믜 판단ᄒᆞ랴면 엇지ᄒᆞ던지 판단ᄒᆞ여 될 것이오.

辦不動的事情, 他偏要辦。[싼부둥디싀칭타펜얀싼] 판단ᄒᆞ여 되지 못홀 일을 제가 편벽되이 판단코져 ᄒᆞ오.

那件事辦的不做臉。[나젠싀싼디부쥐렌] 그 죠건 일은 판단ᄒᆞ기를 인졍을 두지 아니ᄒᆞ오.

既做大事, 別怕招抱怨。[지쥐다싀베파챠밮웬] 이믜 큰일을 ᄒᆞ랴면 남의 원망 드를까 염녀 마시오.

這個茶乏了, 沏〔沏〕點兒釅的來。[저거챠빠라치덴얼옌디릭] 이 챠가 물그니 좀 독ᄒᆞ게 타셔 가져오시오.

這個烟太冲, 我吃不來。[저거옌틱충워치부릭] 이 담빅가 너무 독ᄒᆞ니 내 먹을 수 업소.

你這麼費心, 我實在過意不去。[니저마쁴신워시직궈이부릭〔취〕] 네 이러케 ᄆᆞ음을 쓰니 내 실노 황송ᄒᆞ오.

屢次的討擾, 我實在不好意思。[쉭〔류〕츠디톼얀워시직부한이스] 여러 번 걱졍을 ᄭᅵ친니 내 실노 불안ᄒᆞ오.

散話補聽

(1) 你一個人，別佔〔佔〕這麽寬地方兒，還有好些個人要坐着哪。[니이거인〔ᄉᆡᆫ〕베쨘저마콴디빵얼ᄒᆡ유화세거ᄉᆡᆫ야쥐저나] 너 혼쟈 이러ᄒᆞᆫ 너른 디방을 차지ᄒᆞ지 마시오. 오히려 여러 사ᄅᆞᆷ이 잇셔 안고져 ᄒᆞ오.

(2) 這麽着也不好，那麽着也不好，到底你要怎麽樣兒的？ [져마저예부화나마저예부화돠디니야즘마양얼디] 이것도 됷치 안타 ᄒᆞ고 져것도 됷치 안타 ᄒᆞ니 ᄃᆡ쳐 네 엇더ᄒᆞᆫ 것을 요구ᄒᆞᄂᆞ뇨?

(3) 人家那樣勸你説你，你都是聽得耳傍風，你怎麽好意思要見人呢？ [ᄉᆡᆫ쟈나양촨니쉬니니두씌팅더얼팡뽕니즘마화이스야졘ᄉᆡᆫ니] 남은 그러케 너를 권ᄒᆞ고 말ᄒᆞ되 네 도모지 귀 겻 바ᄅᆞᆷ으로 드르니 네 무ᄉᆞᆷ 듯으로 사ᄅᆞᆷ를〔을〕보고져 ᄒᆞᄂᆞ뇨?

(4) 你管你的罷，不用管人家的事，好也罷，歹也罷，與我無干。[니관니디바부용관ᄉᆡᆫ쟈디싀화예바ᄃᆡ예바위워우간] 너은 네 것이ᄂᆞ 샹관ᄒᆞ고 남의 일은 샹관 마시오. 됴화도 그만 흉ᄒᆡ도 그만, ᄂᆡ게 샹관업소.

(5) 他那個左皮〔脾〕氣，一輩子改不了，老是這麽樣，多咱纔出息了呢？ [타나거쥐피치이베쯔ᄀᆡ부럎랖씌저마양둬잔ᄎᆡ추시럎니] 제 그러ᄒᆞᆫ 괴이ᄒᆞᆫ 셩품을 한평ᄉᆡᆼ 곳치지 못ᄒᆞ고 늘 이 모양이나 언제ᄂᆞ 비로소 지각이 ᄂᆞ겟ᄂᆞ뇨?

(6) 他是很伶俐的孩子，學甚麽會甚麽，没有一樣兒不會的。[타씌흔링리디ᄒᆡ쯔샾슴마휘슴마메여이양얼부휘디] 져ᄂᆞᆫ ᄆᆡ우 영니ᄒᆞᆫ 아ᄒᆡ라. 무엇을 ᄇᆡ호던지 무엇을 알아. 하ᄂᆞ토 아지 못ᄒᆞᄂᆞ 것이 업소.

(7) 這個東西我等着用哪，越快越好。你要得多少日子？ [저거둥시워덩저융나웨쾌웨화니야더둬샤ᄉᆡ쯔] 이 물건은 내 쓰기가 밧부니 더욱 속ᄒᆞᆯ수록 더욱 죠흐니 네 몟칠이ᄂᆞ 요구ᄒᆞᄂᆞ뇨?

(8) 他不知道世面兒，就在屋裏水來伸手，飯來張口，只會白化錢了。[타부지돠싀몐얼쥐ᄌᆡ우리쉐리신서앤리장컥즤휘비화쳰

라] 제 셰샹 물졍을 아지 못ᄒᆞ고 방에 잇셔 물이 오면 손을 ᄂᆡ밀며 밥이 오면 닙을 버려 다만 돈만 쓸 줄 아ᄂᆞᆫ도다.

(9) 各掃自己門前雪, 休管他人瓦上霜。 我喝我的酒, 化我的錢, 與你什麽相干? [써샤쯔지먼쳰쉐식완〔관〕타ᄉᆡᆫ와샹쐉워허워디쥐화워듸쳰뉘니시마샹간] 각기 자긔 문젼에 눈을 쓸고 남의 기와 우희 셔리를 샹관 마시오. 내 ᄂᆡ의 술 먹고 내의 돈을 쓰니 네게 무ᄉᆞᆷ 샹관이오?

(10) 各人幹各人的就結了, 何必管人家的事呢? [써ᄉᆡᆫ간써ᄉᆡᆫ디쥐졔라허쎄관ᄉᆡᆫ쟈디싀니] 졔각기 져ᄒᆞᆯ 것 ᄒᆞ면 곳 그만이지, 엇지 반ᄃᆞ시 남의 집일을 샹관ᄒᆞ리요?

(11) 這不是頑兒的, 我有要緊的事, 寫一封信, 你別攪我。[저부씌완얼디워역야진디싀쎄이뽕신니베쟌워] 이 시럽시 ᄒᆞᆯ 것 아니다. 내 요긴ᄒᆞᆫ 일이 잇셔 ᄒᆞᆫ 봉 편지를 쓰니 나를 지근거리지 ᄆᆞ시오.

(12) 你辦誰的事這幾天這麽忙? 我很着急, 等不了你。[니싼쉐디싀저지톈저마망워흔쟌지덩부랴니] 네 뉘의 일을 판단ᄒᆞ기로 이 몃칠 이갓치 밧부시오? 내 ᄆᆡ우 급ᄒᆞ야 너를 기ᄃᆡ일 수 업소.

(13) 我這就寫完了, 剩的也不多了, 等一點兒, 咱們一塊兒走罷。[워저쥐써〔쎄〕완라썽디예부둬라덩이덴얼쟈먼이쾌얼전〔쥐〕 □〈바〉] 내 곳 쓰기를 다ᄒᆞ고 남져지가 ᄯᅩᄒᆞᆫ 만치 아니ᄒᆞ니 좀 기ᄃᆡ리면 우리 한가지 갑시다.

(14) 這件事我作不得主兒, 等先生回來纔可以定規了。[저젠싀워쥐부더쥬얼덩쎈썽휘ᄅᆡ채커이딩귀라] 이 일은 내 쥬쟝ᄒᆞᆯ 수 업스니 션ᄉᆡᆼ님 도라오시기를 기ᄃᆡ려 가히 작정ᄒᆞ겟소.

(15) 他托我這件事, 到這兒好幾回來了。我不好意思白叫他回去。[타퉈워저젠싀됴저얼한지휘ᄅᆡ라워부화이스비쟌타휘취] 제가 내게 이 일을 부탁ᄒᆞ랴 여긔 여러 번지 왓스니 내 ᄎᆞᆷ아 공연히 그 사ᄅᆞᆷ으로 가라구 ᄒᆞᆯ 수 업소.

(16) 這句話怎麽個意思, 我解來解去, 還解不出什麽意思來。[저쥐화즘마거이스워졔ᄅᆡ졔취히졔부추시마이스ᄅᆡ] 이 귀졀 말은 엇지 ᄒᆞᆫ 의ᄉᆞ인지 내 이리 풀고 져리 푸러도 무ᄉᆞᆷ 듯인지 풀러ᄂᆡᆯ 수 업소.

(17) 俗語兒說, 好話別犯猜, 犯猜沒好話。你不要多思多想了。[쑤위얼쒀화화베쌘치쌘치메화화니부야둬스둬샹라] 속담에 ᄒᆞ

기를 됴흔 말은 으슴될 것 업ᄂᆞ니 의심ᄒᆞ면 됴흔 말이 아니니 너은 깁히 ᄉᆡᆼ각 마시요.

(18) 那件事, 我無心説他, 他就聽見有心。你想想, 我心裏并不是這麼樣。[나젠싀워우신쒀타타쥐팅젠엳신니샹샹워신리빙부씌저마양] 그 죠건 일은 내 무심히 져더러 말ᄒᆞᆫ 것을 졔 유심이 드르니 네 ᄉᆡᆼ각ᄒᆞ여 보시오. 내 ᄆᆞ옴에은 이러ᄒᆞᆫ 것이 아니외다.

(19) 昨兒個我和他定規, 今兒晌午在這兒見, 他也快來了, 我先和你閑談閑談。[쥐얼거워훠타딩귀진얼샹우직져얼젠타예쾌릭라워쏀훠니쏀탄쏀탄] 어제 내 그로 더부러 오ᄂᆞᆯ 낫제 여긔셔 만ᄂᆞ기로 작졍히쓰니 졔 쟝찻 올지라. 우리 먼쳐 한담이ᄂᆞ 합시다.

(20) 把好的給了人, 挑剩下的纔給我。我雖冲撞了他的臉上, 寧可我不要這個東西了。[바화디끠랴싄탸쎵쌰디치끠워워쉬츙좡랴타디롄샹닝커워부야져거둥시라] 됴흔 것을 남을 주고 고른 씨기를 나를 주니 내 비록 져의 면에 구익홀지라도 찰아리 이 물건은 요구치 아니ᄒᆞ노라.

(21) 我不能像人家的那麼花言巧語的。不論什麼事, 是就説是, 不是就説不是, 心直口快的, 没有什麼忌諱了。[워부능샹신쟈듸나마화옌챠위듸부륜시마씌씌쥐쒀씌부씌쥐쒀부씌신지쿼쾌듸메엳시마지휘라] 내 능히 남과 갓치 그러케 아쳠ᄒᆞᄂᆞᆫ 말을 아니ᄒᆞ오. 무숨 일이던지 올흐면 올타 ᄒᆞ고 그르면 그르다 ᄒᆞ야 ᄆᆞ옴이 곳고 닙이 쌜ᄂᆞ 무숨 은휘ᄒᆞᄂᆞᆫ 것이 업소.

(22) 你要去就去罷。怎麼磨蹭着, 耽誤了好機會呢! 依我説, 人不知鬼不覺的, 比他早一點兒走罷。[니야취쥐취바즘마머쪙져쌴우랴화지휘니이워쒀신부지귀부쟈디비타좌이뎬얼적바] 네 가고져 ᄒᆞ면 곳 가거라. 엇지 머뭇거려 됴흔 긔회를 그릇ᄒᆞᄂᆞ뇨? 내 말갓치 사ᄅᆞᆷ도 모로고 귀신도 몰ᄂᆡ 남버덤 일즉이 가시오.

(23) 這是你情我願的, 纔定規了。爲什麼你聽了傍人的話, 又翻悔了呢? [져씌니칭워왠디칙딩귀라워시마니팅랴팡신디화엳빤휘랴니] 이것은 너와 나와 의합ᄒᆞ야 작졍ᄒᆞᆫ 것인데 엇지ᄒᆞ야 네 겻헤 사ᄅᆞᆷ의 말을 듯고 ᄯᅩ 뉘이쳐 ᄒᆞᄂᆞ뇨?

(24) 今兒你又喝醉來, 喝得前仰兒後合的, 站不住, 叫人看着不斯文來。[진얼니엳허쮀라허더쳰양얼확허디쟌부주쟈신칸져부스운

라] 오ᄂᆞᆯ 네 ᄯᅩ 취ᄒᆞ엿다. 마시기를 압흐로 잡ᄲᅡ지며 뒤로 어펴지며 스지를 못ᄒᆞ니 남 보기에 점잔치 못ᄒᆞ다.

(25) 我在屋裏寫字來着, 他就躡手躡脚兒的, 進屋裏來, 冷不防的嚇我一大跳了。[□□□□□〈워ᄌᆡ우리쎄〉쯔ᄅᆡ져타쥐네셔네쟈얼디진우리ᄅᆡ렁부ᄬᅡᆼ디쌰워이다퇀라] 내 방에 엇〔잇〕셔 글시를 쓰더니 졔가 수족을 졔겨 듸듸며 방으로 드러와 별안간에 나를 깜쟉 놀ᄂᆡ다.

(26) 這個東西很大, 單皮兒的繩子怕勒折了, 你幫我擰結實這繩子罷。[져거둥시흔다단피얼디쎵즈파레졔라니쌩워닝졔ᄊᆡ저쎵쯔바] 이 물건이 ᄆᆡ우 커셔 외겹노ᄭᅳᆫ으로ᄂᆞᆫ 아마도 ᄆᆡ다는 ᄭᅳᆫ어질 터이니 네 날를〔을〕도아 단단히 이 노ᄭᅳᆫ을 비틀어라.

(27) 你要和我說話, 得大聲兒的說, 我的耳朵有點兒背。[니얀훠워숴화더다싱얼디숴워디일〔얼〕둬엳뎬얼베] 네 나로 더브러 말ᄒᆞ랴면 소ᄅᆡ를 크게 말ᄒᆞ여라. 내 가는귀가 먹엇다.

(28) 他常常的在背地裏罵我, 都裝聽不見。今兒又說的太不像了, 所以我纔罵他哪。[타챵챵디ᄌᆡ베디리마워두좡팅부젠진얼엳숴디틔부샹라숴이워ᄎᆡ마타나] 졔 항상 모로게 나를 욕호ᄃᆡ 내 듯지 못ᄒᆞᄂᆞᆫ 톄ᄒᆞ엿더니 오ᄂᆞᆯ ᄯᅩ 말ᄒᆞᄂᆞᆫ 것이 너무 ᄭᅩᆯ 갓지 안키로 내 비로소 져를 ᄭᅮ지져노라.

(29) 你別和他穿換, 他是個言不應口的, 外面架子了。[니베훠타촨환타ᄊᆡ거옌부잉컥디왜몐쟈쯔라] 네 그 사ᄅᆞᆷ으로 더브러 거ᄅᆡ하지 마시오. 그ᄂᆞᆫ 말과 닙이 갓지 아니ᄒᆞᆫ 외양치레ᄲᅮᆫ이오.

(30) 我給你的錢已經彀數兒了。你怎麼這貪心不足啊? [워긔니디쳰이징쭈수얼라니즘마저탄신부주아] 내 너를 준 돈이 이믜 수효가 넉넉ᄒᆞ거ᄂᆞᆯ 네 엇지 이갓치 탐신이 부족ᄒᆞ뇨?

(31) 我聽他說的話, 東拉西扯的, 叫人聽得很可氣了。[워팅타숴디화둥라시쳐디□□□□□□□□〈쟈신팅더흔커치라〉] 내 그 사ᄅᆞᆷ의 말을 드르니 이리져리 ᄭᅮ며ᄃᆡᄆᆡ 남 듯기에 ᄆᆡ우 기막키오.

(32) 他爲人不大好, 滿嘴裏胡說八道的, 人人都不愛他。若〔要〕是小孩子跟他, 一定要學壞了。[타위신부다화만쥐리후숴빠닾디신々두부ᄋᆡ타얀ᄊᆡ샤히쯔ᄭᅳᆫ타이딩얀샨쾌라] 그의 위인이 죳치 못ᄒᆞ야 닙에 가득히 횡셜수셜ᄒᆞᆫ 것을 사ᄅᆞᆷ마다 사랑ᄒᆞ지 아니ᄒᆞ

니, 어린 아ᄒᆡ가 그를 좇치면 못 된 것을 ᄇᆡᄒᆞᆯ가 ᄒᆞ노라.

(33) 我要送給他人情, 多了, 他說我巴結他, 少了, 他又笑話我, 真是叫人輕不好重不好。[워ᄋᅸ쑹끠타신칭뒤라타쒀워바졔타ᄉᅸ라타ᄋᅾᄉᅸ화워쯘씌쟈신칭부ᄒᅸ중부ᄒᅸ] 내 그 사ᄅᆞᆷ에게 인졍을 주고져 ᄒᆞᄃᆡ 만ᄒᆞ면 내 그를 사귀고져 ᄒᆞᆫ다 말ᄒᆞ고 적으면 ᄯᅩ 나를 우슴거리로 말ᄒᆞ리니 ᄎᆞᆷ 사ᄅᆞᆷ으로 경ᄒᆞᆯ 수도 업고 즁ᄒᆞᆯ 수도 업ᄉᆞ외다.

(34) 他家有好些個人, 連上帶下總有二十多個人, 沒有一個吃閑飯的, 都是齊心努力的就事。[타쟈ᄋᅾᄒᅸ세거신렌샹ᄃᆡ쌰충ᄋᅾ얼시뒤기(거)신메ᄋᅾ이거치쏀ᄈᆞᆫ디두싀치신누리디쥐싀] 그 집에 여러 식구가 잇셔 상하 소솔이 십여 명이 되ᄃᆡ 하ᄂᆞ토 공연ᄒᆞᆫ 밥 먹ᄂᆞᆫ 니가 업셔 도시 졔심 노력ᄒᆞ야 일을 힝ᄒᆞᆷ니다.

(35) 那件事本來我一點錯兒也沒有的, 那兒知道他不分青紅皂白, 就派了我一頓不是了。[나졘싀번ᄅᆡ워이덴춰얼예메ᄋᅾ디나얼지ᄃᅸ타부쏀칭홍쟈ᄇᆡ쥐픠라워이둔부씌라] 그 조건 일은 본ᄅᆡ 조곰도 잘못ᄒᆞᆫ 것이 업는ᄃᆡ 엇지 그가 청홍됴ᄇᆡᆨ을 분간치 아니ᄒᆞ고 ᄂᆡ게 일장 그르다고 ᄒᆞᆯ 줄 아라스리요.

(36) 你在背地裏再不要講究人, 應當給人隱惡揚善纔是的, 千萬別學他嘴裏混遭〔糟〕蹋人。[니ᄌᆡ베디리ᄌᆡ부ᄋᅸ쟝쥐신잉당끠신인어양샨ᄎᆡ씌디쳰완베ᄒᅸ타쥐리훈ᄌᅸ타신] 네 남모르게 다시 ᄉᆞ람을 강논ᄒᆞ지 마라라. 웅당 남을 악ᄒᆞᆫ 것을 숨기고 션ᄒᆞᆫ 것은 표양ᄒᆞᆷ이 올ᄒᆞᆯ지니 쳔만 번 그 닙에 남을 ᄒᆡ롭게 ᄒᆞᆷ을 ᄇᆡ호지 마시오.

(37) 你看他真是個滾刀肉, 有人罵他也不知羞, 有人打他也不知疼。[니칸타즌씌거군ᄃᅸᄉᅾᄋᅾ신마타예부지ᄉᅾᄋᅾ신싸타예부지덩] 네 져를 보니 ᄎᆞᆷ 난장칠 놈①이다. 그를 구지져도 붓그러ᄒᆞᆯ 줄 모로며 그를 ᄯᆡ려도 압픈 줄 모르난도다.

(38) 你不要聲張, 你為什〔什〕麽擂鑼擂鼓呢? 恐怕人人都知道啊。[니부ᄋᅸ싱(성)쟝니위시마싀뤄레구니궁파신ᄼ두지ᄃᅸ야] 너는 왁ᄌᆞᄒᆞᆯ 것이 아니니 네 엇지 ᄒᆞ야 ᄯᅥ드러 ᄂᆡᄂᆞ뇨? 사람 사람

① 난장(亂杖)칠 놈: 滾刀肉. 망나니.

이 다 알ᄭᅡ 두려워ᄒᆞ노라.

(39) 我不叫你告訴他實話, 昨兒個你偏要當着他說這件事, 我那樣兒的努嘴兒、擠眼色, 你都不理我了。[워부쟌니잔수타시화줘얼거니펜얀당저타쒀저젠싀워나양얼디누쥐얼지옌싀니두부리워라] 내 널로 ᄒᆞ야금 그 사람의게 실정을 고소치 말나 ᄒᆡ써니 어제 네 그리 면당ᄒᆞ야 이 일를 말ᄒᆞ고져 ᄒᆞᄆᆡ 내 그리 닙짓과 눈짓치를 주ᄃᆡ 네 젼혀 모른 체ᄒᆞ더라.

(40) 你若是出去做官, 不論什麽事, 辦得要公平纔好, 千萬別受賄賂。[니얀씌추취쥐관부룬시마싀빤더얀궁핑ᄎᆡ환첸완베쎠휘루] 네 만일 ᄂᆞ가 벼살ᄒᆞ거든 무ᄉᆞᆷ 일을 물논ᄒᆞ고 판단ᄒᆞ기를 공평히 ᄒᆞ고 항여 뇌물을 밧지 마시오.

(41) 你再別托他辦事。他幹的事情都是顛三倒四的, 所靠不住。[니ᄌᆡ베퉈타빤싀타깐디싀칭두씌뎬싼닾쓰디쒀캎부주] 네 다시 그 사ᄅᆞᆷ에게 일 판단히 달라구 부탁ᄒᆞ지 마라. 그의 ᄒᆞᄂᆞᆫ 일이 도시 이리구 져리구 ᄒᆞ야 밋지 못ᄒᆞᆯ 것이다.

(42) 昨兒個我拜年去, 整走了一天, 乏的我渾身都酸軟了。[줘얼거워ᄇᆡ넨취쩡주랸이텐빠디워훈신두솬솬라] 어제 내 세ᄇᆡᄒᆞ라 ᄒᆞ로를 온젼이 단여써니 곤ᄒᆞ야 내 왼몸이 산란ᄒᆞ도다①.

(43) 別看他是一個大財主, 吃喝穿戴都比我强。 可就是一樣, 他那個行爲, 我很瞧不起他。[베칸타씌이거다ᄎᆡ주치허촨ᄃᆡ두비워챵커직씌이양타나거싱위워흔챠부치타] 그 사ᄅᆞᆷ이 ᄒᆞᆫ 큰 부쟈로 보지 말라. 먹고 닙ᄂᆞᆫ 것은 나버덤 나흐나 ᄒᆞᆫ 모양이오. 그의 ᄒᆡᆼ위은 내 ᄆᆡ우 사ᄅᆞᆷ으로 네기지 안노라.

(44) 倒是你明白, 我終久是個糊塗, 心裏空喜歡了一會子, 郤〔却〕想不到這上頭。[닾씌니밍ᄇᆡ워중직씌거후두신리쿵시환랸이회쯔쥐샹부닾저샹투] 도로혀 너ᄂᆞᆫ 명ᄇᆡᆨᄒᆞ고 나는 맛ᄎᆞᆷᄂᆡ 호도ᄒᆞ야 ᄆᆞ음에 공연히 ᄒᆞᆫ동안 깃버ᄒᆞᄃᆡ 문듯 이 지경에 ᄉᆡᆼ각이 밋지 못ᄒᆞ엿다.

(45) 你能彀像他這苦心就好了, 學什麽有個不成的。 俗語兒說, 世上無難事, 只怕用心人。[니능꾸샹타저쿠신직환라샤시마유거부

① 산란ᄒᆞ도다: 酸軟. 노곤하다.

청디쑤워□〈얼〉쒀시샹우ᄂᆞᆫ씌즤파융신신] 네가 능히 그 사람갓치 고심ᄒᆞ면 좃칫소. 무엇을 ᄇᆡ호던지 니루지 못ᄒᆞ리오. 속담에 셰상에 어려울 일이 업스니 담안 용심ᄒᆞᄂᆞᆫ 사ᄅᆞᆷ이니라.

(46) 我還有一句話要和你商量, 不知你肯不肯。現在他的東西是瞞上不瞞下, 悄悄的送還他去。[워히여이쥐화야훠니샹량부지니큰부큰셴ᄌᆡ타디둥시씌만샹부만싸챠ᄋ디쑹환타취] 내 ᄒᆞᆫ 귀졀 말이 잇셔 너로 더브러 의논코져 ᄒᆞ니 네 질겨ᄒᆞᆯ지 아니ᄒᆞᆯ지 모로ᄂᆞ 현ᄌᆡ에 그의 물건은 웃사ᄅᆞᆷ은 쇠기되 아ᄅᆡ사ᄅᆞᆷ은 못 소기ᄂᆞ니 가만가만이 그의게 보ᄂᆡ 주시오.

(47) 你太把我看得忒小器又没人心了。這話還葶〔等〕你說, 我纔把他的衣裳各物已經打點下了。[니틔바워칸더터쏴치여메신신라저화히덩니쒀워치바타디이샹써우이징싸덴쌰라] 네 너무 나를 젹게 보며 인심도 업ᄂᆞᆫ 것으로 아ᄂᆞᆫ도다. 이 말을 당신 말ᄒᆞ기ᄭᆞ지 기ᄃᆞ리요, 내 앗가 그 의복 각죵을 벌셔 수습ᄒᆞ여 노하노라.

(48) 賣油的娘子水梳頭。自來家裏有的給人多少, 這會子輪到自己用, 反到各處找去。[매여디랑〔냥〕쯔쉐수터쯔리쟈리여디씌신뒤쏴저훠쯔룬닾쯔지융앤닾쒀추좌취] 기름 파는 졔 어미 물노 머리를 빈는다 ᄒᆞ니 쟈릭① 집에 잇ᄂᆞᆫ 것을 남을 주기를 얼마짐ᄒᆞ더니 이번 쟈긔 쓰랴 ᄒᆞᆯ ᄯᆡ에 밋쳐 도로혀 각쳐로 구ᄒᆞ라 가ᄂᆞᆫ도다.

(49) 我要不看着你們兩個素日怪可憐兒的, 我這一脚把你兩個小蛋黃子踢出來。[워야부칸저니먼량거수시괘커련얼디워저이쟈바니량거쏴단황쯔티추릭] 내 너의 둘이 젼일에 가히 불샹ᄒᆞᆫ 것을 보지 아니ᄒᆞ엿스면 내 ᄒᆞᆫ 발길노 너의들에 두른 창ᄌᆞ을 차셔 ᄭᅳᄂᆡ리라.

(50) 我雖年輕, 這話卻〔却〕不年輕。你們不看書, 不識字, 都是呆子, 倒說我糊塗。[워쉬녠칭져화취부녠경〔칭〕니먼부칸수부시쯔두씌듸쯔닾쒀워후두] 내 비록 년쳔ᄒᆞ나 이 말은 년쳔치 아니ᄒᆞ니 너의들은 글도 보지 못ᄒᆞ고 글자도 아지 못ᄒᆞ니 ᄒᆞᆫ바싀이라. 도로혀 날더러 호도타 ᄒᆞᄂᆞ뇨.

(51) 可知你們這些人都是世俗之見, 那裏眼裏識得真假, 心裏分

① 쟈릭: 自來. 지금까지.

得出好歹來呢? [커지니먼져셰신두씌씌쑤지젠나리옌리시더즌쟈신리옌더추화ᄃᆡᄅᆡ니] 가히 알지라. 너의들 여러 사ᄅᆞᆷ은 도시 셰속의 소견으로 엇지 눈에 진가를 알아ᄂᆡ며 ᄆᆞ음에 션악을 분간ᄒᆞ여 ᄂᆡ리요?

(52) 我若告訴一個人, 立刻現死現報。你只管放心養病, 別自遭塌〔糟蹋〕了小命兒。[워야쌴수이거신리커쏀쓰쏀뱌〔반〕니즤관뺑신량〔양〕빙베즈챠타랴쌰밍얼] 내 만일 ᄒᆞᆫ 사ᄅᆞᆷ에게라도 고소ᄒᆞ면 고ᄃᆡ 죽어 앙분을 바드리니, 너ᄂᆞᆫ 다만 방심ᄒᆞ고 병이나 치료ᄒᆞ야 적은 목숨을 방ᄒᆡᄒᆞ지 마라라.

(53) 原不是什麽好東西, 不過是遠路帶來的土物兒, 大家看着新鮮些兒就是了。[웬부씌시마화뚱시부궈씌웬루ᄃᆡᄅᆡ디투우얼다쟈칸저신센세얼쥐씌라] 원ᄅᆡ 죠흔 물건이 아니요. 불과시 원로에 가져온 토산지물이니 여러이 신션스럽게 보미 올토다.

(54) 噯呀, 這屋裏單你一個人記挂着他, 我們都是白閑着, 混飯吃的。[ᄋᆡ야저우리싼니이거신지괘저타워먼두씌비쏀저훈빤치디] 아야 이 방즁에 다만 너 혼자 그을 아라주니 우리ᄂᆞᆫ 도시 공연히 잇셔 함부루 밥만 먹ᄂᆞᆫ 것이로다.

(55) 你只聽我說, 已後留點兒小心就是了。這話也不可告訴第三個人。[니즤팅워쒀이허루뎬얼쌰신쥐씌라저화예부커싼수디싼거신] 네 다만 내의 말을 드른 후 좀 조심ᄒᆞᆷ이 올타. 이 말은 가히 셰ᄌᆡ 사ᄅᆞᆷ의게도 고ᄒᆞᆯ 것이 아니니라.

(56) 所以說拿主意要緊, 你是個明白人, 豈不聞俗語兒說的, 萬兩黃金容易得, 知心一個也難求? [쒀이쉬나주이야진니씌거밍ᄇᆡ신치부운쑤위얼쒀디완량황진융이더지신이거예ᄂᆞᆫ취] 그럼으로 주의를 졍ᄒᆞᆷ이 요긴ᄒᆞ니 너는 명ᄇᆡᆨᄒᆞᆫ 사ᄅᆞᆷ이라. 쇽담에 ᄒᆞ기를 만량황금은 용히 ᄒᆞ되 지심일ᄀᆡ은 구ᄒᆞ기 어렵다 ᄒᆞᆷ을 듯지 못ᄒᆞ여ᄂᆞ뇨?

(57) 你們就這麽大瞻〔膽〕子, 小看他, 可是鷄蛋往石頭上硏〔碰〕。[니먼쥐저마다싼쯔쌰칸타커씌지단왕시텩샹펑] 너희들이 곳 이갓치 담ᄃᆡ히 그 사ᄅᆞᆷ을 납비 보면 가히 ᄃᆞᆰ의 알노 돌에 부듸치ᄂᆞᆫ 것이로다.

動辭應用編

拿잡다

我叫你拿那個去, 你拿這個來, 你拿錯了, 擱回原處兒去罷。[위〔워〕쟈니나나거취니나저거릐니나□〈취〉라써휘웬추얼취바] (1) 내 널노 ᄒᆞ야금 그것을 가져가라 힛써니 네 그릇 가져왓다. 본쳐로 갓다 두어라.

打 치다

他在背地裏罵我, 所以我忍不住打他嘴巴子一頓了。[타ᄌᆡ베디리마워쒀이워싄부주싸타쥐바쯔이둔라] (2) 제 남모르게 나를 욕ᄒᆞ니 그럼으로 내 참다 못ᄒᆞ야 그 볼투리[①]를 ᄒᆞᆫ 번 ᄯᆡ렷소.

擡 들다

那個東西很重, 一個人擡不起來了, 你來幫着我罷。[나거둥시흔즁이거싄틔부치릐라니릐쌩저워바] (3) 져 물건이 ᄆᆡ우 무거워 ᄒᆞᆫ ᄉᆞᄅᆞᆷ으로 들이지 아니ᄒᆞ니 네 와셔 나를 도와다구.

拉 ᄭᅳᆯ다

這個衚衕窄得很, 你把車往後拉罷, 讓我們過去了。[저거후퉁ᄶᅵ더흔니바쳐왕훠라바상워먼궈취라] (4) 이 골목이 좁기가 심ᄒᆞ니 네 수뢰를 뒤로 잡아ᄭᅳᆯ어라. 우리 지ᄂᆞ가게 ᄒᆞ여라.

挑 고르다

像你這樣好的人能有幾個呢? 十個裏頭挑不出一個來的。[샹니저양핲디싄능역지거니시거리퇴턒부추이거릐디] (5) 너갓치 이러ᄒᆞᆫ 됴흔 ᄉᆞᄅᆞᆷ은 능히 몃치ᄂᆞ 잇ᄂᆞ뇨? 열 ᄀᆡ 속에 하ᄂᆞ도 골나ᄂᆡ지 못ᄒᆞ겟다.

拔 ᄲᆡ다

化了幾萬兩銀子, 只筭得牛身上拔兒〔了〕一根寒毛罷了。[화랖지완량인쯔즤숸더뉘신샹빠랖이큰〔근〕한맢바라] (6) 몃 만 량 은ᄌᆞ를 쓰되 쇠 몸에 ᄒᆞᆫ낫 털을 ᄲᆡᆸᄂᆞᆫ 것과 갓틀 ᄉᆡᆷ이요.

扔 던지다

拿一個球兒往猴兒臉上扔, 若〔要〕是中了, 給他一把雨傘了。[나이거취얼왕훠□〈얼〉롄상넝〔성〕야ᄶᅲᆼ라ᄭᅴ타이바위샨라] (7) 한 탄ᄌᆞ를 가지고 원숭이 얼골에 던져

---

① 볼투리: 嘴巴子. 뺨.

만일 맛치면 한 자루 우산을 쥬다.

搯〔掐〕꼿 싸다

你到了花園裏搯〔掐〕了幾朵花兒, 送到先生家裏去罷。[니단랴화웬리챠랴지둬화얼쑹단쎈썽쟈리취바] (8) 네 화원에 가셔 몟 숑아리 꼿을 싸서 션싱님 덕에 보니여라.

擰〔擰〕비틀다

拿墩布蘸上水擰乾了, 把地板都擦得很乾凈罷。[나둔부잔〔잔〕샹쒜닝깐라바디판두챠더흔깐징바] (9) 걸네를 물에 축이여 삭비틀고 마루판을 정허게 문틔밧여라.

撚 빅비다

剛點燈的時候, 把燈苗兒要小, 趕慢慢的往上撚罷。[짱덴덩디시훠바덩먀얼얀샨깐만만디왕샹넨바] (10) 막 동불 켤 썩에 등심지를 젹거허고 챤찬히 우회로 비틀어 올시오.

搘〔支〕버틔다

這屋裏鬧了一屋子的烟, 搘〔支〕起這窗户來罷。[저우리난랴이우쯔디옌지치저촹후릐바] (11) 이 방에 연긔가 잔득 씨워스니 창호를 버틔시오.

找 찻다

我一聽見這個信兒, 就連忙帶了小廝們在各處找一找, 連一個影兒没有。[워이팅젠저거신얼쥐롄망디랴쌴스먼지써추쟈이쟈롄이거잉얼메여] (12) 내 이 소문을 듯고 곳 밧비 아희종을 데블고 각쳐로 찻져스되 한 그림즈식지 업습씌다.

攆 내몰다

他有了不是, 就打他駡他, 叫他改過就是了, 攆了出去斷乎使不得。[타여랴부씌쥐싸타마타쟈타기궈쥐씌라산랴츄취돤후스부더] (13) 제가 잘못홈이 잇스면 곳 썩리고 꾸지져 져로 호야금 기과케 홈이 곳 올코 내모는 것은 결단코 불가호오.

扭 꼿다

路上人山人海, 誰有拼〔碰〕着我的肩膀去了, 我扭着一回頭看他了。[루샹신싼신히쉐여펑저워디젠팡취라워뉘저이휘틱칸타라] (14) 로샹에 인산인히 호야 뉘가 내의 엇기를 부듸치고 가기에 내 호 번 머리를 도리켜 보앗소.

扣 쿠제호다

我那裏還有幾兩銀子, 你先拿去使用, 明天我扣下你的薪水就是了。[워나리히여지량인쯔니쎈나취스융밍텐워쿼쌰니디신쉐직씌라] (15) 내 거긔 몟 냥 은즈가 잇스니 네 먼져 굿다 스시오. 내일 네 월급에셔 구제ᄒᆞᄂᆞᆫ 것이 올소.

拍 손벽 치타〔다〕

一個巴掌拍不響, 他是頂可惡的, 你是太性急了。[이거바장파부샹타싀딩커어〔우〕디니씌틔싱지라] (16) 외손벽이 쳐도 울치 안ᄂᆞ니 져ᄂᆞᆫ ᄆᆡ우 괴악ᄒᆞ고 너ᄂᆞᆫ 너무 조급ᄒᆞ다.

抱 안ᄶᅡ

蒼蠅不抱没縫兒的鷄蛋, 他不偷東西去, 到底有些影響。[챵잉부봐메뿽얼디지단타부탁둥시취닷디약세잉샹] (17) 파리가 틈 업ᄂᆞᆫ 돍의 알에 안씨 아니ᄒᆞᄂᆞ니 제 물건을 도덕질 아니ᄒᆞ엿스ᄂᆞ ᄃᆡ쳐 영향은 잇지오.

推 밀치다

他抽冷子把我往後一推, 幾乎没栽了一個筋斗了。[타착렁쯔바워왕훡이퉈〔튀〕지후메취랴이거싄뭐라] (18) 제 별안간에 나를 뒤로 한 번 밀치여 거의 걱우러질 번ᄒᆞ엿소.

拼〔碰〕부듸치다?

你若〔要〕是拼〔碰〕在他的氣頭兒上, 可就吃不了, 挽〔兜〕着走了。[니얖씌펑지타디치탁얼샹커직치부랴뭐저쥐라] (19) 네 만일 그 사름의 성닋ᄂᆞᆫ 씩 부듸치면 가히 곳 먹지 못ᄒᆞ고 싸고 도망ᄒᆞ리라.

擱 놋타

你把潮濕的衣服擱在太陽地裏晒一晒罷, 晒乾了就叔〔收〕起來。[니바챠싀디이뿌써직틔양디리씌이씌바씌깐라직솨치릭] (20) 네 축축ᄒᆞᆫ 의복을 틔양에 노아 말이여라. 마르거든 곳 거더 드리시오.

搬 온겨 놋타

這隻樻〔櫃〕子, 這兒擱不下, 你先把桌子搬開點兒罷。[저디〔지〕궈〔귀〕쯔저얼써부쌰니쏀바줘쯔싼캐뎬얼바] (21) 져 괴작이 여긔 뇌이지 아니ᄒᆞ니 네 먼져 탁ᄌᆞ를 좀 온겨 노아라.

搶 쎅셔 가셔

有一個賊把我的眼鏡搶我手裏去了。他跑得快, 我追不上他。[약이거제바워디옌징챵워솨리취라타퍼더쾌워쥐부샹타] (22) 한 도덕놈이 잇셔 내 안경을 내의 수즁에 쎅아셔 가고 속히 도망ᄒᆞᄆᆡ 내 그 놈을 좃차가지 못힛노라.

擺 빅치ᄒᆞ다

你請我來吃飯, 怎麽還磨蹭着不擺台, 是幹什麽來着? [니칭워릭치앤즘마히머□〈쎵〉저부빅틔씌깐시마□□〈릭저〉] (23) 네 나를 밥 먹으라 청ᄒᆞ고 엇지ᄒᆞ야 머뭇거리고 버려 놋치 아니ᄒᆞ니 이 무엇을 ᄒᆞ엿ᄂᆞ뇨?

吃 먹다

我自己一個人吃, 只怕吃不下去, 不如你們兩個, 同我一塊兒吃, 好香甜。[워쯔지이거ᄉᆡᆫ치즤파치부싸취부수니먼량거퉁워이쾌얼치햔썅톈] (24) 나 혼ᄌᆞ 먹으믹 다만 멕키지 아니ᄒᆞ니 너의 둘이 나ᄒᆞ구 갓치 먹으면 ᄆᆡ우 맛잇겟다.

喝 마시다

我剛纔項子很渴, 倒一碗水, 喝倉〔嗆〕了, 所以止不住的咳嗽了。[워짱치썅쯔흔커닾이완쒜허챵라쒀이즤부주디커ᄉᆑ라] (25) 내 앗가 목이 ᄆᆡ우 말ᄂᆞ 물 ᄒᆞᆫ 잔을 ᄯᅥ셔 마시다가 사레를 들녀 그릅으로 늘 깃침이 난다.

嘗 맛보다

你先頭裏嘗嘗我們這新樣兒弄的菜, 可口不可口? [니쏀투리챵챵워먼져신양얼룽디치커컥부커컥] (26) 네 먼쳐 우리 식 법으로 만든 음식을 맛보시오. 입에 합당ᄒᆞ오 아니ᄒᆞ오?

嚼 씹다

貪多嚼不爛, 把一口的東西細嚼嚼, 纔能知道那個味兒了。[탄둬쟢부란바어(이)컥디둥시시쟢쟢치능지닾나거웨얼라] (27) 만니 삼키면 씹기 무루눅지 못ᄒᆞᄂᆞ니 ᄒᆞᆫ 입에 물건을 잘경잘경 씹어야 능히 그 맛을 아ᄂᆞ이다.

吐 토ᄒᆞ다

我害了惑〔感〕冒, 每天早起總得吐出幾口痰來, 纔能好哪。[워히랴깐만메톈쟌치충더투추지컥탄릭치능햔나] (28) 내 감긔를 들어 ᄆᆡ일 아츰에 엇터튼지 얼마가레침을 빗타야 비로소 됴습니다.

喘 헐덕이다

我現在沒有勁兒, 若是騎自行車, 就喘的了不得了。[□□□□〈워쏀지메〉약징얼야쐬치쯔싱쳐직촨디랴부더라] (29) 내 현지에 근력이 업셔 만일 자힝거를 타면 곳 헐덕이기를 심히 홈니다.

舔〈담〉쌀다

我當是白糖, 舔了一舌頭, 原來是乾净的白壚〔鹽〕, 鬧得我嘴裏很難受了。[워당쐬비탕톈랴이써투원릭쐬깐징디비옌난더워쥐리흔난쑤리(라)] (30) 내가 이 셜당으로 알고 ᄒᆞᆫ 셔 슷에 ᄃᆡ여ᄯᅥ니 원릭 정ᄒᆞᆫ ᄒᆞᆫ 소금이라 내 입이 짜셔 견될 수 업소.

喂 먹이다

你要吃什麽, 説出名兒來, 我可以夾着喂你呀。[니야치시마쒀추밍

얼ᄅᆡ워커이쟈저웨니야] (31) 네 무엇을 먹고져 ᄒᆞ면 일홈을 말ᄒᆞ여라. 내 가히 집어 너를 먹이리라.

哄 소기다

無論作甚麽事情, 都要努力向前, 不可自己哄自己, 纔能句〔够〕往上巴結哪。[우룬줘즘〔슴〕마스칭두얀루〔누〕리썅첸부커쯔즤홍쯔즤치능꺼왕샹바졔나] (32) 무슴 일을 ᄒᆞ던지 물논ᄒᆞ고 도모지 젼졍을 힘써 쟈긔가 쟈긔를 소기지 아니ᄒᆞ면 능히 됴흔 결국이 잇ᄂᆞ니라.

嚇 놀ᄂᆡ다

他就躡手躡脚, 悄悄的進屋裏來, 冷不防的嚇我一大跳了。[타ᄌᆡ네시네챤챤々디진우리ᄅᆡ렁부빵디쌰워이다턒라] (33) 제가 곳 손과 발을 제기 듸듸고 가만가만히 방으로 드러와 별안간에 나를 깜작 놀ᄂᆡ다.

噴 뿜다

這件衣裳没有漿性, 噴上水, 叫他好好兒的拿熨斗熨一熨, 那纔能周正了。[저졘이샹메여장싱펀샹쉐쟌타한々얼디나원두원이원〔윈〕나치능저쩡라] (34) 이 의복에 풀 기운이 업스니 물을 뿜고 그것을 잘 ᄃᆡ루리[1]로 ᄃᆡ림질ᄒᆞ여야 비로소 ᄲᆡᆺ々ᄒᆞᆷ이다.

看 보다

那個文章很好, 看得很有趣兒, 越看越愛, 連飯也不想吃了。[나거운쟝흔한칸더흔여취얼웨칸웨이렌빤예부샹치리〔라〕] (35) 그 글이 ᄆᆡ우 됴아 보기에 ᄆᆡ우 쟈미잇셔 더욱 볼수록 더욱 사랑ᄒᆞ야 밥ᄭᆞ지도 먹기를 ᄉᆡᆼ각지 아니ᄒᆞᆫ다.

瞧 보다

你把這個東西, 趁早兒給我瞧瞧, 别等着我搶了你的手裏去了。[니바저거둥시쳔쟌얼씌워챠々베덩저워챵랸니디셔리취라] (36) 네 이 물건을 진작 내게 주어 뵈여라. 내가 네 수즁에 ᄲᆡ스라 가기를 기ᄃᆡ리지 말어라.

聽 듯다

你聽見這個話没有? 你若〔要〕聽見告訴我, 我也不説出來 叫人知道你説的。[니팅졘저거화메여니얀팅졘쌴수워워예부숴추ᄅᆡ쟌신지단니숴디] (37) 네 이 말을 드러ᄂᆞ뇨 아니뇨? 만일 드러스면 내게 고소ᄒᆞ라. 내 ᄯᅩᄒᆞᆫ 사ᄅᆞᆷ으도〔로〕ᄒᆞ야금 네 말ᄒᆞ엿다구 알게 아니ᄒᆞ리라.

---

① ᄃᆡ루리: 熨斗. 다리미.

問 묻다

孔夫子説，誨人不倦。他要來問我，我豈有不説的理呢。[쿵부쯔쒀홰ᅀᅵᆫ부쥔타야ᅩᄅᆡ운워워치여부쒀디리니] (38) 공부ᄌᆞ씌셔 말ᄉᆞᆷᄒᆞ시ᄃᆡ 사ᄅᆞᆷ ᄀᆞ라치기 계으르지 안타 ᄒᆞ시니 그가 와셔 ᄂᆡ계 무르ᄆᆡ 내 엇지 말 아니ᄒᆞᆯ 리치가 잇스리요.

念 ᄂᆡᆨ다

你把先生寫了墨板上的話，挨次念一句，細細兒的講給我聽。[니바쎈셩쒜랴ᅩ머판샹디화ᄋᆡ츠넨이쥐싀〻얼디쟝끠워팅] (39) 네 션ᄉᆡᆼ이 칠판에 쓴 말을 ᄎᆡ례로 ᄒᆞᆫ 귀졀식 닑어 쟈세히 ᄉᆡ겨 내게 들이시오.

寫 쓰다

我把蘭亭筆帖寫了好幾年，也不過是這樣，實在是不容易學的。[워바난팅세테쎄랴ᅩ하ᅩ지넨예부궈씌저양시ᄌᆡ씌부융이쑈디] (40) 내 난졍필쳡을 여러 ᄒᆡ 쓰되 ᄯᅩᄒᆞᆫ 이 모양에 지ᄂᆡ지 못ᄒᆞ니 실샹 용히이 ᄇᆡ울 것이 못되오.

勸 권ᄒᆞ다

我左勸也不聽，右勸也不改，你倒是怎麼樣？ 你再這麼着，這個地方可也難住了。[워쥐촨예부팅역촨예부ᄭᆡ니다ᅩ씌즘마양니ᄌᆡ져마져져거디ᄲᅡᆼ커예난주라] (41) 내 이리 권ᄒᆡ도 듯지 안코 져리 권ᄒᆡ도 곳치지 아니ᄒᆞ니 네 ᄃᆡ쳐 엇지ᄒᆞᆯ 모양이냐? 네 다시 그러ᄒᆞ면 이곳에 머무지 못ᄒᆞ리라.

教 가라치다

你若教給我這法子，我大大的謝你，難道還怕我不謝你麽？ [니야ᅩ쟈ᅩ끠워져빠쯔워다〻디쎼니난도ᄒᆡ파워부쎼니마] (42) 네 만일 나를 이 법을 ᄀᆞᄅᆞ쳐 주면 크게 사례ᄒᆞᆯ 터이니 엇지 내가 너를 사례 못ᄒᆞᆯ가 염네ᄒᆞᄂᆞ냐?

學 ᄇᆡ호다

他學中國話很用心，一天比一天有進益，實在叫人佩服他了。[타쑈즁궈화흔융신이톈비이톈엳진이시ᄌᆡ쟢ᅀᅵᆫ픠뿌타라] (43) 제가 즁국말을 ᄇᆡ호기에 용심ᄒᆞ야 하로가 ᄒᆞ로에 비ᄒᆞ면 진익①이 잇스니 참 그를 탄복ᄒᆞᆯ 만ᄒᆞ외다.

睡 쟈다

有事没事跑來坐着，叫我們三更半夜裏不得睡覺，討人家的嫌。[엳스메스퍼ᄅᆡ쥐저쟈ᅩ워먼싼징빤예리부더쉐쟈ᅩ탄ᅀᅵᆫ쟈디쎈] (44) 일 잇던지 일 업던지 ᄯᅱ여와 안져 우리로 ᄒᆞ야금 삼경반야에 쟈지

---

① 진익: 進益. 진보(進步).

못ᄒᆞ게 ᄒᆞ니 남을 귀치안케 ᄒᆞᄂᆞᆫ ᄯᅩ다.

認得 알다

呸, 人人都説你, 没有不經過、不見過的, 連這個東西還不認得呢, 明天還説嘴麽? [□〈피〉 씐ᄾ덕쒀니메역부징궈부젠궈디롄저거둥싀히부싄더니밍톈히쒀쥐마] (45) 피, 사람사람이 다 네가 지ᄂᆡ본 것이 업지 안타 ᄒᆞ되 이 물건ᄉᆡᆨ지 알지 못ᄒᆞ니 내일 다시 입을 열어 말ᄒᆞ리오?

懂 알아듯다

中國話本難懂, 各處有各處的鄉談, 就是官話通行了。[즁궈화뻔난둥꺼추역꺼추디썅탄짇씌관화퉁싱라] (46) 듕국말은 아라듯기 어려우니 각쳐에 각쳐 방언이 잇스되 다만 관화가 통ᄒᆡᆼ홈이다.

知道 알다

這件事不與你相干, 只是你不早來回我知道, 這就是你的不是了。[저젠스부위니샹간즤씌니부잪릐휘워지닾저짇씌니디부씌리] (47) 이 죠건 일은 네게 무숨 샹관업스되 다만 일즉 와서 내게 고ᄒᆞ야 알이지 아니ᄒᆞ니 곳 네 잘못이다.

瞞 소기다

這有什麽瞞着我的? 你想瞞了我, 就在老爺跟前討了好兒了? [저역시마만저워디니샹만랖워짇즤랖예끈첸톺랖핲얼라] (48) 이 무엇이 나를 소길 것이 잇스리오? 네 ᄉᆡᆼ각에 나를 소기고 영감 압헤 긴ᄒᆞ고쟈 홈이냐?

笑 웃다

你向着我有什麽笑頭兒? 你竟這麽要笑不笑的, 真叫人家倒犯疑了。[니썅저워역시마썇털얼니징저마얖썇부썇디쯘잪싄쟈닾얜이라] (49) 네 나를 향ᄒᆞ야 무숨 우슬거리가 잇ᄂᆞ뇨? 담안 웃지 아니홀 데 우스면 남의게 의심ᄂᆡ게 홈이니라.

哭 울다

你爲什麽傷心又這樣哭哭啼啼? 豈不是自己遭〔糟〕蹋了自己身子了呢? [니위시마샹신역저양쿠ᄾ티ᄾ치부씌쯔지잪탚랖쯔지신쯔랖니] (50) 네 엇지 ᄆᆞᄋᆞᆷ을 샹ᄒᆞ야 ᄯᅩ 이갓치 우ᄂᆞ뇨? 엇지 쟈긔가 쟈긔 몸을 그릇홈이 아니뇨?

怨 원망ᄒᆞ다

這是自己錯的, 也怨不得人了, 可是你自己打着你那嘴, 問着你自己纔是了。[저씌쯔지춰디예웬부더싄라커씌니쯔지싸저니나쥐운저니쯔지칙씌라] (51) 이는 쟈긔가 잘못홈이니 남을 원망홀 게 아니라 네가 네 ᄲᅡᆷ을 치며 쟈긔의게 문ᄂᆞᆫ 것이 올타.

罵 욕ᄒᆞ다

你背着他就這樣說他，將來你又不知怎麽樣罵我呢，我又矮他一層了。[니베져타직져양쒀타장ᄅᆡ니여부지즘마양마워니워여애타이청라] (52) 네가 그 사ᄅᆞᆷ 몰ᄂᆡ 이갓치 말ᄒᆞ니 쟝ᄅᆡ에 ᄯᅩᄒᆞᆫ 엇더케 나를 욕ᄒᆞᆯ지 모로깃다. 나는 그버덤 ᄒᆞᆫ칭 나즌 사ᄅᆞᆷ이닛가.

坐 안다

你一去都没興頭了，好歹坐一坐罷，就筭疼我了。你有什麽事交給我罷。[니이취두메싱투라화ᄃᆡ취이취바직숸텅워라니여시마스쟈씌워바] (53) 네 ᄒᆞᆫ 번 가면 도모지 흥치 업스니 엇지ᄒᆞ던지 안즈시오. 나를 사랑ᄒᆞᄂᆞᆫ 것이오. 무숨 일이던지 나게 맛기시오.

躺 눕다

昨兒前半夜月亮很好，躺在炕上看窗户上的月亮，捨不得睡覺了。[쥐얼첸빤예웨량흔화탕직캉샹칸창후샹디웨량써부더쉐쟈라] (54) 어제 쵸젼역에 ᄃᆞᆯ이 ᄇᆞᆰ아 방에 누어셔 창호 우희 월식을 보ᄆᆡ 노코 잘 슈가 업습듸다.

歪 기ᄃᆡ다

我這兩天渾身發熱，只要歪着，也因爲時氣不好，怕病，所以在外頭逛逛就好了。[워져량텐훈신빠셔즤야왜져예인위시치부화파빙쒀이직왜투쌍〻직화라] (55) 내이 ᄒᆞᆫ 니틀 혼신이 발열ᄒᆞ야 눕고져 ᄒᆞ되 시절이 됴치 못ᄒᆞᆷ으로 병날가 ᄒᆞ야 그름으로 밧게 나와 산보ᄒᆞᆷ이 곳 됴습니다.

站 스다

今兒你又喝醉了，喝得前仰後合的站不住，這不是斯文人的樣子了。[진얼니여허쮀라허더첸양훠허디쟌부주져부싀스운신디양즈라] (56) 오ᄂᆞᆯ 네가 ᄯᅩ 취ᄒᆞ엿구나. 먹기를 져갓치 비틀비틀ᄒᆞ여 스지 못ᄒᆞ니 점ᄌᆞᄂᆞᆫ 사ᄅᆞᆷ의 모양이 아니다.

起 이러ᄂᆞ다

這個孩子没出息，很懶怠。每天太陽晒到屁股蛋纔起來了，叫人可氣得很。[져거ᄒᆡ쯔메추싀흔란ᄐᆡ메텐ᄐᆡ양씌단피구단치치ᄅᆡ라잔신커치더흔] (57) 이 아ᄒᆡ가 지각이 업고 ᄆᆡ우 게으러 ᄆᆡ일 ᄐᆡ양이 볼기쟉에 비취여야 이러ᄂᆞ니 ᄎᆞᆷ 기막힐 일이요.

跑 ᄯᅱ다

這兩天，他往這裏頭跑得不像，鬼鬼祟祟的，不知幹些什麽事，你倒要審審他罷。[져량텐타왕져리투퍼더부샹귀귀쉬쉬디부지간세시마스니닷야신신타바] (58) 이 ᄒᆞᆫ 니틀 졔가 여긔셔 샹업시

쒸놀ᄆᆡ 수군수군 무슴 일을 ᄒᆞᄂᆞᆫ지 알 수 업스니 네 도져히 그를 살피시오.

爬 엉기다

不能爬起來的孩子, 要想跑過去, 好像没長翎毛兒, 要揀高枝兒上去了。[부능파치ᄅᆡ디ᄒᆡ쯔얏샹퍼궈취한샹메챵(쟝)링맛얼얏졘잔즤얼샹취라] (59) 능히 긔지도 못ᄒᆞᄂᆞᆫ 아ᄒᆡ가 쒸어가기를 ᄉᆡᆼ각ᄒᆞ니 깃도 나지 아니ᄒᆞᆫ 것이 놉픈 가지를 골ᄂᆞ 가ᄂᆞᆫ 것과 갓도다.

踢 챠다

我心裏説不出來的委屈, 我把他痛打了一頓, 踢了一下兒, 纔算解我的恨了。[워신리쒀부추ᄅᆡ디위□□□□□□□□〈취워바타퉁짜랴이〉둔티랴이쌰얼취숸졔워디쏀(흔)라] (60) 내 ᄆᆞ음에 말ᄒᆞᆯ 수 업ᄂᆞᆫ 억울ᄒᆞᆷ은 그를 ᄒᆞᆫ 번 치며 ᄒᆞᆫ 번 발길질ᄒᆞ야 나의 한을 풀 만ᄒᆞ외다.

跺 발구루다

你不要搓手跺脚, 這麽着急, 先把情形細細兒的告訴我罷, 我可以替你解了。[니부얏취쇼둬쟈저마쟈지(취)쏀바칭싱싀싀얼디쌋수워바워커이티니졔라] (61) 너ᄂᆞᆫ 손을 부비며 발을 구루며 이갓치 죠급히 말고 먼져 정형을 쟈세히 내게 고ᄒᆞ라. 내 가히 너를 위ᄒᆞ야 푸러 주마.

躲 숨다

老兄, 今兒好福氣, 臉上有些春色, 把眼圈兒都紅了。你背着我躲在那兒喝酒來呢? [랖쓩진얼화뿌치롄샹엳세춘싀바옌쵠얼두훙라니베저워둬지나얼허죽ᄅᆡ니] (62) 로형, 오ᄂᆞᆯ 됴흔 복긔로 면샹에 츈ᄉᆡᆨ이 잇고 눈쟈위ᄭᆞ지 불것스니 네 나 몰ᄂᆡ 어ᄃᆡ 숨어 잇셔 술을 먹고 왓ᄂᆞ뇨?

去 가다

你要去, 那一刻去不得, 我説了幾句頑話, 你就認真要去。我看你去不去。[니얏취나이커취부더워쒀랴지쥐완화니쥐신쓴얏취워칸니취부취] (63) 네 가고져 ᄒᆞ면 언ᄂᆡ ᄯᅢ 가지 못ᄒᆡ셔 내 몃 구절 시럽ᄉᆞᆫ 말을 ᄒᆡ쎠니 ᄎᆞᆷ으로 알고 가랴 ᄒᆞ니 네 가ᄂᆞ 못가ᄂᆞ 보쟈.

到 이르다

我原是不大喝的, 偶然到了朋友家了, 只是拉着我死灌, 不得已喝了兩鐘〔盅〕, 臉就紅了。[워웨(웬)씌부다허디왁(억)산닫랴펑엳쟈라즤씌라저워쓰관부더이허랴량즁롄직훙라] (64) 내 원ᄅᆡ 잘 먹지 못ᄒᆞ더니 우연이 친구의 집에 가ᄆᆡ 담안 나를 억지로 메기ᄆᆡ 부득이 두어 쟌 마셧

ᄡᅥ니 얼골이 곳 불것노라.

逃 도망ᄒᆞ다

有什麼事這麼要緊，連三接四的叫人來找了。我爲客人拉住說話呢，我又不逃走了。[여시마스저마야진롄싼졔쓰디쟌신리쟈라워위커신라주숴화니워여부탄저라] (65) 무숨 일이 잇셔 이갓치 요긴ᄒᆞ뇨? 녈비ᄒᆞ게① 사ᄅᆞᆷ을 부려 찻ᄂᆞ뇨? 내 손님의게 글여 이야기ᄒᆞᆫ다.내 도망ᄒᆞᆫ 것은 아니다.

歇 쉬다

你這幾天還不乏，趁這會子歇歇去罷，我不留你吃茶〔茶〕了。[니저지톈히부빠츤저휘ᄶᅳ세세취바워부릭니치챠라] (66) 네 이 몃칠 곤치 아니ᄒᆞ냐? 이ᄲᅵ를 타셔 쉬라 가거라. 내 너를 멈추어 ᄎᆞ를 권ᄒᆞ지 아니ᄒᆞ노라.

逛 산보ᄒᆞ다

你勉强支持着出來，各處走走逛逛，比在屋裏悶坐着,倒還好些兒。[니몐챵지즤저추리ᄡᅥ추저저광광비즤우리먼줘져단히화세얼] (67) 네 억지로 벗틔여 나와 각쳐로 두루 단니시오. 방에 잇셔 답답히 안진 것버덤 오히려 낫습니다.

刨 볏기다

要吃栗子，一定刨去了那個細皮了。若〔要〕不然，吃得怪澀的。[야치리ᄶᅳ이딩뱌취랴나거싀피라야부산치더괘ᄡᅥ디] (68) 밤을 먹고져 ᄒᆞ면 반다시 그 버미②를 벳길 거시니 만일 그리 아니면 먹기에 ᄯᅥᆯ부외다.

刮 극다

年輕的人很愛刮臉裝體面，要看上了別人的眼睛了。[녠칭디신흔이과롄좡듸멘야칸샹랴베신디옌칭라] (69) 년소ᄒᆞᆫ 사ᄅᆞᆷ은 면모ᄒᆞ기를 됴하ᄒᆞ야 모양ᄂᆡᄂᆞᆫ 것은 남의 눈에 들게 ᄒᆞ고져 ᄒᆞᆷ이외다.

鉸 ᄶᅡᆨ다

從前中國人是打辮子，現在是都鉸了頭髮，跟外國人一樣了。[□□□□□□□□〈충쳰중궈신싀ᄶᅡ벤〉ᄶᅳ셴즤싀두쟈랴터빠슨왜궈신이양라] (70) 이젼에 듕국 사ᄅᆞᆷ은 머리 ᄯᅡ리를 ᄶᅡ더니 현직에ᄂᆞᆫ 머리털을 ᄶᅡᆨ가 외국 사ᄅᆞᆷ과 ᄒᆞᆫ모양이의다.

砍 ᄶᅵᆨ다

你嚇着怎麼樣? 俗語兒說，一人罪一人當，沒有砍過兩顆頭的理啊。[니쌰저즘마양쑤위얼숴이

① 녈비ᄒᆞ게: 連三接四的. 계속해서.

② 버미: 細皮. 껍질.

싄쥐이싄당메우칸궈량쿼투디리아] (71) 놀ᄂᆡ기는 왜 그리ᄒᆞ오? 속담에 ᄒᆞᆫ 사ᄅᆞᆷ의 죄는 ᄒᆞᆫ 사ᄅᆞᆷ이 당ᄒᆞᆫ다 ᄒᆞ니 두 ᄀᆡ 목을 찍ᄂᆞᆫ 이치는 업습니다.

切 쓸다

把新鮮的魚細細兒的切一切, 好像銀絲一樣, 和莽〔芥〕末一塊兒吃, 也筭是頂好的酒菜了。[바신셴디위싀싀얼디쳬이쳬한샹인스이양훠제머이쾌얼치예솬씌딩한디쥐ᄎᆡ라] (72) 신션ᄒᆞᆫ 고기를 가늘게 쓸어 은실과 ᄒᆞᆫ모양갓치 계ᄌᆞ와 ᄒᆞᆫ데 먹으면 ᄯᅩᄒᆞᆫ ᄆᆡ우 됴흔 술안쥬라 ᄒᆞ옵ᄂᆡ다.

割 무자르다

你説得還不悄悄的呢, 叫外人知道了, 把你的舌頭還要割了呢。[니쉬더히부챠챠디니쟈왜싄지댜라바니디써투히얀꺼랴니] (73) 네 말ᄒᆞ기를 오히려 가만가만히 아니ᄒᆞᄂᆞ뇨. 외인으로 알게 ᄒᆞ면 네의 서줄기①를 무ᄌᆞ르고져 ᄒᆞ리라.

折 썩다

你要實説了, 我還饒你。再有撒謊, 我把你的腿不給你打折了呢。[니야시쉬라워히얀〔샨〕니지여싸황워바니디퉤부긔니싸제랴니] (74) 네 바로 말ᄒᆞ면 내 오히려 너를 용셔ᄒᆞ련이와 그짓말이 잇스면 네의 ᄃᆞ리를 쳐 썩지 아니ᄒᆞ리요.

撕 찟다

要吃燒透了的牛肋骨肉, 不用筷子, 只把兩個手撕了吃, 纔有香甜, 然而外人看着不邪〔雅〕了。[야치샤투랴디누레구쉭부융쾌쯔즤바랴〔량〕거서싀랴치치여썅톈싄〔산〕얼왜싄칸저부야라] (75) 밧삭 구은 쇠갈비 고기를 먹을진ᄃᆡ 적가락은 그만두고 두 숀으로 찌져 먹ᄂᆞᆫ 것이 맛시 잇지마는 외인 보기에 아담치 못ᄒᆞ오.

搯〔挖〕파다, ᄯᅮᆯ타

我家裏有個賊搯〔挖〕一個窟窿進屋裏來, 偷了幾件衣服拿去了。[워쟈리여거제와이거쿠숭〔룽〕진우리릐투랴지졘이쑤다〔나〕취라] (76) 내 집에 도적놈이 ᄒᆞᆫ 구멍을 ᄯᅮᆯ코 방에 드러와 몃 가지 의복을 도적ᄒᆞ여 가다.

熬 쑨다

給我熬一點兒粳米粥, 要爛爛兒的, 不稀不稠, 匀澑〔溜〕的纔好哪。[싀워와이뎬얼징미주야란란얼디부싀부쳐쥔릐디ᄎᆡ햐나] (77) 나를 좀 멥쌀죽을 쑤어 쥬되 무

① 서줄기: 舌頭. 혓줄기.

릇무릇ᄒᆞ고 묵지도 말며 되지도 말고 노긋노긋ᄒᆞᆫ 것이 좃소.

煮 ᄃᆡ리다

你再煮飯的時候, 拿篩子用心篩一篩, 因爲米裏頭砂子很多。[니ᄌᆡ주ᄫᅡᆫ디시허ᇢ나ᄉᆡ쯔융신ᄉᆡ이ᄉᆡᅌᅵᆫ〔인〕위미리터ᇢ샤쯔흔둬] (78) 네 다시 밥을 지을 ᄣᅢ에 이남박으로 용심ᄒᆞ야 이시요. ᄡᆞᆯ에 몰ᄂᆡ가 마는 ᄭᆞ닥이외다.

燒 불 ᄯᆡ다

今兒天氣冷, 我害了感冒, 拿劈柴比從前多一點兒燒炕罷, 我要出一身汗了。[진얼텐치렁워ᄒᆡ랴ᇢ간마ᇢ나쎄치비충쳰둬이덴얼샤ᇢ캉바워ᅌᅣᇢ추이신한라] (79) 오늘 일긔가 치워셔 내 감긔가 드러스니 장작을 젼보덤 방에 볼 ᄣᅢ여라. 내 왼몸에 ᄯᆞᆷ을 ᄂᆡ고져 ᄒᆞ노라.

晒 말이다

你把那個米擱在太陽地裏晒一晒, 晒了會兒把那晒不着的拿手撥攋開他, 晒到晚上收進來罷。[니바나거미써ᄌᆡᄅᆡ〔틔〕양디리ᄉᆡ이ᄉᆡᄉᆡ랴ᇢ휘얼바나ᄉᆡ부쟈ᇢ디나서ᇢ퍼라캐타ᄉᆡ댜ᇢ완샹써ᇢ진리〔릐〕바] (80) 네 져 ᄡᆞᆯ을 볏잇ᄂᆞᆫ 곳에 노아 말이여라. ᄒᆞᆫ동안 말이다가 그 말으지 아니ᄒᆞᆫ 것은 손으로 그것을 혜쳐 제녁ᄭᆞ지 말이다가 거드리여라.

文話應用編

拌嘴 말다틈ᄒᆞ다

剛纔誰在這裏説話, 倒像拌嘴似的。不管誰是誰非, 看我的臉面丟開手罷。[짱채쉐직저리숴화돠샹판쥐스디부관쉐씌쉐예칸워디롄몐뒤캐셔바] (1) 악가 뉘가 여긔셔 말ᄒᆞᄂᆞᆫ데 말다틈ᄒᆞᄂᆞᆫ 듯ᄒᆞ니 뉘가 올코 뉘가 그르던지 불게ᄒᆞ고 내 낫출 보아 그만 졍지ᄒᆞ시오.

少〔小〕看 납비 보다

我是一片真心爲你的話, 你千萬別多心, 想着我小看了你, 咱們倆就白好了。[워씌이편쓴신워니디화니쳰만베둬신샹저워쌰칸랴니쟈먼야〔랴〕쥐비화라] (2) 나는 일편 진심으로 너를 위ᄒᆞᄂᆞᆫ 말이니 쳔만 번이ᄂᆞ 다심치 말고 내 너를 납비 본다 ᄉᆡᆼ각ᄒᆞ면 우리 둘이 공연히 됴화 지ᄂᆡᄂᆞᆫ 것이다.

多心 다심ᄒᆞ다

您這樣説倒多心待我了, 我怎麼糊塗, 連個好歹也不知道, 還算是人麽? [닌저양숴돠둬신ᄃᆡ워라워즘마후두롄거한ᄃᆡ예부지돠히솬씌신마] (3) 당신이 이러케 말ᄉᆞᆷᄒᆞᆷ이 도로혀 다심히 ᄃᆡ접ᄒᆞᆷ이라. 내 엇지 호도ᄒᆞᆫ들 션악ᄉᆞᆨ지 모로면 오히려 사ᄅᆞᆷ이라 ᄒᆞ리요?

護庇 두둔ᄒᆞ다

他雖然有個錯處, 我常常兒的護庇着他, 不要漏出他的不好風聲了來。[타쉬산여거춰추워창창얼디후비저타부야럭추타디부한뽕싱ᄅᆡ라〔라ᄅᆡ〕] (4) 졔 비록 잘못ᄒᆞᆷ이 잇스ᄂᆞ 내 항상 져를 두둔ᄒᆞ야 졔의 됴치 못ᄒᆞᆫ 풍셩을 드러ᄂᆞ지 안고져 ᄒᆞ노타.

護短 앙탈ᄒᆞ다

你不要在這兒護短。依我説, 趁早兒人不知鬼不覺的去罷, 倒還乾净些兒。[니부야직저얼후돤이워숴츤잔얼신부지귀부잔디취바돠히간징세얼] (5) 너는 여긔셔 앙탈 말고 내 말갓치 짓작 사ᄅᆞᆷ도 모로고 귀신도 모로게 가거라. 도로혀 간졍ᄒᆞ다.

獻勤 알진거리다

心裏怨恨, 外面獻勤兒, 那叫猫兒哭耗子假慈悲, 實在靠不得他了。

[신리웬쏀〔흔〕왜멘쏀친얼나좌먀〔만〕얼쿠한쯔쟈츠예시ᄌᆡ칸부더타라] (6) ᄆᆞ음에 미워ᄒᆞ고 외면으로 알진그리니 괴양이가 쥐를 슬퍼ᄒᆞ미 실샹 그를 밋지 못ᄒᆞᆯ 것이오.

背晦 로망 부리다

他上了年記〔紀〕, 依老賣老, 行事難免有點兒背晦了。我勸他無益, 倒不如別理他就是了。[타샹랸녠지이랸ᄆᆡ랸싱스난멘유뎬얼베홰라워촨타우이단부우〔수〕베리타쥐쯰라] (7) 졔 년긔가 놉푸시므로 늘근이 자셰ᄒᆞ야 힝ᄉᆞ가 좀 망녕된 일이 잇스니 내 권ᄒᆡ도 무익ᄒᆞᆫ지라. 가만히 두니만 갓지 못ᄒᆞ외다.

硬朗 정정ᄒᆞ다

他是個老人家, 氣力很硬朗, 還不拐棍兒, 能走一百里的地。這是從前保養身子的好法子。[타쐬거랸인〔신〕ᄌᆡ〔쟈〕츼리흔잉랑히부괘쿤얼능쥐이ᄇᆡ리디디저쐬충첸봐양신쯔디화빠쯔] (8) 제는 로인이로ᄃᆡ 근력이 정정ᄒᆞ야 집힝이도 아니 집고 능히 일ᄇᆡᆨ 니 ᄯᆞ를 가니 이ᄂᆞᆫ 젼일에 몸을 보양ᄒᆞᆫ 됴흔 방법이외다.

藐視 납비 보다

今天我特意來拜訪, 他軉〔躺〕在炕上拿大起來, 不理我。這不是藐視人家的事麽? [신〔진〕톈워터이릐베ᅇᅣᆼ타탕ᄌᆡ캉샹나다치릐부리워저부쐬먀쉬신쟈디스마] (9) 오ᄂᆞᆯ 내 특별이 와 심방ᄒᆞ엿더니 졔 방에 누어 졈ᄌᆞᄂᆞᆫ 체ᄒᆞ야 나를 모른 체ᄒᆞ니 남을 납비 보ᄂᆞᆫ 일이 아니외닛가?

對勁 맛갓다①

他的皮〔脾〕氣和我很對勁兒, 勿論作什麽事, 其利斷金, 比着古人管鮑之義, 没有慚愧的事了。[타디피치훠워흔뒤징얼우룬줘시마스치리쫜진비저구신관봐지이메유찬쾌디스라] (10) 져의 셩미가 나와 ᄆᆡ우 맛가져 무슴 일이던지 물논ᄒᆞ고 그 이익를 노느ᄆᆡ 녯 사ᄅᆞᆷ 관포의 외에 비ᄒᆞ여도 붓그러울 것이 업소.

還席 ᄃᆡ거리 잔치

我們吃了他的酒好幾回了。現在大家凑錢做一個東道, 請他來還席。這是應酬朋友的事情了。[워먼치랸타디쥐화지휘라쏀ᄌᆡ다쟈추쳰줘이거둥단칭타릐환싀저쐬잉추펑유디스칭라] (11) 우리 그 사ᄅᆞᆷ의 술를〔을〕 몟 ᄎᆞ례 먹은지라 현ᄌᆡ에 여러히 돈을 모

---

① 맛갓다: 對勁. 맞다.

화 한 음식을 차려 그를 청ᄒᆞ야 갑ᄂᆞᆫ 것이 친구에 수응ᄒᆞᄂᆞᆫ 일이외다.

賣弄 빙졍거리다①

無論什麽人, 愛這賣弄自己的本事, 小看别人。這是挨打受罵的本兒了。[우룬시마ᅀᅵᆫᄋᆡ거〔저〕ᄆᆡ룽쯔지디뻔스ᄊᅸ칸베ᅀᅵᆫ져씌ᄋᆡᄯᅡ셕마디뻔얼라] (12) 무ᄉᆞᆷ 사ᄅᆞᆷ이던지 쟈긔의 ᄌᆡ죠를 빙졍거려 남을 적게 본 것이 ᄆᆡ 맛고 욕볼 쟝본이외다.

委屈 억울ᄒᆞ다

他在那兒丢了錢, 就賴我搶了去了。我心裏説不出來的委屈, 誰能知道呢? [타ᄌᆡ나얼듀ᄅᅸ쳰쥐ᄅᆡ워챵ᄅᅸ취라워신리쒀부추ᄅᆡ디위취쉐능지ᄃᅶ니] (13) 제 어ᄃᆡ셔 돈을 닐코 날ᄃᆞ려 ᄲᆡ셔 갓다구 ᄯᅦ를 쓰니 내 ᄆᆞᄋᆞᆷ에 말ᄒᆞᆯ 수 업ᄂᆞᆫ 억울ᄒᆞᆷ을 뉘 능히 알이요.

撒謊 그진말ᄒᆞ다

他爲人很不好, 借人家的錢, 是捱日子不肯還, 又愛撒謊, 所以我瞧不起他了。[타위ᅀᅵᆫ흔부ᄒᅶ졔ᅀᅵᆫ쟈디쳰씌ᄋᆡᅀᅵ쯔부큰환역ᄋᆡ사황쒀이워ᄎᅸ부치타라] (14) 그 위인이 죳치 못ᄒᆞ야 남의 돈을 쓰고 날ᄌᆞ를 ᄭᅳ을며 질겨 갑지 아니ᄒᆞ고 그짓말만 ᄒᆞ니 그름으로 내 그를 거들ᄯᅥ보지도 아니ᄒᆞ오.

勾當 ᄉᆞᄃᆞᆰ

你問問他幹的勾當可饒不可饒, 狗仗主人的勢横行霸道, 叫人可氣了不得。[니운운타ᄭᅡᆫ디ᄭᅻ당커ᄋᅸ〔ᅀᅸ〕부커ᄋᅸ〔ᅀᅸ〕ᄭᅻ장쥬ᅀᅵᆫ디싀헝싱빠ᄃᅶᄌᅸᅀᅵᆫ커치ᄅᅸ부더] (15) 네 무러보아라. 졔 ᄒᆞᆫ ᄉᆞᄃᆞᆰ을 가히 용서ᄒᆞ랴 아니ᄒᆞ랴 ᄀᆡ가 쥬인의 형셰를 밋고 횡힝ᄑᆡ도를 ᄒᆞ니 사ᄅᆞᆷ으로 ᄒᆞ야금 긔막힐 일이요.

妥當 타당ᄒᆞ다

據我看, 未必妥當, 平常我們背着人説起話來, 聽他的主意, 未必是肯的。[쥐워칸위세퉈당핑챵워먼베져ᅀᅵᆫ쒀치화ᄅᆡ팅타디주이위세씌큰디] (16) 날로 보면 일이 타당치 못ᄒᆞ오. 평일에 우리 남모르게 수쟉ᄒᆞᆯ ᄯᅢ에 그의 주의를 드르니 반다시 질겨 아니ᄒᆞ리다.

明白 명ᄇᆡᆨᄒᆞ다

你心裏明白, 喜觀〔歡〕我説, 不明白, 嘴裏不好意思説出來, 心裏不知怎麽罵我呢。[니신리밍ᄇᆡ싀환□□□□□□□〈워쒀부밍ᄇᆡ쥐리〉부ᄒᅶ이쓰쒀추ᄅᆡ신리부지즘마마워니] (17) 네 ᄆᆞᄋᆞᆷ에 명ᄇᆡᆨᄒᆞ면 내 말을 질겨 ᄒᆞᆯ 것이오.

---

① 빙졍거리다: 賣弄. 으스대다.

명ᄇᆡᆨ지 못ᄒᆞ면 넙으로은〔는〕 춤아 말을 못ᄒᆞᄃᆡ ᄆᆞᄋᆞᆷ에 엇더케 나를 욕ᄒᆞᆯ지 모로겟소.

擔待 ᄃᆡ졉ᄒᆞ다

我素日擔待你們, 得了意一點兒也不怕, 越發拿着我取笑兒了。[워쑤이〔스ᅵ〕ᄶᅡᆫᄃᆡ니먼더랸이이텐얼예부파워ᄲᅡ나저워취ᄽᅣᆫ얼라] (18) 내 평일에 너의들를〔을〕 다 졉히더니 득의ᄒᆞ야 조금도 두려워 아니ᄒᆞ고 덕욱 나를 우숨ᄶᅥ리로 아ᄂᆞᆫ뇨.

性急 셩급ᄒᆞ다

你太性急了。俗語兒說, 病來如山倒, 病去如抽絲。你只靜養幾天, 自然好了, 你越急越費事。[니ᄐᆡ싱지라쑤위얼쒀빙ᄅᆡ수ᄽᅣᆫ단빙취수챡스니즤징양지텐쯔산화라니웨지웨예스] (19) 네 너무 셩급ᄒᆞ다. 속담에 병 오기ᄂᆞᆫ 샨 무너진 것 갓고 병 가기는 실 ᄲᅩᆸᄂᆞᆫ 것 갓다 ᄒᆞ니 네 몃칠 한양ᄒᆞ면 쟈연히 날지라. 더욱 죠급ᄒᆞᆯ수룩 더욱 ᄋᆡ만 쓰오.

小器 져근 국양

你也忒把人看得小器了, 我又不是兩三歲的小孩子, 我有我的緣故, 你那裏知道呢? [니예터바신칸더쌴치라워역부쐬량싼쉐디쌴히쯔워역워디옌구니나리지단니] (20) 네 너무 남을 저근 국양으로 안다. 내 한두 ᄉᆞᆯ 먹은 아ᄒᆡ 아니어든 나는 내 ᄉᆡᆨ돍이 잇ᄂᆞ니 네 엇지 알이요?

圈套 소김 수단

我到了你們家幹錯了什麼不是, 你做這樣圈套, 要攆我出去了呢? [워단랸니먼쟈깐춰랸시마부싀니줘져양촨톼얀산〔녠〕워추취랸니] (21) 내 네 집에 와셔 무숨 잘못ᄒᆞᆷ을 힉길ᄂᆡ 이 갓튼 소김 수단으로 나를 ᄂᆡ몰고져 ᄒᆞᄂᆞ뇨?

口舌 구셜

你這一去了, 若〔要〕果然不再來, 倒也省了口舌是非, 大家倒還乾净了。[니저이취라얀궈산부ᄌᆡᄅᆡ단예싱랸커써싀예다쟈단히깐징라] (22) 네 ᄒᆞᆫ 번 가고 과연 다시 오지 아니ᄒᆞ면 도로혀 구셜 시비를 덜고 여러히 오히려 간졍ᄒᆞ겟다.

當家 셰간ᄉᆞ리ᄒᆞ다

你是個當家, 所以我來問你, 你額外照顧我們, 也是平常的事。[니싀거당쟈쒀이워ᄅᆡ운니니어왜쟌구워먼예싀핑챵디스] (23) ᄂᆡ가 셰간ᄉᆞ리ᄒᆞ기로 내 와셔 널더러 문ᄂᆞ니 네 ᄋᆡᆨ외에 우리를 돌보아 주미 ᄯᅩᄒᆞᆫ 평샹ᄒᆞᆫ 일이다.

算盤 쥬판

你這樣白化錢, 就打錯了算盤了。你打諒我們不知道你們府上的事

麽? [니저양빅화쳰쥐쏴춰랸솬판라니쏴량워먼부지단니먼왠샹디스마] (24) 네 이갓치 공연히 돈을 쓰니 곳 쥬판질 잘못ᄒᆞ엿다. 우리가 너의 집안일를 아지 못ᄒᆞᆫ다 료량ᄒᆞᄂᆞ냐?

照顧 돌보다

老爺這樣照顧我們, 我們再要不體上情, 天地也不容了, 請您放心罷。[랖예저양쟢구워먼워먼진얍부틔샹칭톈디예부융라칭닌뺭신바] (25) 영감이 이갓치 우리를 돌보아 주시니 우리가 샹경을 아지 못ᄒᆞ면 텬디도 용납지 못ᄒᆞᆯ지니 청컨ᄃᆡ 당신은 방심ᄒᆞ시오.

舒服 편ᄒᆞ다

好兄弟, 你起來好生睡覺罷, 只顧你一個人舒服, 我們就苦的了不得。[한쑹디니치릐한썽쉬쟢바즤구니이거인(신) 수푸워먼쥐쿠디랖부더] (26) 동싱 네 이러ᄂᆞ 잘 자거라. 담안 너 혼쟈 편키만 ᄒᆞ면 우리ᄂᆞᆫ 고싱이 한량업다.

夫妻 ᄂᆡ외

我生是你的人, 死是你的鬼。如今既做了夫妻, 終身我靠着你, 豈敢瞞過一字? [워썽씌니디싄쓰씌니디귀수진지줘랖푸치즁신워캎치니치싼만궈이쯔] (27) 내 사라도 네의 사ᄅᆞᆷ이오, 죽어도 너의 귀신이라. 즉금 부쳐가 되엿스니 죵신토록 내 너를 밋ᄂᆞᆫ지라. 엇지 일ᄌᆞᄂᆞ 기리요?

感激 감격ᄒᆞ다

大哥爲我操心, 我今天粉身碎骨, 感激不盡。您要多心, 我倒也對不起了。[다거위워챂신워진톈뻔신쇄구싼지부진닌얖둬신워닾예뒤(뒤) 부치라] (28) 형님 나를 위ᄒᆞ야 심을 쓰셧스니 오ᄂᆞᆯ 분신쇄골ᄒᆞᆯ지라도 감격부진ᄒᆞᆫ지라. 당신이 만일 다심ᄒᆞ면 내 도로혀 불안ᄒᆞ외다.

含糊 어름어름ᄒᆞ다

我們不是那心口兩樣的人, 說什麽是什麽, 沒有一點兒含糊。[워먼부씌나신컥량양디싄쒀시마씌시마메엳이뎬얼한훈(후)] (29) 우리ᄂᆞᆫ ᄆᆞᄋᆞᆷ과 닙을 두 모양 가지지 안닌지라 무엇을 말ᄒᆞ면 곳 무엇이니 조금도 어름더듬ᄒᆞᄂᆞᆫ 것이 업소.

受用 편히 밧다

兔死狐悲, 物傷其類了。我聽見那個話, 熬夜不能睡覽〔覺〕, 心裏狠不受用了。[투쓰후뻬우샹치레라워팅젠나거화앞예부능쉐쟢신리흔부쩍융라] (30) 토기가 죽으ᄆᆡ 여호가 울문 그 동유를 슬퍼ᄒᆞᆷ이라. 내 그 말을 듯고 밤ᄉᆡ도록 잠을 못자고 ᄆᆞᄋᆞᆷ에 편지 못ᄒᆞ오.

禍福 화복

俗語兒說，天有不測風雲，人有早夕禍福。這也是他的命該如此，我們不必操心了。[쑤워얼쒀톈여부쩌뻥윈신여좌시화의저예쓰타디밍기수츠워먼부쎄촤신라] (31) 속담에 ᄒᆞ기를 하ᄂᆞᆯ에 불칙ᄒᆞᆫ 풍운이 잇고 사ᄅᆞᆷ에 죠셕 화복이 잇다 ᄒᆞ니 이것도 져의 명이 그러ᄒᆞᆫ 것이라 우리ᄂᆞᆫ 걱정 ᄒᆞᆯ 것 아니외다.

搶白 핀잔주다

他不知天高地厚，信口胡說了，所以我看不過，就搶白了他幾句話了。[타부지톈잔디허신커후쒀라쒀이워칸부궈짓창버랴타지쥐화라] (32) 져ᄂᆞᆫ 하ᄂᆞᆯ이 놉고 ᄯᆞ히 두터운지 아지 못ᄒᆞ고 닙에 나오ᄂᆞᆫ ᄃᆡ로 함부루 말ᄒᆞ니 내 보다 못ᄒᆞ야 두어 마듸 핀잔주엇노라.

欺侮 만모히 넉기다

你打諒我是同你們老爺那麻好性兒，由着你們欺侮我，你就錯了主意了。[니짜랑워쓰퉁니먼랴예나마화싱얼여저니먼치무(우)워니직취랴쥬이라] (33) 네가 내 너의 영감의 그런 죠흔 셩미로 너의들 임의로 ᄒᆞᆯ 줄 료량ᄒᆞ야 나를 만모히 녀기니 네 쥬의를 그릇ᄒᆞ엿도다.

晦氣 불길ᄒᆞᆫ 운수

我今兒是那裏來的晦氣，都拼〔碰〕着你們氣頭兒上，白白的挨打受罵了。[워진얼쓰나리래디홰치두펑저니먼치터얼상비비디이짜서마라] (34) 내 오ᄂᆞᆯ 엇지ᄒᆞᆫ 불길ᄒᆞᆫ 운수로 너의들에 셩ᄂᆡ믈 만ᄂᆞ 공연히 어더맛고 욕을 먹엇노라.

撒嬌 아양 부리다

那街上賣酒的粉頭兒招手叫人，越發撒嬌，賺人家的錢。你別親近他罷。[나졔샹마이직디왠터얼좌서좌신워(웨)쌔샤쟈좐신쟈디쳰니베친진타바] (35) 져 거리 우에 슐 파는 ᄉᆡᆨ쥬가가 손짓ᄒᆞ야 사ᄅᆞᆷ을 부르며 더욱 아양 부려 남의 돈을 쎄아스니 너은(는) 그를 진근히 말지어다.

編造 지어ᄂᆡ다

那些個光棍們給我編造這些沒影兒的瞎話，吹到您的耳朵裏聽了。[나세거광군먼씌워펜좌저세메잉얼디쌰화취돠닌디얼둬리팅라] (36) 져 여러 건달들이 내게 엉터리도 업ᄂᆞᆫ 거짓말을 지어ᄂᆡ어 당신 귀에 불녀 드러갓소.

規矩 쟝졍 규모

你們這些人好沒規矩。這是什麽地方，你們在這裏混鬧，快離了我這裏呢。[니먼저세신화메귀쥐저

쐬시마디ᄬᅡᆼ니먼ᄌᆡ저리훈난쾌리랸워저리니] (37) 너의들 여러 사ᄅᆞᆷ이 ᄆᆡ우 규모가 업다. 이 어ᄂᆡ 디방닌데 네가 여긔셔 함부루 ᄯᅧ드니 쇽히 여긔에 ᄯᅧᄂᆞ가거라.

横竪 엇지ᄒᆞ던지

剛纔我説的話，你横竪心裏明白。我得了空兒，再來細細兒的告訴你説罷。[ᄭᅡᆼᄎᆡ워숴디화니헝수신리밍ᄇᆡ워더랸쿵얼ᄌᆡ릐싀싀얼디ᄭᅶ수니숴바] (38) 악가 내 ᄒᆞᆫ 말은 네 엇지ᄒᆞ던지 ᄆᆞ음에 명ᄇᆡᆨ히 ᄒᆞ여라. 내 틈이 잇스면 다시 와셔 셰셰희 네게 고ᄒᆞ마.

機會 긔회

你把東西帶了去罷，你又不是外人，我這裏有好機會，少不得打發人去叫你了。[니바둥시ᄃᆡ랸취바니엳부쐬왜ᄉᆡᆫ워저리엳핲지휘ᄊᅶ부더ᄶᅡ빼ᄉᆡᆫ취쟌니취(라)] (39) 너ᄂᆞᆫ 물건을 가지고 가거라. 네가 ᄯᅩ 외인이 아니니 내 여긔 죠ᄒᆞᆫ 긔회 잇스면 사ᄅᆞᆷ을 부려 너를 부르리라.

講究 ᄎᆡ(치)쟝ᄒᆞ다

外面還是這麽講究，不知裏頭苦了。 俗語兒説，人怕出名猪怕壯了。[왜멘ᄒᆡ쐬저마쟝ᄌᆡ부지리ᄐᆡ쿠라쑤위얼쒀ᄉᆡᆫ파추밍쥬파좡라] (40) 외면에 오히려 이갓치 치장ᄒᆞ되 속이 결단ᄂᆞᆫ 줄 모로니 속담에 사ᄅᆞᆷ은 소문ᄂᆞᆫ 것이 무셥고 도틔[①]ᄂᆞᆫ 살진 것이 무셥도다.

將就 그렁져렁

我在那兒可以將就過日子，都是他敬我，我敬他，從來没有紅過臉兒了。[워ᄌᆡ나얼커이쟝ᄌᆡ궈시쯔두쐬타징워워징타충릐메엳훙궈롄얼라] (41) 내 거긔 잇셔 가히 그렁져렁 놀자를 보ᄂᆡ니 도모지 제 나를 공경ᄒᆞ면 나도 져를 공경ᄒᆞ야 죵릐에 얼골 불킨 젹이 업노라.

打量 료량ᄒᆞ다

没良心的忘八崽子都是一條籐兒，左不過是你幹的，打量我不知道麽? [메량신디왕ᄲᅡᄶᅫ쯔두쐬이턒덩(텅) 얼줘부궈쐬니간디ᄯᅡ량워부지닾마] (42) 량심이 업ᄂᆞᆫ 자라 ᄉᆡᆺ기야 도시 ᄒᆞᆫ동알이라 좌불과 네의 ᄒᆞᆫ 소위니 내 아지 못ᄒᆞᆫ다 료량ᄒᆞᄂᆞᆫ냐?

教導 지도ᄒᆞ다

小孩子家慢慢的教導他，可是人家説的胖子也不是一口吃的。[ᄊᅶᄒᆡ쯔쟈만만디쟌닾타커쐬ᄉᆡᆫ쟈숴디팡즈예부쐬이컦치지(니)] (43) 어린 아ᄒᆡ은 찬찬히 지도ᄒᆞᆯ 것이

① 도틔: 猪. 돼지.

니 남의 말ᄒᆞ기를 퉁퉁ᄒᆞᆫ 사ᄅᆞᆷ이 한닙에 먹은 것이 아니외다.

機密 은근ᄒᆞᆫ□〈다〉

不管怎麽樣，我求您千萬别把這個事給漏出來罷，這是一件機密的事情。[부관즘마양워추닌첸완베바저거스씌럭추릭바저쒜이졘지메(미) 디스칭] (44) 엇지ᄒᆞ던지 불관ᄒᆞ고 당신게 청ᄒᆞ노니 천만 번 이 일을 누셜치 마시요. 이것이 ᄒᆞᆫ 은근ᄒᆞᆫ 일이외다.

刻薄 각박ᄒᆞ다

凡事也不可太刻薄，人家既肯認不是，也就罷了，怎麽老没完呢?[빤스예부커틱커반쉰쟈지큰쉰부쐬예쥐바라즘마랸메완니] (45) 범ᄉᆞ를 너무 각박ᄒᆞᆯ 쎄 아니니 남이 이믜 잘못ᄒᆞ엿다 ᄒᆞ면 ᄯᅩᄒᆞᆫ 고만이지 엇지 늘 ᄉᆞᆺ츨 ᄂᆡ지 아ᄂᆞᆫ뇨?

丢臉 무안ᄒᆞ다

你若是有撒謊騙人的事，叫人看破了，自己也很丢臉，没地縫兒鑽去了。[니약쐬여싸황펜쉰디스쟌쉰칸퍼라쯔지예흔듹렌메디뽱열찬〔촨〕 취라] (46) 네 만일 그진말ᄒᆞ야 남을 쇠기다가 남의게 들키게 되면 쟈긔가 ᄆᆡ우 문〔무〕안ᄒᆞ야 ᄯᅡᆼ 틈에도 수물 수 업소.

生氣 셩ᄂᆡ다

我昨兒個吃了酒，不知胡説了什麽，連自己也想不起來，怨不得你生氣了。求您恕我酒後無德罷。[워쥐얼거치랴직부지후쒀랴시마렌쯔지예샹부치릭원부더니썽치라취닌쑤워직후무〔우〕더바] (47) 내 어제 술을 먹고 메라구함부루 말ᄒᆞᆫ지 모로와 쟈긔ᄭᆞ지 ᄉᆡᆼ각이 안ᄂᆞ니 네 셩ᄂᆡᆫ 것이 괴이치 안타. 네게 청ᄒᆞ노니 내의 취ᄒᆞᆫ 후에 무덕ᄒᆞᆷ을 용셔ᄒᆞ라.

張羅 쥬션ᄒᆞ다

你不要在我跟前瞎張羅，竟管吃你的去罷。我可以隨便領你的情就是了。[니부얀지워끈첸쌰쟝뤄징관치니디취바워커이쉬벤링니디칭작쐬라] (48) 네 내 압헤 잇셔 공연히 주션 말고 다만 네ᄂᆞᆫ 먹으라 가거라. 나는 가히 ᄆᆞᄋᆞᆷ ᄃᆡ로 네의 듯을 밧ᄂᆞᆫ 것이 올다.

調唆 쐬이다

那些光棍們拿人家的青年子弟，調唆了窩娼局賭的事情了。[나셰광군먼나〔나〕신쟈디칭넨쯔디댜쒀랴워챵쥐두디스칭라] (49) 져 여러 건달들이 남의 청년 ᄌᆞ제를 계집의 집과 노름판에 일노 쐬이더라.

趁願 잘쿠선니

我拿你正經人，把我心裏煩惱的事告訴你聽，你反拿我取笑兒，很

趁願呢。[워나니쩡징신바워신리얜난디스쏸수니팅니얜나워취쌴얼흔츤원니] (50) 내 너를 정경훈 사룸으로 녀겨 내 심즁에 걱정되는 일을 네게 고소ᄒᆞ엿더니 도로혀 나를 우숩거리로 알고 쟈미잇셔 ᄒᆞᄂᆞ냐.

故意 부러

他不是不會做, 他故意兒的做得這麼樣了。我心裏有筭盤, 你那裏瞞得我呢? [타부씌부훼줘타구이얼디줘더저마양라워신리역쏸판니나리만더워니] (51) 제가 만들 줄 아지 못훈 것이 아니라 그가 부러 이갓치 만든 것이다. 내 ᄆᆞ옴에 료량이 잇ᄂᆞ니 네 엇지 나를 소기리요?

生疏 싱소ᄒᆞ다

我要到北京去一趟, 可是人地生疏, 而且言語又不通, 可怎麼好呢? [워얀돠베징취이탕커씌인〔신〕디쎵수얼체옌위역부퉁커즘마화니] (52) 내 북경에 훈 번 가고져 ᄒᆞ되 그러ᄂᆞ 인지가 싱소ᄒᆞ고 또 언어를 불통ᄒᆞ니 엇지ᄒᆞ면 됴킷소?

冒昧 몽미히

咱們看得好面善, 不知道在那兒會過。不敢冒昧稱呼, 不成敬意得很。[자먼칸더화몐샨부지단직나얼훼귀부깐만메쳥후부청징이더흔] (53) 우리 보믹 낫치 믹우 익되 어딕셔 맛ᄂᆞᆫ는지 모로와 감히 몽미히 부를 수 업스니 실경ᄒᆞ기를 딕단ᄒᆞ오.

體諒 아라주다

你這麼個明白人, 一時半刻就不會體諒人情, 叫他勉强做一個東道, 這不是牛不喝水强按頭麼? [니저마거밍빅신이시얜커직부휘트량신칭잔타멘창줘이거둥도저부씌ᄂᆞ부허쒀〔쒸〕챵안틱마] (54) 네 이러훈 명빅훈 사룸이 인정을 아라주지 못ᄒᆞ야 억지로 그더러 음식을 닉라 ᄒᆞ니 소가 물 먹기 시른데 억지로 머리를 둘너딕리요?

體己 아람치①

你現在這樣高興, 好容易說得包辦酒席, 赶到了找出你的體己霉爛的銀子來, 你還後悔也不及呢。[니쏀지저양꼬싱화융이쒀더반판직쇠싼닶랸쟌추니디티지메란디인쯔릭니히학홰예부지니] (55) 네 현직에 이갓치 흥치가 잇셔 믹우 용이히 쥬셕일 판비ᄒᆞ마 말호딕 네의 아람치 썩은 돈을 ᄭᅥᆫ닐 ᄯᅵ에 후회ᄒᆞᆫ들 밋지 못

① 아람치: 體己. 개인이 사사로이 차지하는 몫.

ᄒᆞ리라.

扎掙 간신히

我打昨兒害了感冒, 覺着頭疼, 渾身酸痛。今兒早起扎掙着起來做了幾個話條子, 上學堂裏來了。[워ᄶᅡ줘일〔얼〕ᄒᆡᄅᅸ깐ᄆᅶᄌᅸ저투텅훈신솬통진얼ᄌᅸ치ᄶᅡ징저치ᄅᆡ줘ᄅᅸ지거화ᄐᅸ쯔샹쒀당리ᄅᆡ라] (56) 내 어제붓터 감긔가 들어 두통이 ᄂᆞ고 혼신이 압파 오ᄂᆞᆯ 아ᄎᆞᆷ에 간신이 이러ᄂᆞ셔 멧 마듸 말를〔을〕 지어 가지고 학당에 올너왓노라.

標緻 얌젼ᄒᆞ다

一個姑娘剛纔起這兒過, 不知道是誰家的, 長得標緻, 又打扮得好看。明兒不知那一個有福的, 消受這樣的好媳婦呢。[이거구냥ᄶᅡᆼᄎᆡ치저얼궈부지ᄃᅶ씌쉐쟈디쟝더ᄇᅸ즤ᄋᅾᄶᅡ빤더화칸밍얼부지나이거ᄋᅾᄫᅮ디ᄉᅸ숴저양디화싀ᄫᅮ니] (57) 한 쳐녀가 악가 이로 지ᄂᆞ는데 뉘 집 쟈녀인지 아지 못ᄒᆞ되 ᄆᆡ우 얌젼ᄒᆞ고 치장도 잘 ᄒᆞ엿스니 내일 아지 못게라. 어늬 유복ᄒᆞᆫ 사ᄅᆞᆷ이 이러ᄒᆞᆫ 안ᄒᆡ를 취ᄒᆞᆯ고.

惦記 ᄉᆡᆼ각ᄒᆞ다

見一個愛一個的毛病, 你多咱纔改了呢? 你這樣牽腸挂肚的惦記着他, 明兒我可以給你做一個保山。[졘이거ᄋᆡ이거디ᄆᅶ빙니둬쟌ᄎᆡᄊᆡᄅᅸ니니저양쳰창꽤〔과〕두디덴지저타밍얼워커이씌니줘이거ᄇᅸ싼] (58) 이것을 보면 이것을 사랑ᄒᆞᄂᆞᆫ 병을 네 언제ᄂᆞ 곳치긴노? 네 이러케 간장이 말ᄂᆞ 그를 ᄉᆡᆼ각ᄒᆞ니 내일 내 가히 네게 ᄒᆞᆫ 즁ᄆᆡ 드러주마.

賭氣 심술ᄂᆡ다

他在衆人裏頭說得論七八叫, 胡吹混謗。我忍不過搶白了他, 他就賭氣不答應睡覺了。[타ᄌᆡ즁ᅀᅵᆫ리투쒀더룬치ᄲᅡᄌᅸ후취훈팡워ᅀᅵᆫ부궈창ᄇᆡᄅᅸ타타쥐두치부다잉쉐ᄌᅸ라] (59) 제가 즁인 즁에 이리저리 ᄒᆞᆷ부루 말ᄒᆞ니 내 ᄎᆞᆷ다 못ᄒᆞ야 그를 ᄑᆡᆫ잔주엇더니 그가 곳 심술이 ᄂᆞ서 ᄃᆡ답지 안코 누어 잔다.

淘氣 작난치다

你是個孩子沒出息, 整天家在外頭淘氣, 好像沒籠頭的馬了。那裏在家一天安分守己的做工課呢? [니씌거ᄒᆡ쯔메추싀쪙톈쟈ᄌᆡ왜투ᄐᅸ치화샹메룽투디마라나리ᄌᆡ쟈이톈안ᄫᅮᆫ셔지디줘궁쿼니] (60) 너는 어린 아ᄒᆡ라 지각이 업셔 왼죵일 밧게셔 쟉ᄂᆞᆫ치니 구레 버슨 말과 ᄀᆞᆺ튼지라 어늬 하로ᄅᆡ도 집에 잇셔 안분수긔ᄒᆞ고 공부를 ᄒᆞ겟ᄂᆞ노?

客氣 톄면 부리다

我不是請大客，特意爲您預備便飯。您在這兒不要客氣，儘您的量兒喝幾鐘〔盅〕酒罷。[워부씌칭다커터이위닌위쎼폔빤닌ᄌᆡ저얼부약커치진닌디량얼허지즁쥐바] (61) 내 ᄃᆡᄀᆡᆨ을 쳥홈이 아니요. 특이 당신을 위ᄒᆞ야 진지를 예비ᄒᆞ엿스니 네 여긔셔 톄면 보지 말고 당신 량ᄃᆡ로 몃 잔 술을 잡수시오.

興旺 흥왕ᄒᆞ다

大事化爲小事，小事化爲没事，真是興旺的家。若〔要〕是一點兒小事，就這樣亂騰起來，也不成道理啊。[다스화위쌰스쌰스화위메스쓴씌싱왕디쟈약씌이뎬얼쌰스ᄌᆡ우저양롼텅치릭예부청닾리아] (62) 큰일은 져근 일노 만들고 져근 일은 일업시 만들면 춤 흥왕ᄒᆞᆫ 집이라. 만일 좀 젹은 일을 이갓치 ᄡᅧ드러ᄂᆞ면 ᄯᅩᄒᆞᆫ 도리가 아니외다.

懸心 걱정되다

我爲這件事日夜懸心，竟管搓手跺脚的捱過日子，也不敢告訴別人聽，唯有燈知道我的心罷了。[워위저졘스ᄉᆞ예쏀신징관춰숴둬쟌디이궈ᄉᆞ쯔에(예)부깐샾수베신팅우(위)역덩지닾워디신바라] (63) 내 이 일노 위ᄒᆞ야 주야 걱정되여 숀을 부비며 발을 구루면셔 일ᄌᆞ을 보ᄂᆡ되 감히 타인의게 고치도 못ᄒᆞ고 오작 등잔불이 내의 ᄆᆞᄋᆞᆷ을 아노라.

討嫌 귀챤케 굴다

你們老爺既托我，我就説不得討你們的嫌了。我可比不得你老爺的好性兒，由着你們去。[니먼랖예지퉈워워ᄌᆡ우쒀부더톼니먼디쏀라워커비부더니랖예디핲싱얼역저니먼취] (64) 너의 영감이 이믜 내게 부탁히쓰니 내 곳 엇지 ᄒᆞᆯ 수 업시 너의들에 구챤아 홈을 밧겟다. 나는 너의 영감의 죠흔 셩미로 네 ᄆᆞᄋᆞᆷᄃᆡ로 ᄒᆞᄂᆞᆫ 것과 ᄀᆞᆺ지 안노라.

折磨 가라 마시다

他無緣無故的，恨得牙癢癢兒的，要折磨了我。我實在有冤無處訴了。[타우옌우구디쏀(흔)더야양양얼디약제머랖워워시ᄌᆡ역웬우추수라] (65) 제가 ᄭᆞ닥 업시 미워ᄒᆞ야 니를 갈면셔 나를 가라 마시랴 ᄒᆞ니 내 실샹 원통ᄒᆞ야 호소ᄒᆞᆯ 곳이 업노라.

折變 판심ᄒᆞ다

他欠人家的錢，所以被人告狀打官司，由不得把他的東西都折變了。現在他家裏不過是舊日的空架子了。[타쳰신쟈디쳰쒀이피신샾좡ᄯᅡ관스역부더바타디둥시

두제벤라쎈ᄌᆡ타쟈리부궈씌쥐ᅀᅵ디쿵쟈쯔라] (66) 졔 남의 돈을 져셔 그름으로 남의 소지를 만ᄂᆞ 송샤를 ᄒᆞᄆᆡ 부득이 제의 물건을 판심ᄒᆞ야 현ᄌᆡ에 그 집의 옛놀 빈 시렁밧게 업습니다.

違拗 어긔다

勿論什麽事, 可要依着我行。若是違拗我半點兒, 管不得誰是有臉的, 誰是没臉的, 一例清白處治了。[우룬시마스커얖이저워싱얖씌웨얖〔왇〕워얜덴얼관부더쉐씌여렌디쉐씌메렌디이레칭빅추지라] (67) 무슴 일을 물논ᄒᆞ고 가히 내의 말ᄃᆡ로 힝ᄒᆞ라. 만일 반뎜이라도 틀이면 뉘가 면이 잇고 뉘가 면이 업ᄂᆞᆫ지 불관ᄒᆞ고 일체로 청빅히 쳐치ᄒᆞ겟소.

索性 ᄆᆞ음ᄃᆡ로

你在我的跟前越發逞臉了, 索性望我動手動脚了, 你打諒我是那麽好性兒, 你錯了主意了。[니ᄌᆡ워디끈쳰웨빠청렌라쒀싱왕워둥쇼둥쟢라니따량워씌나마햪싱얼니춰랴주이라] (68) 네 내 압혜 잇셔 쌘ᄉᆞᄒᆞ야 ᄆᆞ옴ᄃᆡ로 내게 손지금ᄒᆞ니 내 그러ᄒᆞᆫ 죠흔 셩미로 요량ᄒᆞ면 네 쥬의를 잘못ᄒᆞ엿다.

打架 분경치다

你們是怎麽着, 又這様弄性打架起來了? 如今把事情從頭至尾都説開了, 再問我的不是, 還不遲呢。[니먼씌즘마져역저양룽싱ᄶᅡ쟈치ᄅᆡ라수진바스칭충뤄지위두쒀캐라ᄌᆡ운워디부씌ᄒᆡ부지〔치〕니] (69) 너의들이 엇지 또 심술부려 야단치ᄂᆞ뇨? 즉금에 사정을 죵두지미로 다 말ᄒᆞ고 다시 내의 잘못을 문ᄂᆞᆫ 것이 오히려 늣지 안타.

打仗 젼쟁 나다

前幾年日露打仗的時候, 興師動衆, 大炮的聲兒, 天翻地覆的鬧得謊〔慌〕, 實在聽不慣的。[쳰지넌ᅀᅵ루ᄶᅡ장디시헉싱스둥즁다퐌디싱얼텐앤디뿌디놔더황시ᄌᆡ팅부꽌디] (70) 년젼 일로 젼쟝ᄒᆞᆯ ᄯᆡ에 통병을 ᄒᆞ여 ᄃᆡ포 소ᄅᆡ가 텬디를 진동ᄒᆞᄂᆞᆫ ᄯᅥ드ᄂᆞᆫ 소ᄅᆡ 실샹 드를 수 업습듸다.

皺眉 눈살 집푸리다

你這麽個爽快的人, 還有什麽皺眉的事, 不肯説出來呢? 只管告訴我, 我管保你遂心如意就是了。[니저마거샹〔솽〕쾌디싄ᄒᆡ역시마쭤메디스부큰쒀추ᄅᆡ니ᄌᆡ관샾수워워관봐니쉬신수이쥐씌라] (71) 네 이러ᄒᆞᆫ 샹쾌ᄒᆞᆫ 사ᄅᆞᆷ이 무슴 눕셥 집푸일 일이 잇셔 질기여 말ᄒᆞ지 아니ᄒᆞᄂᆞ뇨? 다만 내게 고ᄒᆞ면 내 너를 ᄆᆡᄉᆞ 여의ᄒᆞ게 담보ᄒᆞ여 주리라.

吃醋 식암닉다

邦〔那〕個人也筭是標緻人物, 可是心裏有點兒毛病, 看別人的好處, 他很吃醋, 笑裏藏刀, 容不得下人的。[나거싀예솬의뱌의싀우커의신리역뎬얼막빙칸베싀디화추타흔치추쏘리챵닥융부더싸싀디] (72) 져 사름은 얌젼훈 인물이라 흐딕 그러누 므음에 좀 험이 잇셔 타인의 잘흐는 곳을 보면 곳 식얌을 닉여 우숨에 속에 칼을 감초아 하인 용납지 못흐오.

趁早 진작

老兄到底有什麽病根兒, 也該趁早認真醫治, 小小的年記〔紀〕倒作下個病根也不是頑的。[랖쓩닥디역시마빙근얼예긔츤쟌싄쯘이지쌴쌴디녠지닥쥐싸거빙근예부의완디] (73) 로형 딕져 무숨 병근이 잇는지 응당 진작 의치홀 것이요, 졀무신 년긔에 도로혀 병근을 두는 것은 시렵슨 일이 아니외다.

辜負〔負〕 져버리다

他既不請我們, 單請你, 可知是他歡天喜地的叫你閑談閑談。別辜負〔負〕了他的心, 倒該過去纔是了。[타지부칭워먼단칭니커지의타환텐시디디쟌니쏀탄쏀탄베구뿌랴타디신닥긔궈취치의라] (74) 제 이믜 우리를 청치 안코 다만 너를 청흐니 가히 알괘라. 그 사름이 질겁게 널노 더부러 한담흐쟈는 것이니 그 므옴을 져버리지 말고 가는 것이 올타.

斯文 졈잔타

他是個斯文人家, 勿論凡事想得周到, 没有一點兒刻薄的, 按着脚下看, 也是沽名鈞〔釣〕譽的好法了。[타의거스문(운)싄쟈우룬빤스샹더쥐닥메역이뎬얼커밧디안저쟌싸칸예의구밍댜위디화빠라] (75) 져는 이 졈즈는 집 사름이라 범스를 물논흐고 싱각흐기를 두루흐야 조금도 각박홈이 업스니 현직로 보면 명예를 취흐는 방법이외다.

預備 흐다

勿論什麽事都預備着想不到的地方, 若〔要〕是臨渴掘井也不中用了, 所以用心的人, 没有什麽完不了的事呢。[우룬시마스두위쎼저샹부닥디디빵야의인(린)커쥐징예부즁융라쒀이융신디싄메역시마완부먀(랴)디스니] (76) 무숨 일을 물논흐고 다 싱각지 못흐는 곳을 예비흐누니 만일 임갈굴졍훈들 쓸딕엽는지라. 그럼으로 용심흐는 스름은 무숨 맛치지 못흐는 일이 엽사외다.

華語問答

第一章　初次相會

没領[링]教您哪。
不敢當。
請教貴姓?
豈敢, 賤姓李。
貴台甫?
草字友梅。
請教官印[신(인)]?
我名字叫用周。
貴處是那一國?
弊處是朝鮮京城。
先生今年高壽?
我還少哪, 今年三十五歲了。
久聞大名, 實在仰[양]慕[무]得很。
彼此一樣。
貴寓[위(유)]在那兒住着了?
小寓在前門外頭天成店裏住着了。
貴昆[쿤]仲幾位?
我們弟兄三個。
尊行[항]排[페]幾?
我居長。
恭喜在那兒?
我在天道教總部當差使。
閣下初次到這兒來麽?
我從前來過一趟了。
現在是有甚麽公幹?
我們本教裏派[픠]我來了, 求您還要指[즤]教。
好説您納, 少弟該當教勞的了。
天不早了, 我要告暇。
忙甚麽? 再坐一坐罷。我要陪[페]您吃晚飯了。
我實在有點兒俗[쑤]事, 再來請安。
那麽, 我倒不敢深留您了。
别送别送, 請留步。
不送不送, 候乘[칭]候乘。
磕[커]頭磕頭。

第二章　再次相會

咱們這一向没見, 今天特意來拜訪。
不敢當, 勞兄台的駕了。
今兒幸得相會, 實在是有緣哪。
蒙[멍]您的擡愛, 我心裏感[싼]激[지]不盡了。
你們府上諸位都好呀?
托福倒大好了。

這幾天公事忙不忙?

倒很忙, 每天叫事情絆[빤]着, 老没得工夫給您謝步去。

那兒的話呢? 您公事忙, 差使又緊, 誰還不知道呢。

承您體諒了, 今天是禮拜, 所以我在家裏有點兒閑空。

這兩天, 天氣太熱[식], 早〔早〕晚兒凉一點兒。

是趕到晌午太陽晒得利害, 不能出門了。

我來和您商量, 咱們逛一趟去。

打算上那兒逛去呢?

我的意思是要上西山逛去。

到西山逛去倒不錯。

咱們可以多咱去呢?

您的意思是打算多咱去好呢?

我那天都行, 只要您多咱有工夫兒, 咱們就去。

那麽咱們下次禮拜去罷。

我回去了, 改天再見。

第三章 久别相會

老兄久違。

渴[커]想渴想。

您到了幾天了?

我到了纔兩天。

您上回來, 我簡[젠]直[지]的不知道。

是我上回到京, 纔三天就回去了。

是怎麽回去的那麽快呢?

是因爲接着家信説家母病了, 所以我赶緊的回去了。

現在令堂老太太倒大好了。

是我到了家, 不多幾天就好了。

我聽見説, 您上回回去的那麽快, 不知道什麽緣故, 現在我纔明白了。

我這回來, 您是怎麽知道的?

那我是聽悦來店掌櫃的説。

我本打算一兩天到您府上去, 想不到您倒先瞧我來了。

咱們這樣兒的交情還拘甚麽禮呀。

這實在老兄恕[쑤]我罷。

那兒的話呢, 您這趟是爲甚麽來的?

是因爲辦功名的事情。

辦的有了頭緒[수〔쉬〕]了麽?

還没頭緒了, 等一兩天我再來告訴您説。

是了。

第四章 歡迎請客

昨兒聽説您到京, 我所以來望看您納, 您一路都很好呀?

好, 托福, 一路都很平安, 我本應當先到您府上去, 就因爲昨兒晚晌纔到的, 一切行李還没歸着好了, 請您恕我, 改日再去。
那倒不敢當, 我還預備一杯薄酒給您接風, 您千萬别推[퉈]辭[츠]。
您别費心, 我這是初次到京, 該去的地方實在多, 我先心領就是了。
那麽過些日子也可, 您這回因爲甚麽事回京來?
是因爲我家老爺奉旨陛見, 現在又留京内用了, 所以把家眷[좬]接來了。
您這是由水路來的是由旱路來的?
有時候兒起旱路, 有時候兒坐船, 好在現時輪船鐵路都很方便。
那麽您在路上走了多少天?
我們在路上一共走了二十多天。
您這一路的辛苦也不少阿。
在旱路上我們接着站走, 公館一切都有人供應伺[츠]候, 没甚麽受了罪, 就是到了水路, 可真了不得。
怎麽您暈[윈]船麽?
我暈的利害, 三四天没能吃東西, 簡直的嘔[삭(악)]吐的是要死的樣子, 好容易盼[펀]到進了口了。
我到没這個毛病。

第五章 紹介朋友

今兒是甚麽風兒吹你來了?
我是夜猫子進宅, 無事不來。
别瞎咧咧了, 抽[추]烟喝茶罷。
我請問你, 咱們那位朋友金海山, 您記得麽?
我到忘了是那位?
您細細兒的想一想。
我簡直的想不起來了, 你提[티]醒[싱]我罷。
您實在是貴人多忘事, 您那位貴同年, 他上回進京不是和您同船來着麽? 怎麽您倒忘了呢?
不錯, 我想起來了, 咱們有好些年没見了。他好呀? 他是多咱來的?
他是昨天到的。
現在住在那個店裏了?
他就住在我住的那個店裏了。
他和您提我來着麽?
可不是麽, 他叫我先帶個好兒來, 過兩天, 他還要來拜您哪。
不敢當, 您知道他是打那兒來的?
我問他來着, 他説, 他是打外國回來。
那麽他在這兒還得盤[판]桓[환]幾天了罷?
也没什麽大耽[단]誤[우], 不過住上個十天半個月就要起身的。
那我還要去拜望他呢, 請您回去, 先替我請安問好罷。
我替您説就是了, 赶過幾天咱們找

個地方把他請來, 說一天話兒, 您想好不好?

邢〔那〕更好了。

第六章 謝友餽食

前次叫您費心, 今兒特意來謝謝您哪!

那實在多禮, 這麽點兒東西, 您還提在話下?

您從外頭帶來的不多, 您留自己用就得了, 您還惦[뎬]記着我。

送了去的實在拿不出手, 不成敬意的很。

那兒的話呢! 您都是上那兒游玩去了呢?

我是隨我們老爺到南邊幾省玩了一趟。

去的日子不少罷?

敢情是不少, 有四五個月的光景。

那邊兒風景很可觀罷?

是, 那邊兒比這邊兒强多了, 有些個名勝[셩]地方。

您没到北邊兒去過麽?

您别提了! 有一年, 我隨同我們老爺, 到八達嶺逛了一趟, 回頭又到十三陵, 受的那個罪, 真是一言難盡。

是怎麽呢?

不說别的, 單說住店一層, 連一個乾净店都没有, 將就着, 找了一個店住下了, 等〔等〕到夜裏, 臭蟲都出來了, 有成千動萬的那麽些個, 咬的我正宿[삭]不能睡覺了。

您没帶着帳子去麽?

我是帶着帳子來着, 若不然更了不得了。

這樣事情, 實在叫人没法子。

南方不這麽樣罷?

南方稍[챤]微〔微〕[위]的强些兒, 還有幾處很好的地方兒。

第七章 托友事情

你這程子, 没找咱們那位朋友去麽?

我去找了他三趟了。

到底見着了没有?

昨兒個纔見着他了。

是在他家裏見着的麽?

我到他家裏去了两趟, 他都没在家。昨兒個我打衙門裏去, 見着他了。

你没問他那件事怎麽樣了麽?

我問他來着, 他說還没辦了。

怎麽這些日子他還没辦呢?

他說他這程子很忙，没能找那個人去。
他甚麽事這麽忙啊？
他說近來衙門裏，有三件要緊的案得趕緊審的。
你知道是什麽要緊的案呢？
我聽說，一件盜案两件命案。
他既然這麽忙，怎麽也不來告訴咱們知道的呢？
他總是因爲官差忙，騰不開身子來。
那麽他得多咱纔能忙完了呢？
巧了，得過個十天八天的罷！
那麽你今天晚上去問問他，若是他打發別的人找那個人去，行不行？
悠〔您〕說的也是，若是打發別的人去行。
那自然更好了。

第八章 告別辭意

我要回國去一趟。
您多咱要回去呢？
我就在這三五天要動身。
您回去是有什麽事情？
我是因爲在外頭好些年了，總没回家去。現在家裏有點兒事情得回去一趟。
你約摸着大概多咱可以來呀？
現在還不能一定了。
怎麽不定呢？是還打筭在貴國設立甚麽別的事麽？
我回去是招股份開個公司，後來還要在上海設[𠕇]立分行。
您招股份是竟招貴國人哪，是還招外國人呢？
要是本國人的股份都招滿了，那就不用招外國人了。要是不滿，還打筭招中國人入股哪！
那時候，您若是願意，我幫着您招股子。我可以給您辦辦。
那敢自很好了！就怕您不肯辦，既然肯辦這個，那是求之不得的。
那兒的話呢！您回國之後，可以先給我一封信，我好給您效勞。
就這麽辦，聽我的信罷。
好，咱們後會有期。
費心費心。
我静候佳音就是了。

第九章 賀友陞〔陞〕任

聽說您家老爺升出外任去了。我今天我特意來給您道喜來了。
不敢當，實在勞駕的很。
我這是一點兒送行的薄儀，千萬您

賞收，别推辭。
您這實在費心得很，我可不敢承領。
您若是不收下，就是嫌[쎈]這禮太薄了。
您若是這麼説，一定推却是不恭了，我就勉强領了就是了。
那兒的話呢！
明兒我家老爺到貴館辭行去，再親身給您道謝。
那倒不敢當。您家老爺起身，您也隨同一塊兒去麼？
不，我家老爺先得到省裏去。
啊，到省裏去就可以到任麼？
是，到省裏去就可以到任。到任之後，纔能來接家眷[좐]哪！
那麼，一切行裝都預備齊[치]截[제]了麼？
也没甚麼，筭是都歸着齊截了。
您走後，像您這些傢伙，都安置那兒去呢？
我想這些東西都寄放我們親戚家，以後再回來的時候兒，用之好方便。
是，這個主意不錯。
現在什麼都不短[돤]了，就是還短一個跟班的。您意中有妥當人没有？求您給我舉[쥐]薦[젠]一個人來。
是，這件事等我回去細細兒的想一想。誰合式，找給您打發一個來就是了。
那麼費您心罷。

第十章 過綢緞〔緞〕鋪

寶鋪多咱開的？
前幾個月開的賬[장]。
您一個人開的麼？
和朋友搭夥開的。
今年買賣好不好？
生意還筭可以的。
今年的行[항]市[싀]怎麼樣？
行市又長[챵〔장〕]又落不一定。
我要買幾疋山東紬〔綢〕，又尺頭兒的綢[쥐]緞〔緞〕[돤]。
我有好幾樣兒山東紬〔綢〕[칙]，您要什麼樣兒的？
你把樣子拿來給我瞧瞧。
這是個樣子，儘您的心兒挑一挑罷。
這個不合式〔式〕，身子薄一點兒，又没光潤[순]。
您説這個不好〔好〕，到底要做什麼材料的呢？
就是夏天穿的，做外國衣服的材料了。
我纔知道了，那紬〔綢〕面有幾條

青綫[쎈]的。
可不是那個麽!
您看看這個,對不對?
對了,價錢怎麽樣?
價錢不筭大,十五塊錢一疋。
價錢真是大一點兒,我可買不了。
您聽着價錢彷彿是太大,您不知道那東西可是頂好。
東西雖好,到底也值不了那麽些個。
那可難設了。現在市上的貨很短,所以行[항]情一直的往上長。這個價錢并不是設謊[황]價。
俗語兒説的,帽子没有一尺來高,貴了也有限的。您給我减一點兒罷!
您看看我們店裏那個牌子罷。言無二價,少了一個錢,斷不敢賣。
聽見你們寳字号,特意找你的店裏來了。比别人買賣的,還便宜些兒,這筭是不誤主顧的意思了。
咱們不是交過一回两回了,雖然我賠一點兒,賣給您十三塊錢罷!
那麽,我給您十塊現錢,那剩[셩]下的就賒[써]賬,這個月底到了我家裏來領就是了。

第十一章 過鐘表店

我要買一個金表。
這兒有從外國新到的金表。
都是捻把兒上弦的麽?
也有用鑰[얀]匙[츼]上弦的。
我還是愛用鑰匙上弦的。這殼[쟈]套是什麽的?
殼套都是純金的。
這是那一國做的呢?
都是法國做的。
我問你,價錢怎麽樣?
價錢是一百塊錢。
價錢太貴。有什麽便宜的没有?
像這麽好的表,這個價錢就筭是便宜的。我還告訴您説,若是您帶這個表去,多咱有快慢的毛病,您竟管給退回來,我們决[궤]不能不認[쉰]的。
你們可以保多少年呢?
我們可以保十二年。
我這個買不了,還有比這個便宜點兒的没有?
有,您瞧這兒。有好幾樣兒平常帶的表,價錢都不大。
這幾樣兒表,大概都是怎麽個價錢呢?
就是從十塊錢到十五塊錢,不一樣。
我看這瓤[양(상)]子都是粗[추]一點兒,不大很結實似的。
若是比您剛纔要買的,自然顯着粗

一點兒了。可是，若論平常帶的表，這瓢子還筭是結實的了。
我托您，把我帶的這個表交給鐘表匠，給收拾收拾。
這個表，怎麽様？
大概是油泥厚了，得擦一擦罷。
這個表是多咱擦的油泥？
起到了我手裏，還没擦過一回了。
您是多咱買的？
我是前年買的。
是在貴國買的麽？
不是，在弊國買的。是我前年到香港去買的。
等這個表收拾好了，就給您筭多少塊錢。
換給我你的一個新表，行不行？
那好，給您辦辦，没有什麽不行的。

第十二章 見裁縫人

我叫你找的裁縫，你找來了麽？
早就 我〔找〕來了。
你怎麽不早告訴我呀？
我見老爺手底下有事，所以没敢告訴您説。
那麽，你出去把他叫進來。
老爺，他就是裁縫。
你的成衣鋪是在那兒啊？
我的成衣鋪就在這大街上。
你給這院裏老爺們做過活了麽？
先頭裏，我常到這院裏做活來。
我怎麽總没瞧見過你呀？
老爺您忘了，上回我在北屋裏給那位客人做活來，您不是還和我説話來着麽？
不錯，我想起來了。我現在找你來是要做一件大棉襖[오]。
材料您都買了麽？
綢子我都買了，棉花是叫跟班的，等晚上買了給你送了去。
您把尺寸都開出來了麽？
這是我開出來的尺寸單子。
那麽，我先把綢子拿了去裁[예]出來。
袖子是比我這個單子，寬一點兒罷。若是窄了，穿不得的。
我知道了，様子是照時興兒做就是了。
這回你若是做得好，我可以給你定一個主顧了。
托老爺的福，我們鋪子裏可以發財了。
給你這綢子，得多咱可以得？
五六天就可以做得了。
不能早兩天得麽？
若是您等穿，也可以早得。
你趕緊的給做罷，越快越好。
是了。

第十三章 要賃房屋

你租[주]妥[퉈]了房子了麽?

瞧了好幾處，不是房錢大，就是房子不中意。

好房子房錢自然是貴的。你打筭是長住啊，是暫[잔]住呢?

若是房子可心，自然可以長住。若是不大好住就住幾個月，又往別處搬[싼]，也不一定。

我們緊街坊，有一所兒房子要出租，現在正閑着哪!

是個新蓋的麽?

是個纔新蓋的，還没人住過了。

向那一方呢?

南朝。

有多少間房子?

有三十多間房子。

那麽着很好了，可是你知道一個月是多少房錢麽?

我記得什麽每月二十塊錢，另外一百來塊錢的押租，可不大很詳細了。

您順便跟那房東打聽明白，行不行?

那倒好辦。您若是不忙，可以在這兒坐一會兒罷，我這就給您問問去。

勞駕勞駕。

我找着房東打聽，可不是那樣錢呢!

房子是聽得還筭可以的。可是，二十塊錢的房錢太多。

您聽着這房錢，彷彿是太多。您不知道，那房子可是頂好。院子又大，地勢又好，離大街也近，買東西也很方便。

那麽，我租那房子還有茶錢麽?

那茶錢自然是有的。

我們不過是两口子，還有一個丫[야]鬟[환]，所以住不了那麽些間。

除了您自己住多少間，下剩多少間您可以轉租給別人住。

那麽，我就是包租了?

不錯，您包租。

我包租，我又怕一時租不出去，我每月得如數給房東房錢。

我想那層[청]倒没什麽可慮[뤼]的。脚下，房子往外租着很容易了。

那麽，咱們一两天到了那兒看看。

是，一两天準見。

第十四章 過料理店

今兒個，咱們這幾位朋友没什麽事，要找個地方談一談。

您知道這左近，有什麽好飯館子汲〔没〕有？

就在這南邊□〈兒〉不遠，有一個新開的飯館子，屋子也廠〔廠〕亮，弄的菜也很好。

那個館子字號是甚麽？他賣的是整桌的酒席呀，還是零要也可以呢？

字號是麗華園。整桌的酒席也預備，散要也可以。那都是隨客座兒上的便。

那麽，咱們就走罷。

我想咱們不是請大客，不過是吃個便飯，還是斟[쓴]酌[줘]着散要倒好罷。

不錯，散要倒還便宜些兒。咱們到了那兒，瞧一瞧有什麽可吃的菜，大家斟酌着要幾樣兒罷！

辛苦掌櫃的，給我們找個清静地方兒，爲得是我們可以得說話。

有，請老爺們到樓上，有單間兒屋子，很乾净。

老爺們是還等人哪，就可以用飯呢？

我們人都來齊[치]了，你們有菜單子拿來給我們瞧瞧。

這菜單子上的菜，還不齊[치]全[촨]。我們另外還有新様兒菜没上單子哪。

那麽，這幾樣兒菜，不分先後，甚麽先得，就可以上來罷！

你們可以赶緊的弄罷，別要叫我們挨[이]餓[어]。

急了。

第十五章 過料理店續

你們店裏整桌的是什麽？

整桌的都是八大碗，四冷葷。另外愛添[텐]甚麽小吃兒，那是隨便再要。

那麽零要呢？

那是人喜歡吃甚麽東西，隨便叫我們現做。

有頂好的真個燕窩、魚翅[츠]没有？

巧了，那兩樣兒東西，因爲這兩天下雨都化完了，現在還没預備好哪。

海參鮑魚是怎麽樣呢？

都有。您要什麽，有什麽，没有不現成的。老爺們只管吩咐。

先頭裏，我們要一碗炸[쟈]油鷄，

两碗猪[주]肋[레]骨[구]湯，還要洋糨[징〔장〕]皮一大海碗。

那些個菜名兒，我可叫不上來。你總要挑那不膩的，添幾樣兒菜就是了。

有什麽酒？

黄酒、壯〔狀〕元紅、玟〔玫〕瑰露、蓮花白，還有白乾兒。

那個酒是論斤哪，還是論瓶呢？

中國酒是論斤，外國酒是論瓶了。

八寶飯和白果湯是味道很香甜的，一刻的工夫，你們可以弄得麽？

不能勾〔够〕，雖然赶緊的做，少不得耽誤了一個時辰的工夫了。

那罢了，熬一碗粳米粥，也要點兒火腿。

是了。

這兒還短着一位客人的酒杯、羹[셩]匙[츼]和筷子了，快拿來罷。

你順便拿辣草麵兒和鹹[셴]菜來罷。

我們的鹹菜，比貴國的不一樣。因爲他壚〔鹽〕擱多了，齁[혁]鹹的。

這個魚没燒透，裹頭還有血[셰]津兒味道也是齁腥[싱]的。

没有的話。你們趁熱，吃這個罷！過了會子就吃得不好了。

每人跟前，蒸饅頭十個一碗擺[빅]好罷。

那個饅頭的餡[셴]兒，是不要用猪[주]肉和韭[쥐]菜，我們吃不慣中國油膩的菜，存[춘]在心裹，很不受用了。

哎呀，這是什麽東西，不但味兒不好，而且又是清淡的，實在中看不中吃了。

咱們今兒個這麽空喝酒，也無味。莫若咱們都斟滿了，滑〔搳〕幾拳罷！

罷罷，可别筭我，我不大會。安心要我們喝醉[쮜]了呢？

不要緊，若是説不上來，只多吃了一杯酒，醉了睡覺去。還有誰笑話咱們了呢？

你怎麽不喝？我們大家動手灌[관]你！

我已經喝醉了，頭暈[윈]眼花，有點兒惡[어]心了。

那麽咱們喝乾了這種酒，就撤下去罷！

來！

喳！

你們可以筭賬罷？

通共筭起來，八塊五角二哪！

這是十塊錢的票子，你拿了去你們櫃上跟前筭賬。其剩下的錢，是賞給你們酒錢了。

謝謝您老爺的恩[언]典[덴]。

第十六章 銀行匯錢

我有一千塊錢，打算要從貴行電匯[휘]到天津去，不知道是多少匯水？

往外國電匯，都不要匯水。因爲不算是滙〔匯〕去的，算是按[안]着今天的行市賣給您的。

是了，我明白了。那麼我要買一千塊錢的電匯，是得用多少日本的票子呢？

您不是要買天津的電匯麽？

不錯的。

等我算一算。按着今兒個的行市，是減一成五分五厘，你就給八百四十五圓就行了。可是，您得單給電報費[의]。

您説的這個電報費，不是由您這兒貴行，打到天津分行去的那個電報的花費麽？

原是的。

那麽天津的我那個朋友，怎麽能知道我給他電匯銀子去呢？

那您得單打個電報，知會令友，叫他到天津銀行裏取那銀子去。

若是我那個朋友，接[제]了我的電報到貴分行取銀子去，就可以給他麽？

若是我們行裏，認得令友，自然立刻就可以給他了。若是不認得令友的話，可以找個保人，就可以取了去了。那也并没什麽累[뤼]贅[쥐]的。

第十七章 錢鋪换票

掌櫃的，這兒有一張退票給您打回來了。

拿來我瞧瞧。這張票子不是我們給的。

怎麽不是你們給的呢？

因爲這張票子上，没有我們的收号。

我記得可實在是你們給的，怎麽如令〔今〕你們説不是你們給的呢？

我告訴你，若是我們給的票子，必有我們的收号，我們的截〔戳〕[취]子。如今這張票子上，又没我們的收号，又没我們的截〔戳〕子，怎麽是我們給的呢？

你説没有你們的收号，我這票子上，可收的是你們了。

竟你收的是，我們不行啊。總得有我們收的人家纔行了。

就是有你們的收号，如今你們不

認，我也没法子呀！

没有不認的理。若是我們給的，我們也是給人家往回裏打，我們又不賠[페]甚麽。作什麽不認呢?

也許[쉬]這張票子你們忘了收了。

没有的話，我們决不能忘了收了。這裏頭還有個緣故，我告訴您説，這是一張母錢鋪的票子。我們這鋪子，向來不使用母錢鋪的票子，所以更知道不是我們給的了。

你們若一定説不是你們給的，那没法子，只可我認苦子就是了。

依我説，那你拿回去再想想是誰給的罷。

你把這個十吊錢的票子，給破[퍼]五個一吊，一個五吊。

一吊一張的，没有我們本鋪子的，給你磨别處的，行不行?

磨别處的也使得。

你點點對不對?

不錯，對了。這票子上，你們都收着了?

都收着了。

第十八章 鐵路買票

這條鐵路是往釜山去的麽?

這是往仁川去的，你要到釜山去麽?

是要到釜山去。

那麽，你過那個飛樓[랒]，就在對面兒等着就是了。

往平壤去的火車開了没有?

纔開了，不大的工夫兒。

啊，下一趟的火車，是甚麽時侯〔候〕兒開呢?

那是末末了[랖]兒的火車，再没有了。

哎，没有法子，只可走着回去罷。

我要買義州去的車票。

是一去的車票，是來回的車票?

這兒也賣來回的車票麽?

是賣了。

若買來回的車票，一來是減點兒價錢，二來又省[싱]得再買車票甚麽的費事。

可以用幾天呢?

十五天爲限。

就是就是，你給我買來回的車票罷。

從開車走出有多少里來了?

啊，不少了。我現在肚[두]子有上點兒餓，不知道這火車裏，有飯廳兒没有?

這火車裏到没有飯廳兒了，可是各火車站，都有賣飯的。咱們到了下一段火車站，就可以先打尖[쳰〔졘〕]了。

就是了。

咱們坐的這個車不能一直的到那兒，半路上還得換一回車哪！

啊，咱們行李都交給火車站了，到了換車的時候兒，可怎麽好辦呢？

那不要緊，不過人下來換車就是了，不用管那行李的事情。你可得想着帶好了銅牌子了。

是帶着好了。

哎，這中等〔等〕的人所滿了。咱們莫若改坐上等〔等〕的車倒好罷？

好，咱們原來買的是中等的車票，要是换上等〔等〕的火車，還得加多少錢呢？

那先不用問，咱們直到了那兒下車的時候兒，他要加多少錢，咱們給多少錢就是了。

第十九章　壽旦聽戲

令〔今〕兒是老太太的千秋壽旦，我特來拜壽來了。

不敢當，實在勞駕的很。

好説，該當的。預備一點兒薄禮，孝敬老太太的。

叫您花錢，我謝謝您費心。

好説好説。貴國皇太后賞[상]賚[주〔릐〕]壽物，實在光榮的很。老太太多福多壽，真是造化呀！

是，弊國皇太后御賜[긔〔츼〕]壽物，所以請您代爲恭迎。

是，我必當恭迎的。

您請入[우〔수〕]座聽戲罷！您聽弊國之戲，怎麽樣？

是，我倒很愛聽，就是有些地方不太明白。

就是弊國的人聽戲，不差甚麽的人，就是看個熱鬧。

若是弊國則不然。

您貴國的戲和弊國不一樣麽？

是不一樣。

是怎麽不一樣呢？

弄戲的在臺上就是耍[솨]，傍邊兒有個人唱。勿論是誰，都聽的明白了。

這還是二簧班的哪！要是梛〔梆〕[광〔방〕]子班兒，更聽不明白了。

領教您納，怎麽叫二簧，怎麽叫梛〔梆〕[광〔방〕]子呢？

弊國的戲有三様兒：二簧、梛〔梆〕子、高腔[광〔창〕]。這二簧又名叫徽班兒，是弊國南方來的。

那麽，那梛〔梆〕子高腔呢？

梛〔梆〕子是弊國陝西來的。高腔是宫戲，是從弊國初纔有的。總而言之，打傢伙的聲兒，唱的腔調兒，全不一樣。

是，這麽説我就明白了。

第二十章 旅行問答

請考〔老〕爺安。
好呀，你是什麼人？
我是英順行打發我來給老爺帶路進京的。老爺定規多咱走呢？
明兒就要走。
老爺要走的是水路是旱路？
是旱路好，是水路好？
水路呢，這幾天下雨，大河水長了，上水的船，拉着很費事。再遇[위]着北風，怕五六天到不了通州。
哎，這麼着，那水路不行，走旱路怎麼樣？
若是老爺明兒動身，趕着走，第二天晚上就可以到京。慢着點兒，第三天足可以的。
這旱路你熟罷？
哎，這十幾年常常的來往，怎麼是不熟呢？
比方我不用帶道，你細細兒的告訴我都是打那麼走，行不行？
可以，没甚麼不行的。出了城東邊兒那個浮橋，您知道不知道？
那個我知道了。
您過了一道橋，到了熱[석]鬧[난]街兒，那兒再打聽第二道橋，一溜[랴]的往西北，就是進京的大道了。
聽見説還有過河的地方兒没有？
那是擺[븨]渡[두]罷，擺渡是有。
擺渡是有，那車馬怎麼樣呢？
車馬没甚麼難的，那都可以擺過了。
按道兒説，這河西務離京還有多遠呢？
按道兒説，可以筭得是中間兒。在那兒住一夜，明兒可以到了京了。
住一夜是在那兒呢？
貴國的人向來有住店裏的，有住廟的。
是店裏好，是廟裏好？
依我説，是店裏方便些兒。廟裏留客，是格[쩌]外的事情。一來不定有房子没有，二來如果趕車的多，和尚不願意。再者丢了東西，是還誰管呢？
我到了店裏，叫他們弄甚麼菜好呢？
老爺怕没吃過我們的菜罷？
我没吃過呢！
啊，老爺還没吃過，不如從天津做一點兒好拿的菜帶着罷。
甚麼？自己帶着？到了店裏，不吃他們的飯，他還願意麼？
那倒没甚麼！店裏還得他們的房錢就是了。

這房錢有一定的價兒麽?

我們人住店，差不多有一定的價兒。若是外國客人，怕那掌櫃的可以多要幾個錢。

就是這個房錢，可以望我要多少錢呢?

那倒難説了。老爺會説我們的話，可以望他商量，看他要的價兒很多，不妨駁[쌔]他，再還[환]他的價兒。

第二十一章 旅行問答續

我還有一件事，我走得這麽快，我的行李是可怎麽樣呢?

老爺的行李有多少?

就是門外頭擱着的那些個東西。

甚麽? 那些大箱子，也是老爺的麽?

原是的。

老爺想两天進京，恐怕不能都帶着罷。不但用好些個大車費錢，不能走得很快。

那麽，你説還有甚麽好法子呢?

依我説，老爺那個鋪蓋等〔等〕項，可以雇一個小車兒裝上，同老爺一塊兒走。其餘上船，打通州那裏走了。

那麽着，我就坐着裝行李的那輛車麽?

老爺另雇一輛小車坐着好罷。

那車是單套，是二套?

老爺要快走，必得二套的。現在雨水大，道兒不好走，三套的也可以。

哎，道兒不好走，坐車不大對[뒤]我的勁[징]兒。在這兒雇馬行不行?

騾[뤄]子、馬都可以雇，只怕我們的鞍子老爺騎着不合式。

我們那兒馬身上的傢伙，我都帶着呢!

也怕不行。那馬鞍子，我們的馬還可以背，那籠頭却不肯戴了。

籠頭是甚麽呢?

就是牲口嘴裏的嚼[쟈]子。人拉的扯[즤]手都在裏頭，恐怕我們的馬戴不慣，與老爺有礙[익]。不如買一匹外國馬倒好。

外國馬在天津這兒可以買麽?

可以。我們行[항]裏有匹馬，是我們行中一個夥計的要賣。那匹馬很好，又老實，又快，來往京裏有三四回了。

那麽，我可以到行裏，商〔商〕量商〔商〕量。還有那些大箱子，運到通州的時候兒，雇甚麽人送進京去呢?

老爺就可以雇小的，好不好?

好，倒没有什麽不好的，只怕是這麽些日子，你們行裏離不開你，不容你去。

可以離得開。今兒打發我來，不是聽老爺的吩咐來了麽！

第二十二章 叱罵家僕

你這幾天晚上，總不在家，是上那兒去了？

小的任那兒也没去。

你别不認。我昨兒晚上回來，要打發你送信去，你怎麽没在家？

那是因爲小的肚子疼[텅]，到茅房裏去出了一回恭。

你别胡説，那兒有上茅厠去那麽大的工夫呢？我知道你是出去要[솨]去了！

小的不敢要〔要〕錢。

我有一天，看見你和夥伴兒們在一塊兒賭[두]。我因爲是大年下，没説你。近來我看你做事，無精打彩的，那總是夜裏要錢，不睡覺的緣故。而且屋裏的土也不撣，滿地板的水也不擦。若是有客來，成甚麽樣兒呢？

老爺别那麽説。家裏的事情多，一個人兒忙不過來。

那麽，我問你，昨兒我叫你熾火，你睡晌覺起來，眼睛還睁[쩡]不開了。難道你没工夫做家裏的事麽？

老爺另[잉〔링〕]雇别人罷，小的不幹了。

你這個人實在混帳，你向來還是嘴硬[잉]！

我怎麽嘴硬了？

勿論做家裏的什麽事，竟等着挨[이]説纔幹哪，那還筭人麽！近來又添了一樣兒毛病，你有朋友[잉〔우〕]來，把我的各樣兒的東西拿出去用，這還像事麽？

我多咱拿您的東西去了？

你别不認賬，昨兒個你拿我的茶葉，我悄悄兒的進來瞧見了。

我没拿！

你説你没拿，我現在到你屋裏搜[석]一搜去！

你竟管去搜！

你瞧瞧這是什麽，你還這樣護[후]短[돤]麽？

那是我各人買的。您不要〔要〕賴我罷，實在委[위]屈[취]得很。

這兒有真贜實犯，你還不肯認賬。你滚[쿤〔군〕]出去罷，我不要你了！

老爺别生氣，小的下次再不敢了。求您寬[콴]恕[수]我罷，給老爺磕頭！

你真是滚力〔刀〕肉，我也没有法子，這次饒[요]你罷！

第二十三章 叱罵厨子

你去把厨子叫來。

厨司務，老爺叫你哪！

老爺叫我做甚麽?

我問你，你做事，老是這麽邋[라]裏邋蹋[타]的? 告訴你好幾回了，你總聽不進去，這是怎麽了?

老爺吃的用的東西，都是洗得乾净了的。

你别不認。你這飯碗，洗過了没有?

那兒有不洗就給您盛[청]飯的理呢?

那麽，你瞧這是什麽? 難道你是睁着眼兒的瞎子麽?

這是他們拿錯了，給您换乾净的來罷!

我告訴你，厨房裏總要拾掇得乾乾净净兒的，别拿使剩下的髒水，洗吃飯的傢伙。我那天看見你把洗油膩東西的搌[잔]布[부]，就給我擦桌子，那還行麽?

小的往後記着就是了。

還有一件事，你那厨房裏瓢[퍞]朝天，碗朝地的，招了好些個蒼[창]蠅[잉]，你也不管，那是怎麽了?

是因爲我有個朋友來了，耽誤了一會兒工夫，没能拾掇了。

我還告訴你，厨房裏燒火，不論是夜裏，是白天，總得小心。叫火星兒迸在煤堆裏，不定多咱你就留心罷!

這些事，小的都很留神的。請老爺放心罷!

你天天買來的菜，不很新鮮。萬一吃出病來，筭誰的不是呀?

小的天膽也斷不敢買不新鮮的菜。

只要〔要〕你明白就得了。你去罷!

第二十四章 曉諭苦力

你去叫幾個挑脚的來，把這些貨，運到棧房裏去。

他們説今兒天晚了，明兒再説罷!

那如何行得呢? 你再去叫他們來!

等〔等〕我告訴他們罷，他們説今兒天又冷，又是陰天，而且時候也晚了，只好明兒再説罷!

不行，你要告訴他們，我們這行裏出入的貨物多，若是給我們好好兒的做，與他們也有好處。因爲後來日子長，不是這一趟兒的買賣。
可不是麽，我也是那麽告訴他們的。無奈他們總不肯聽，我也没有法子！
哎，你既是頭目，你該當把這些話細細兒的説給他們聽，不要耽誤我們的事。
話是不錯的，他們到底不聽，實在是没法子的事。您也别抱怨[원]我呀！
那兒有不聽的理呢？他們無非爲幾個錢兒！若是他們給我盡心竭[제]力的做，難道我是木頭人兒，不知道好歹的麽？
您這話狠明白了，那總要給他們一點兒好處的。
多加幾個錢，倒不要緊。可是他們若耽誤我的事，怎麽辦呢？
那斷不敢的。

第二十五章 新歲請安

回票〔稟〕老爺，李老爺給您拜年來了。
你去，請進來讓到書房裏坐。
兄台新喜了。
老弟新喜了。
兄台請上，我給您拜年。
不敢當，一説就是了。
老弟請起來。今年陞[셩]官哪，發財呀！
好説，大家同喜哪！
老弟今兒個是頭一天出來麽？
我是昨天出來的。
得拜幾天哪？
也不過五六天就拜完了。
打算多咱到省裏去呀？
我打算初八進省。
得多咱回來？
得過了節[제]回來罷！
老弟起頭年封了印，總没到衙門去。
封了印之後，還去了两趟，辦了幾件零碎的事情。
趕開了印之後，就該忙了罷？
可不是麽！趕開了印之後，就没甚麽閑工夫了。
老弟請再喝杯茶罷。還有我們這兒現成兒的煮[주]餃[쟈]子，請吃幾個罷！
我在家裏吃了出來的，現在還不餓了，我該走了。
忙甚麽了，天還早哪！
是因爲該去的家數多，去晚了不像事。
那麽勞老弟的駕，到家裏先替我請安道新喜罷！
是，回去都替您説。

第二十六章 尋訪未遇

前日給您請安來，遇見您納出外去。

可不是，失迎失迎。本來我没打算出門，就怕是有人來。我們舍親上這兒來了，再三再四的約[워]我出去，又不好固辭。那兒想到您就來了呢！真得罪不少。

那兒的話呢！我也是前兒纔得工夫，想咱們這些日子没見，所以特來問候。不想來得不虔[첸]誠[칭]，您没在家。我還等〔等〕了會子，和孫少爺談了半天，看見光景大概是一時回不來，府上的人都説是没準兒，故此我就先回去了。

您説也巧了，我回來的時候兒，家裏人説您纔走，要打發人去赶去罷，又不知道您往那裏去了。

哎，大遠的往這麼來，空回去，真叫人不好意思啊！

那兒的話呢！到您這兒，我還是外人麽？若是渴[커]了餓[어]了的時候兒，就是您不在家，我還不會自己要麽？

第二十七章 謝友不逢

前天失迎失迎。我們今天特來道謝！

不敢當不敢當。前兒個到您府上，實在天晚了，所以趕忙的回來了。那一點兒東西不過是些個頑意罷了，何敢當謝字？

好説好説。您帶來的東西固然是不少，親友們多，那兒不得應酬呢。若是都像給我的那麽給，恐怕分不過來了罷！

那兒的話呢，没有什麽，本應當給您帶點兒什麽成用的東西來。但是不好帶的不好帶，况且貴的是真貴，道兒上的倒顯着招摇，所以不過是弄點兒粗東西，遮[저]羞[슈]而已。

好説，還要什麽好的呢！這個我們看着就都寶貝似的，又不出門，那兒能見這樣希奇的東西，還有幾樣兒不認得的呢！前兒個看了一晚上，看來看去，直不知道是作什麽用的。您明兒有工夫的時候兒，務必還求指教指教。

是，過兩天我們再來請安的時候兒，可以把他試用一回，自然就都知道了。

第二十八章 謝友辦勞

前者[저]實在費心費心。

好說好說。都辦得不周倒，恐怕倒耽誤了您的事情了罷！

那兒的話呢，我們這感激不盡了。您納說，我這件事，那兒有工夫辦？再有至近的親友們裏頭，誰肯替我擔[짠]這樣的沉[쯘]重呢？若不虧您納，實在糟極了，恐怕耽誤到這時候兒也還没章程呢！

那兒的話呢！本來我也不知道什麽，向來在您跟前，也没效過勞。遇見這麽點兒事，既是能辦的，還敢不上緊的辦麽？要不然，可要朋友作什麽呢？

話雖是這麽説，您待我的這情分，實在是不能一時報答的，只好記在心裏就是了。

第二十九章 見畫工求畫

聽説您的法繪[휘]實在好，多咱我總得求求您納！

我畫的實在拿不出手，我怕是給您糟[쟢]蹋[타]了紙。

那兒的話呢，您這太謙了！

您瞧這幅山水兒畫的怎麽樣？

這就是您畫的麽，章法勾〔够〕多麽好啊，真是古名人的樣子！

您這也太加獎譽[위]了！我不過纔學畫，只要您不嫌辭，我就給您胡亂畫就是了。

好説。明兒我就打發人，把紙送到您府上去！

是，就是罷。

我還聽説，趙夫人的花卉和錢小姐的昆蟲説是畫的很好了。

是不錯。您没瞧見過麽？

我没瞧見過。

我瞧見過趙夫人畫的一幅桃花兒，題目是桃紅復含[한]宿[수]雨。畫出來桃花兒真是帶着雨的樣子，您别提多麽好看了。

啊，是工筆的，是寫意的？

是工筆的。

我想畫畫兒這一道，也在乎人的學[쒜]問見識。

那是一點兒不錯。我聽説古來有那麽個時候兒，考試畫畫兒，這一場出的願〔題〕目是，萬緑叢[충]中一點紅。

這個怎麽畫呢？

有畫的是一片青草，一個婦人，頭上戴着一朵紅石榴花兒。

這個有點兒意思。

内中有一個人畫的是一片大海，一輪紅日剛來出〔出來〕的樣子。

這個可真好極了。

第三十章 漢語討論

聽見説你的清國話如今學得很有點兒規[귀]矩[쥐]了麽？

那兒的話呢！人家説的我雖懂得，我自己要〔要〕説還早呢！不但我説的不能像别人兒説的成片段兒，而且一連四五句話就接不上了。還有個怪處兒是臨説話的時侯〔候〕，無緣無故的怕錯，不敢簡簡决决的説。這麽樣兒可叫我怎麽説呢！我也灰了心了，想着就是這麽樣兒的學來學去，也不過是這麽個本事兒，那兒還能勾〔够〕[각]有長進呢？

這都是你没熟的緣故。我告訴你，無論他是誰，但遇見個會説清話的人，你就趕着和他説話。再有那清話精通的師傅們，也要往他們那兒去學[쌴]。天天兒看書記話，時時刻刻的説，舌頭就活了。若照着這麽學，至多一兩年，自然而然的就會順着嘴兒説了，又愁[착]甚麽不能呢？

大哥，你的清國話是甚麽空兒學的？説得聲兒好，而且又明白。

啊，承您納誇獎，我的清國語還筭什麽呢！我有一個朋友，滿州話説得很好。又清楚又快，没有一點兒漢音，很熟鍊了。不但這個，而且記得話兒也多，那纔可以算得是好呢！

他比你如何？

我怎麽敢比他，我可不是他的對手兒。差得天地懸[쏀]隔[쩌]呢！

甚麽緣故呢？

他學得日子深，會得多，頗[퍼]好書。如今還是不離嘴兒的念，不離手兒的看呢！若要趕他實在是難哪！

大哥，你這話，只怕有點兒説錯了罷。你忘了有志者事竟成這句話了麽？他也是學會罷了，并不是生了來就知道的呀，咱們那點兒不如他？任憑他是怎麽樣兒精熟，咱們只要拿定主意，用心去學，雖然到不了他那個地步兒，我想也就差不多兒了。

第三十一章 邀友觀花

您不説是到了三月，您請我逛花兒來麽？這不用您去請我，我自各兒就來了。

我今兒本來要打發人去，您來得正好了。

這真省了您事了。頭幾天要不下雨，我早就來了。

頭幾天也没大意思。梨花兒、杏兒、桃花兒都還没開哪！

那麽現在呢？

現在不但這個，連丁香、海棠、香蓉兒都開了。

這倒有個趣兒。還有昨兒，我到花兒廠〔廠〕子去，看見他們迎門兒都有一盆花兒仙人掌。

是，不錯。您知道是甚麽緣故麽？

我打聽他們，據他們説，可以避麝[써]香氣。我可不知道麝香礙[의]着花兒什麽相干了？

您可不知道，像這三月裏景兒，碧桃、藤蘿，就是草花兒，荷包、木槿[친〔진〕]，不論甚麽花兒，一沾麝香味兒就歇[세]了。這説的可是生麝香，可不是熟麝香。

啊，還有這麽些講究哪，我可真不通行！

那是了，咱們别竟在這兒談一談，您瞧天不早了，咱們璢打〔溜達〕去罷！

就是黑了也不要緊的，咱們不會打着燈籠去麽？

啊，您的高興真不淺了。

第三十二章 邀友會食

前次承兄台枉顧，今兒特來謝步。

豈敢，老兄實在多禮。

那兒的話呢，這是該當的！

老兄這一向官差如何？

這幾天稍微〔微〕的漸消停一點兒。

老兄是能者多勞。

承過獎了，不過以勤[친]補[부]拙[쥐]就是了。

老兄太謙了。

今兒兄弟來，打算初五奉請兄台在同慶堂一聚會。求老兄千萬賞臉，别推辭。

兄台何必如此費心，咱們一見如故，不必拘此形迹？

這不過是兄弟一點兒誠心，聊盡地主之情。況且同座幾位，都是咱們道義中人，又是和兄弟至好，大家不過聚在一處，談一談就是了。

既蒙老兄擡愛，我就遵命了。

豈敢，這是兄台賞臉賜光了。那麼，明天我備貼過來就是了。
咱們今天當面說明白了，老兄不必送帖來了，不過請告訴我時辰就得了。
那麼，我就從命不送帖來了。咱們初五午初在同慶堂會面就是了。
我屆[□〈제〉]時必要早到的。
那好極了。
還有一件事我要奉懇老兄替我爲力。
兄台有何事吩咐？
因爲我這是初次到京，舉眼無親。現在要投供，無處找互結官。老兄若有素識投供的朋友，求您給我找一位互結官纔好哪！
此事甚巧。現在有一位朋友是舉人，他連今年會試，算是已過三科了，正打算要投供候選了，你們二位互相保結倒是很好。咱們初五這約就有此公在座，那個時候，便可當面商議。
這實在是萬分湊巧了。此事全仗老兄爲力了。
豈敢，該當效勞的。我也告辭回去了。
咱們初五見就是了。
老兄回去了！
再見再見！

第三十三章 夏搭凉棚

怎麼，我今兒來覺着您這屋裏，顯着黑多了。是甚麼緣故呢？
您真是不留神，您進來的時候兒，没看見搭[짜]凉棚了麼？
你瞧我多麼慌疏，我還没大理會哪！
您的眼睛竟看甚麼來着呢？
我看您那幾盆柘〔石〕榴花兒和那幾顆西番蓮。那兩盆架枝桃，開的真是愛人兒了。
這不過幾盆草花兒，有什麼好看呢？
像您這整天家，屋裏黑漆漆的作個活兒，寫個字兒的，您也不憋[폐]悶的慌麼？
慣了也是一樣。若是不搭凉棚，我實在熬[오]不過這個熱去！
凉快可是凉快，花兒甚麼的，永見不着太陽，可也開不好。
没什麼好花兒罷。有時候兒把凉棚拉起來，晒一晒也就得了。像您貴府上，怎麼到了這五月還没打凉棚呢？
舍下是永不搭，因爲搭凉棚很懸心。
這有什麼可懸心的？

您是不知道獘〔弊〕處的風俗。常有祭[지]祀[스]的時候兒，放鞭炮呢！
這是什麽意思呢？
古來是拿他嚇[샤]唬[후]鬼，如今是拿他祭祀神了。像鞭炮和麻雷[레]子還不大要緊，就是雙響兒、二踢脚若是烘在凉棚上可真了不得。
好在弊館離住家兒的很遠。
是，您這兒不怕。

第三十四章 雇用馬車

我叫你雇的車，你雇來了麽？
雇來了。
雇的不是跑海的車麽？
不是跑海的車，是宅門兒的車。
車圍子都是新的麽？
全都是新的。
宅門兒的車怎麽能拉買賣呢？
是因爲他們老爺没差使，怕牲口閑出毛病來，所以叫趕車的套出來，拉一天買賣了。
啊，那敢情是很好的了。還有一層[청]，那趕車的若是個力把兒頭，趕到了前門，走到石頭道上，可就把車竟往跩[시]窩裏頭趕，把人碰的頭暈眼花，連坐車的屁股蛋兒，都可以給撴[듄〔둔〕]腫了。
現在是個好手趕車的，决不至於這麽様！
是多少錢雇的？
跟他説妥了的是六吊錢，連飯錢也在其内。赶老爺坐車回來的時候，若是天太晚了，再賞給他幾個酒錢也可以的。小的不用跟老爺去麽？
哼，你可以胯〔跨〕[쿼]在車沿兒上，踉〔跟〕了我去罷。
是，先把那塊花洋氈子拿到車裏頭去鋪好了罷。你不是有兩頂官帽兒麽？你可以借給趕車的一頂戴罷。
是，老爺上車，不要板登〔凳〕兒麽？
哼，要。你拿脚把板登〔凳〕兒那頭兒踩[쳬]住了罷！啊，你快把棍子取來！
小的拿來了，遞給您。您就掖[예]在氈子底下就得了。
哼，你快上車罷。
吆喝罷！

第三十五章 旅行束裝

我現在要上上海去，你把東西都歸着起來。

老爺打算多早晚兒起身呢?
一两天就要動身。
那麽，這粗重的傢伙，也都帶了去麽?
不啊，那我打算，托朋友都把他拍[쌔]賣了。等〔等〕我今兒晚上，連夜把拍賣的和留着的分出來，再打點罷。我先把這箱子騰空了，把這零碎兒，都插在裹頭好不好?
好是好，趕插在裹頭之後，可得拿滑[화]藉[저]或是棉花充着結實了，别叫他在裹頭摇晃纔行了。
那是自然的。還有那些衣服怎麽樣呢?
那等〔等〕着歸在那皮箱兒裹，軟[솬]片一塊兒打包。
就是了。
那書槅子上的書和字帖，條幅都拿紙裹〔裹〕上就行了。
那匾額竟把字撤出來，那架子不好帶，可怎麽辦呢?
那就先擱着罷!
老爺，箱子都裝好了。那麽把蓋兒蓋上，可以就先釘死了罷?
可以可以。你把那張紅紙遞給我，寫個籤[첸]字貼在箱子上。
那皮箱還得上鎖，拿馬蓮包包上，然後拿繩子捆[쿤]上，可就省得車磨了。
不錯，那繩子扣[쿠]兒務必要勒[레]死了，看上車之後，别晃蕩開。你快打發苦力去買两張油紙來，包那綢子。
喳!那軟[솬]帘[렌]子摘下來。
捲上不好麽?
也好，還有那把旱傘也套上罷。再把這文具都裝在白拜匣裏。
現在把您的鋪蓋，也都捲起來罷!
把夾被棉被都疊起來，裝在褥[수]套裹，那褥子明兒個還要鋪在車上哪!
是，明兒個把那馬蓮包的箱子煞[쌰]在後車尾兒上，您想怎麽樣?
使得罷。那磁器得拿紙蘸上水，糊上，再裝纔妥當了。
這個法子更妙了。
回老爺知道，某老爺打發人，給您送了送行的禮物來了。
拿進來。拿出我的名片給他去，又叫他回去道謝就是了。

第三十六章 搬家運貨

啊，好容易我今兒纔租妥了一所兒房子。本來是一個小廟，那個屋子可很乾净，房錢也不大。
是在甚麽地方?有幾間屋子?

在齊化門外頭，日壇西邊兒。我可不知道那個地方的名兒叫甚麼。那房子是三間正房，有四間厢房，還有兩間倒座兒。東嘎[까]拉[라]裏有厨房和你們住的屋子。茅房是我搬了去之後，我得找個地方蓋一間。

那麼老爺打筭多咱搬呢？

我打筭今天就趕緊的挪過去。爲得是到那兒給房錢的時候，解月頭兒起好筭。

那麼，小的今天得趕緊的，把東西先歸着歸着罷。

哼，你先把這零碎東西，挪到院子裏去。把地毯[탄]拿笤[찬(탄)]帚[주]先掃一回，捲起來，拿繩子捆上。後來那書槅子和櫃子，還有其餘的那些個粗重的東西，你挑那皮剌的，都裝在那個劉二雇來的大車上罷。

是，老爺。外頭的那些個小物件，是我想要裝在一個大傢伙裏，叫苦力挑了去倒妥當。

很好，可是那些個磁器，可得好好兒的拿紙包上。那床若是不好搭，可以卸[셰]下來，等拿過去，到那兒再安上，然後再把帳子還照舊的搘〔支〕[지]上。

老爺從先挂那些對聯和扁〔匾〕幅的那個釘子，是得都拔下來麼？

哼。嘿嘿，你留神看墻上的土掉下來！你怎麼不拿鉗子拔呢，倒拿鎚子打呢？

是。

哎，你和苦力説，小心出大門的時候，磨傷了桌子。

是，那麼我也跟着東西一塊兒去，先把東西都照舊擺好了罷。

那先不必。等那兒掃得了之後，鋪上地毯，那桌子、椅子就先暫且散擱着，等我過去，再調度安置。若你一個人兒弄不了，找個夥伴兒幫着也使得。務必儘這一天都挪過去纔好哪！

是。

第三十七章 探問年形

老爺是幾兒打屯裏來的？

我到了好些日子了。

老弟來了，我總没聽見説。若是聽見，也早去瞧你去了。

咱們住的地方很遠，您納又是官身子，那裏聽得見呢！

我問你，你們的地方在那兒？

在霸州所屬的地方兒。

挨着琉璃河麼？

不是，是渾河那塊兒。

今年那兒的莊[좡]稼怎麽樣?
好得很，十分收成了。
這奇怪得很。他們不是先説潦[얀〔랖〕]了，又説旱了麽?
那都是謠〔謡〕言，信不得的。别説别的，黑豆的價兒十分便宜，十來個錢一升，這有許多年來没有這麽賤了。
是真的麽?
可不是真的麽!
若是這麽着，你再打發人去的時候兒，請替我買幾石[단]來。用多少銀子，筭明白了告訴我，我照着原買的價兒給你。
是了。我看見您納槽[챂]上拴[쵠〔쏸〕]着好幾匹馬，也總是買豆子餵的。與其咱們這兒買的價兒貴，倒不如在那兒帶了來，有减半兒的便宜呢!

第三十八章 慰問吊喪

您承[청]着是誰的服啊?
是我穿着我們太老爺的孝。
啊，您家太老爺有一年來京引見，到舍下去過一次。我聽説很硬朗的，是得了甚麽病啊?
是因爲現在的事情，一切都棘手，憂勞成疾，又勾起老病兒來了。
是多咱去的世?
是去年六月過去的。
這真想不到。若是在世，今年高壽了?
若是在世，今年整六十歲了。
這真可惜得很。您想開着點兒罷，再説也筭到了歲數兒了。
是這麽着。
是在籍[디〔지〕]病故的麽?
不是，是在河南任内病故的。
那麽靈[링]柩[즈]起回來了麽?
是我家老爺聽見這個凶信，就趕緊的去扶柩回籍守制[지]來了。
啊，您這是在籍丁憂了。穿孝的服，多咱起服呢?
旗籍、漢籍不一様。
怎麽不一様呢?
若是旗籍，一百天就起服。若是漢籍，二十七個月纔起服哪!
您是旗籍是漢籍呢?
我們是漢籍。
啊，是了。

第三十九章 病中慰勞

夫人，您來了。您可好了?您把我都要想壞了。

是，實在感情的了不得。

好説。我屢次的給您打得律風去，問候您納，我可以又不敢造次到您貴館。

是，那時候我實在不敢請您到弊館去。恐怕病身子，禮貌不能周到，怠慢您納！

那兒的話呢！

今兒我還特意來謝榭〔謝〕您納！屢次承您賞東西。

您這實在多禮。那麽點兒東西，您還提起來，實在令人慚愧得很。您請這邊兒坐罷！

您瞧，我多麽慌疏。我還忘了問問您納，大小姐那天回來好呀？没累着，又没熱着啊？

您的禮兒是真多，也没累着也没熱着。

啊，那就是了。今兒他没在家麽？

没在家。是他姨兒接去住着去了。

我還要謝謝他勞駕哪！

孩子們不是應當瞧您去的麽？您現在還吃藥不吃藥了？

現在倒不吃藥了。

您臉上刷白，可顯着瘦多了，精神可還照舊的樣了？

是要復元兒還得過些日子。

是，您總得多吃點兒補養的藥，下個病根，也不是頑的。

是，我要回去了。

您忙甚麽？咱們姐兒倆這些日子没見，多盤桓一會兒罷。

我是病好了，各處都要到一到。

第四十章 見醫師問病

老爺來了，勞駕勞駕。

好説好説。今兒個天氣還好啊？

是，請茶。

請府上欠安的，就是您本人兒麽？

可不是麽！病了這麽些日子，也請過些位先生乍瞧，都彷彿是好，其實没見什麽大效，所以耽誤到這時候兒了。昨兒聽見弊友説，老先生高明得很，故此勞動大家，您救一救我罷！

好説，您這病從得現在有多少日子了？

這説起來，也足有三年了。每逢一到冬天就犯，一直的得到二三月裏纔能見好，藥也不知道是吃了多少了！

您這犯病的時候兒，能勾〔够〕起來不能勾〔够〕？

不能勾〔够〕，就在炕上爬着。若是工夫大了，忽然一動，就喘得了不得。總得吐出幾口痰來，纔能稍止住一點兒。

啊，痰裏帶血不帶？

有麼。咳嗽一大發，就有血。還有痰也是和尋常的不一樣，稠糊糊的帶一股腥氣，一到嗓〔嗓〕子惡心的受不得。請了别的大夫瞧，也有説肺熱的，也有説勞傷的，也有説應當疏通的，也有説該吃補藥的。類如什麼人參、鹿茸，吃的也不少了，身子也不見足壯。前幾天，又有人叫天天兒吃白木耳，我想那更是没甚麼力量的東西，所以也没吃他。您看是怎麼樣？

現在聽這病源，還是肺經受傷。您請胸口廠〔敞〕開，我們這兒有問病筒，可以查考查考。您請躺下。

那麼實在的不恭。

您别動，等我聽一聽。您可以數幾個字兒。

一，二，三，四，五，六，七。

得了，您還是肺經受傷。現在在左肺上邊，已經壞了。方纔説的，吐的那個腥痰，那就是膿。這個病總得治病源，我想您從前，必是酒喝得過於利害，所以肺經受傷，也是因爲酒不化食，身子所以軟弱，肺經因而虧傷。現在總得先吃定喘的藥，早晚兒還得吃養身的藥。两下裏加攻，纔能望好。這病實在是耽誤了，若是在前年一得的時候兒，就用這個法子治，一定不致于到這個地步兒。

老爺説的何曾不是呢，都是叫人耽誤了。現在也後悔不及，只好求您，施妙手救我罷！等好了一塊兒到府上，給您磕頭道謝去！

您不必着急，我們是决不能不用心的。藥呢，回頭我配得了，打發人送來。您總要多吃養身的東西，奶子喝不喝？

可以喝。

更好，一天要喝一半碗兒奶子。少着急，生氣。瞧書，下棋是萬不行的。多養身，小着凉。這麼保養纔好，若是竟吃藥，您保養的不好，恐怕也是白勞。

承教，謝謝。您再坐一坐兒罷！

不了，别處還有幾家呢，也是要早去的。

那麼叫他們替我送送這個藥罷，我給您磕頭了。

華音二千字文

天[톈]地[디]父[뿌]母[무]君[쥔]
臣[첸]夫[뿌]婦[뿌]兄[쓩]弟[디]
男[난]女[뉘]姊[쯔]妹[메]娣
[디(티)]嫂[쌒]祖[주]宗[중]子
[쯔]孫[쑨]侄[찌]姑[구]甥[셩]舅
[쥐]姨[이]娅[야]婿[쉬]息[시]妻
[치]妾[쳬]嬸[신]姆[무]伯[쌔]仲
[중]叔[수]季[지]族[주]戚[치]朋
[펑]友[약]賓[센]師[스]主[주]客
[커]翁[웅]媪[운]童[퉁]叟[쒀]帝
[디]王[왕]后[헉]妃[예]將[장]相
[샹]卿[칭]士[스]吏[리]民[민]工
[궁]商[샹]僮[퉁]僕[푸]奴[누]婢
[비]儒[수]俠[샤]醫[이]巫[우]氓
[멍(망)]肆[리(이)]妓[지]娼
[챵]僧[썽]尼[니]盗[닾]贼[제]夷
[이]狄[디]蠻[만]羌[챵]耳[얼]目
[무]口[컥]鼻[세]股[구]肱[궁]手
[섞]足[주]頭[퉊]腦[낲]頷[한]項
[썅]顴[촨]頬[쟈]頂[찡]額[어]齒
[최]牙[야]唇[츈]舌[셔]眼[옌]睛
[징]頤[이]齶[어]乳[수]脅[셰]臍
[치]肛[짱]胸[쓩]背[베]腰[얖]腹
[뿌]指[즤]爪[잪]掌[장]腕[완]肩
[젠]臂[베]肘[젂]腋[이]跗[뿌]趾
[즤]腨[쵀]踵[중]臀[툰]膝[시]脛
[징]脚[쟢]鬚[쉬]眉[메]鬢[센]髮
[빠]咽[싄(인)]喉[헉]臟[장]腑
[뿌]心[신]肺[예]肝[깐]脾[피]膽
[짠]腎[신]腸[챵]肚[두]皮[피]肉
[ᅀᅥᆨ]膏[깐]血[셰]筋[진]脉[머]骨
[구]髓[쉐]涎[셴]汗[한]糞[뻔]溺
[냪]首[섞]面[멘]身[신]體[티]日
[ᅀᅵ]月[웨]星[싱]辰[첸]風[뽕]雲
[윈]雨[위]露[루]霜[솽]雪[쉐]霰
[쌴]霾[매]雷[레]電[톈(뎬)]霞
[쌰]霧[우]虹[홍]霓[니]颶[베
(쥬)]飆[퍞]霖[린]凍[둥]霡[머]
霂[무]陰[인]陽[양]氣[치]暈[윈]
彗[산(훼)]孛[쌔]冰[쀵]雹[팦
(밮)]水[쉐]火[훠]土[투]石[시]
山[샨]川[촨]海[히]陸[루]原[웬]
野[예]邱[치(칙)]陵[링]峰[뽕]巒
[만(롼)]岡[깡]麓[루]嶺[링]嶽
[웨]峽[샤]岫[식]洞[둥]壑[허]巖
[옌]谷[구]隴[룽]阪[판(반)]崖
[애]岸[안]塵[친]埃[애]塊[쾌]礫
[리]泉[촨]瀑[밮(푸)]溪[치(시)]
澗[졘]溝[꺽]渠[쥐(취)]陂[피]池
[치]江[장]淮[홰]河[허]漢[한]湖
[후]澤[뎌]津[진]涯[이]灘[탄]潭
[탄]島[닾]嶼[쉬(유)]浦[푸]渚
[주]汀[딩(팅)]洲[적]潮[챺]汐
[시]波[쌔]浪[랑]泥[니]沙[사]泡

[팍]漚[약]國[궈]邑[이]京[징]鄕
[썅]郡[쥔]縣[쏀]州[적]都[두]鄰
[린]里[리]市[싀]井[징]城[청]郭
[궈]村[춘]間[뤼]街[졔]巷[쌍]蹊
[시]徑[징]道[닾]路[루]橋[챂]驛
[이]田[톈]畦[치]園[웬]圃[푸]境
[징]界[계〔졔〕]阡[쳰]陌[머]金
[진]銀[인]銅[퉁]鐵[톄]鍮[텩]鉛
[옌]錫[시]鑞[라]珠[주]玉[위]寶
[봐]貝[베]錢[쳰]幣[쎄]圭[퀴]璧
[비]炬[쥐]潦〔燎〕[럎]燈[썽]燭
[추]薪[신]柴[치]炭[탄]灰[휘]硝
[샾]硫[릭]烽[뽕]燧[쉬]熛[퍞〔뱦〕]
焰[옌]烟[옌]煤[메]草[챂]木[무]
禾[훠〔허〕]穀〔穀〕[구]菜[치]蔬
[수]花[화]藥[얖]芝[씌]蘭[란]蕙
[시〔훼〕]菖[챵]葠[션]朮[추]芎[쑹]
芍[샾]蒲[푸]艾[이]蓬[펑]蒿[한]
茅[맢]莎[샤]蘆[루]荻[디]茶〔茶〕
[투]蓼[랖]薇[위]蕨[줴]蓮[롄]荷
[허]薔[챵]菊[쥐]葡[푸]萄[탚]藤
[텅]葛[거]芭[바]蕉[쟢]藍[란]茜
[쳰]葵[퀴]藿[커〔훠〕]芹[진]薺
[치]茄[쟈]芋[위]薯[수]莧[쏀]菘
[쑹]菁[칭]芥[졔]葑[뽕]韭[직]菠
[버]葱[충]薑[쟝]瓜[과]瓠[후]菌
[쥔]蕈[신]萬[워]苣[쥐]蒜[쏸]苡
[이]松[쑹]柏[배]檜[휘]杉[싼]梧
[우]桐[퉁]梓[쯔]漆[치]楡[위]槐
[홰]楊[양]柳[릭]橡[샹]桂[궤]榛
[쳰]栗[리]檀[탄]榧[쎼]椒[쟢〔쟢〕]

橄[간]梅[메]杏[싱]桃[탚]李[리]
柿[쯔〔시〕]棗[쟌]梨[리]楸[칙]橘
[쥐]柚[약]柑[간]枳[씌]桅[즤]榴
[릭]櫻[잉]奈[이〔닉〕]楓[뽕]楮[주]
棣[치〔디〕]棠[탕]桑[쌍]柘[저]
杻[닉]檗[비]竹[주]竿[간]笋[쑨]
篁[황]樹[수]林[린]果[궈]蓏[□
〈뤄〉]根[끈]荄[희〔ㄱ]〕]材[치]榦
[간]枝[즤]葉[예]莖[징]節[졔]蕊
[웨〔쉐〕]蕚[어]蔕[듸]蔓[완]黍
[수]稷[지]稻[닾]粱[량]菽[수]荳
[턱〔덕〕]牟[뭐]麥[메]紵[주]麻[마]
枲[시]棉[멘]蕎[챂]秫[추]秬[쥐]粟
[수]苗[먚]穟[쉬]秧[앙〔양〕]粒[리]
糠[캉]米[미]糗[칙]粮[량]秔[징]
糯[눠]芻[추]稾[잔]稊[티]稗[배]
莠[약]粳[징]鸞[란〔롼〕]鳳[뽕]鸛
[관]鶴[허]鴻[훙]鴈[안〔얀〕]鳧
[뿌]鴨[야]鷗[악]鵝[어]鶩[무〔우〕]
鷺[잉]鶉[춘]鳩[직]鴿[거]鵰[댶]
鷂[얖]鵠[구]鴇[봐]鳶[옌]鷹[잉]
鳥〔烏〕[우]鵲[챂]鵂[식]梟[샾]
鸚[잉]鴷[례]鷄[지]雉[즤]燕[옌]
雀[챂]麟[린]麋[미]麕[쥔]鹿[루]
虎[후]豹[봐]象[샹]犀[시]兔[투]
獺[라〔티〕]貂[댶]鼯[우]豺[치]狼
[랑]狐[후]狸[리]馬[마]牛[닉]羊
[양]豕[싀]駒[쥐]犢[두]羔[잔]豚
[툰]驢[뤼]騾[뤄]犬[촨]猫[뫄]鼠
[수]熊[쑹]猿[웬]蛟[쟢]龍[룽]鯨
[징]鱷[어]魴[빵]鯉[리]鮮[센]鱒

[싀]鯊[사]鱸[루]鮒[뿌]鱨[챵]鰻
[충]鯖[칭]鮎[덴]鱺[리]鈍[둔]鱖
[귀]鱔[샨]鰒[뿌]鰍[칙]鱓[샨]鰕
[쌰]鰈[데]龜[귀]鱉[베]蟹[셰]蟶
[청]蝸[워]蠃[뤄]蠔[한]蛤[거]蜂
[뽕]蟻[이]蝴[후]蝶[뎨]蜻[칭]蜓
[팅]蟋[시]蟀[쇄]蠶[찬]蛾[어]螬
[챠]蟬[찬]蛛[주]蠅[잉]蚊[운]蝎
[쎼]鼃[와]蟾[찬]蛇[셔]蝮[뿌]蚓
[인]蛭[즤]螢[잉]螽[중]蛆[주(취)]
蠹[두]蚤[쟌]蝨[싀]蛜[이]螺[뤄]
蚣[궁]蠓[멍]禽[친]畜[추]犧[시]
牲[셩]鳥[냐]獸[쒸]魚[위]虫[충]
雛[추]麛[미]鮞[얼]卵[란(롼)]
牝[핀]牡[무]雌[츠]雄[쓩]羽[위]
毛[맢]鱗[린]甲[쟈]騣(騘)[즁]
尾[웨]蹄[티]角[쟌]翼[이]翮[거]
咮[쥐]嗉[수]塒[싀]牢[랖]巢[찬]
彀[쟌]宮[궁]室[시]殿[뎬]闕[췌]
舍[셔]宇[위]家[쟈]宅[쪄]臺[태]
榭[쎼]亭[팅]館[관]寺[스]院[웬]
樓[뤅]閣[꺼]房[빵]堂[탕]屋[우]
廊[랑]府[뿌]庫[쿠]倉[챵]廩[링]
棟[둥]梁[량]柱[쥬]椽[옌]檐[옌]
甍[멍]梯[티]檻[한(칸)]窗[챵]
牖[약]門[먼]户[후]閨[쒸]扉[뼤]
楣[메]閾[위]厨[추]竈[잔]廐[쥐]
厠[쓰]階[졔]庭[팅]墻[챵]壁[비]苑
[웬]圃[약]廬[루]店[텐(덴)]礎
[추]突[투]瓦[와]甓[피]鎖[쒀]鑰
[야]釘[딩]鈴[링]垣[웬]籬[리]簾
[롄]棚[펑]庋[지]架[쟈]床[촹]榻
[타]屏[핑]帷[웨]帳[장]幕[무]壇
[탄]廟[먚]碑[베]塔[타]塚[충(중)]
墓[먚(무)]棺[관]槨[궈]舟[쥐]船
[촨]舶[버]筏[빠]棹[닾(잔)]楫
[지]帆[빤]檣[창]舳[쥐]艫[루]篙
[잔]篷[펑]舷[쒠]柁[둬]艫[뤄(루)]
桹[랑]車[처]轝[위]軒[쒠]軺[약]
輪[룬]軸[쥐]轂[구]輻[뿌]轎[쟌]
輦(輂)[텐]蓋[개]傘[싼]鞍[안]
轡[페]羈[지]靮[디]紙[쯔]筆[세]
墨[머]硯[옌]簡[젠]策[처]版[판(반)]
牘[두]符[뿌]璽[시]印[인]牌[패]
棋[치]枰[핑]毬[칙]博[버]器[치]
皿[밍]几[지]案[안]樺[휘]椸[이]
椅[이]桌[줘]瓶[핑]罌[잉]甑[쯩]
甕[윙]鼎[딩]鍋[궈]釜[뿌]鑊[훠]
瓮[펀]甀[짱]楪[뎨]椀[완]簋[귀]
鍘[싱]杯[베]樽[준]鐘[중]鉢
[버]蚪(蚪)[쥐]勺[샨]匙[츼]筯
[진]俎[주]盤[판]箱[샹]篋[샤]筍
[쓰]籠[룽]筐[쾅]奩[롄]櫃[궤]櫝
[두]篘[추(칙)]籔[쒀]篩[씌]籮
[뤄]箕[치]帚[쥐]囊[낭]橐[퉈]杵
[추]臼[쥐]槳[징]缸[강]扇[샨]爐
[루]氈[쟌]席[시]升[셩]龠[약]斗
[덕]斛[후]衡[헝]錘[취]杖[쟝]尺
[츼]釿[진]斧[뿌]鉅[쥐]鑿[쒜]錐
[쥐]刀[닾]鐮[렌]機[지]梭[쒀]筬
[청]軖[쾅]碓[퉈(뒤)]礪[리]磨
[머]砧[쎤]鉏[추]鍬[챠]犂[리]鍤

[챠]耒[레]耙[바]耞[쟈]耰[우]罾
[쩡]丸[환〔완〕]笱[거]刨[퐌]網
[왕]罟[구]餌[얼]鉤[거]弓[궁]矢
[씌]弩[누]箭[젠]干[간]戈[거]釼
[젠]戟[기〔지〕]旗[치]纛[두]旌
[징]旄[맢]鞭[벤]棍[쑨]韔[창]箙
[쭈]布[부]帛[버]錦[진]繡[쉬]紗
[샤]綾[링]羅[뤄]縠[구]經[징]緯
[웨]綵[채]紋[운]絲[쓰]纊[쾅]絛
〔絛〕[탚]索[쉐]衣[이]服[쭈]冠
[관]帶[듸]襦[수]袴[콰]裘[칙]衫
[샨]袍[퐌]襖[와]裙[췬]裳[샹]裌
[쟈]袖[식]裾[쥐]衿[진]靴[쉐]履
[쥐〔뤼〕]韈[쎄]屐[지]襁[챵]褓
[봐]縢[텅]韤[와]鎧[기〔키〕]冑
[저]蓑[쒜〔쒀〕]笠[리]縗[취]絰
[즤]帽[맢]笏[후]紳[신]韠[비]
綦[치]纓[잉]縫[쭝]緣[옌]裔
[이]幅[쭈]巾[진]帨[쉐]珥[얼]佩
[페]衾[친]裯[척]枕[쩐]褥[수]釵
[치]笄[지]鏡[징]鑷[네]髻[지]髢
[디]梳[수]篦[비]鍼[쩐]綫[센]膠
[쟌]糊[후]粉[썬]黛[듸]胭[옌]脂
[즤]飮[인]食[시]肴[얀]膳[샨]飯
[쌘]餠[빙]糜[미]粥[저]酒[직]醴
[리]醪[랖]麪[멘]菹[주]醬[쟝]羹
[썽]膗[한]脯[쭈]醢[히]腒[쥐]鱅
[수]膾[쾌]炙[즤]飴[이]蜜[미]醋
[추]齏[지]油[역]塩〔鹽〕[옌]豉
[츼]糟[챂]麴[쥐]糠[캉]鐘[중]鼓
[구]磬[칭]管[관]簫[샾]笛[디]琴
[친]瑟[써]仁[싄]義[이]禮[리]智
[즤]孝[샾]悌[티]忠[중]信[신]慈
[츠]良[량]敦[둔]睦[푸〔무〕]寬
[콴]和[허]恭[궁]愼[신]是[씌]非
[에]善[샨]惡[어]吉[지]凶[쓩]悔
[휘]吝[린]聖[성]賢[쎈]睿[웨]哲
[저]英[잉]傑[제]豪[한]俊[췬]春
[춘]夏[샤]秋[칙]冬[둥]歲[쉐]時
[시]早[쟌]晩[완]寒[한]暑[수]温
[운]凉[량]晴[칭]曀[이]澇[랖]旱
[한]晝[저]夜[예]晨[친]昏[훈]曉
[샾]晡[부]朝[쟌]夕[시]昨[줘]翌
[이]期[치]晬[췌〔줴〕]旬[쉰]望
[왕]晦[휘]朔[쉬]東[쭝]西[시]南
[난]北[베]左[줘]右[역]前[첸]後
[헉]上[샹]下[쌰]中[중]間[젠]登
[텅]降[쟝]仰[앙〔양〕]俯[쭈]邊
[벤]隅[위]旁[팡]側[처]內[늬]外
[왜]表[뱦]裏[리]彼[쎄]此[츠]處
[추]所[숴]往[왕]來[릐]行[싱]止
[즤]青[칭]黃[황]赤[치]黑[희]朱
[주]玄[쉔]素[수]白[븨]丹[단]紺
[간]蒼[챵]翠[췌]紅[홍]紫[쯔]緑
[루〔뤼〕]碧[비]酸[쏸]鹹[쏀]甘
[간]苦[쿠]辛[신]辣[라]羶[샨]腥
[싱]臭[칙]味[워]聲[싱]色[써]嗅
[헉〔석〕]啗[단]視[싀]聽[팅]音
[인]響[썅]芳[빵]香[샹]光[광]彩
[치]形[싱]影[잉]唱[챵]嘯[샾]吹
[취]彈[탄]舞[우]蹈[닾]歌[거]詠
[융]睨[니]窺[퀴〔귀〕]望[왕]顧

[구]瞻[잔]觀[관]省[싱]吞[툰]吐
[투]噓[쉬]吸[시]飢[지]飽[뱌]醉
[쮀]醒[싱]聾[룽]瞽[구]聵[회〔쾨〕]
矇[멍]聞[운]見[젼]聽[충]察[차]
寤[우]寐[메]睡[쒜]夢[멍]戲[시]
笑[샾]喧[쒼]聒[과〔궈〕]歎[탄]咄
[둮]瞋[쳔]瞬[슌]涕[티]淚[레]嚔
[티]哭[쿠]鼾[한]啞[야]齉[퓐]呻
[신]噴[펀]嚏[티]唾[퉈]衄[뉴]拳
[좐]搊[쥐]拱[궁]抱[뱌]握[워〔워〕]
執[즤]扶[우]持[즤]擡[틔]舉[쥐]
捫[먼]搔[싼]攀[판]捧[뻥]提[티]
擕[시〔세〕]醞[운]釀[냥]斟[쯘]酌
[줘]酬[추]酢[줘]餽[퀴]餉[샹]貢
[궁]獻[쏀]贈[쩡]賜[츠]求[칙]乞
[치]報[뱌]償[창]文[운]武[우]技
[지]藝[이]射[서]御[위]書[수]數
[수]史[싀]傳[좐]詩[싀]詞[츠]章
[쟝]句[쥐]箋[션〔젼〕]註[주]篆
[좐]字[쯔]圖[투]畫[화]卜[부]筮
[씌]律[뤼]曆[리]講[쟝]讀[두]吟
[인]誦[쑹]學[샾]習[시]記[지]録
[루]軍[쥔]旅[뤼]營[잉]陣[쩐]攻
[궁]守[석]戰[잔]伐[빠]兵[빙]刃
[싄]擊[지]刺[츠]騎[치]乘[청]馳
[츼]突[투]計[지]謀[먹]許[쉬]諾
[어〔눠〕]告[깐]戒[제]詢[쉰]訪
[빵]謗[팡〔뱌〕]訕[산]譏[저]嘲
[쟌]叱[치]罵[마]欺[치]誑[광]疾
[지]病[빙]痛[퉁]癢[양]瘧[얃]癘
[리]痔[지]疸[단]癨[훠]痢[리]疳
[간]瘖[인]癎[젼]癩[릐]疔[딩]疝
[산]痺[비]痀[쥐]腫[중]脹[챵]痰
[탄]咳[칰]嗽[쑤〔쑤〕]喘[춴]痘
[덕]疹[전]瘡[챵]癰[융]疣[역]痣
[지]疥[졔]癬[쎈]婚[훈]姻[인]嫁
[쟈]娶[취]胎[틔]孕[윈]產[찬]育
[위]葬[짱]埋[매]祭[지]祀[쓰]餞
[젼]饗[썅]宴[옌]樂[러]探[탄]摘
[즤]擁[융]挾[쟈]招[쟌]搖[얀]掩
[옌]揮[휘]披[피]捲[좐]投[텪]擲
[지]拘[쥐]攣[렌]挂[과]垂[취]跬
[퀴]步[부]蹤[중]迹[지]踊[융]躍
[얀]踐[쳰〔젼〕]踏[타]超[챤]越
[웨]蹲[춘〔둔〕]踞[쥐]跛[버]蹇
[젼]蹶[줴]跲[챠]坐[줘]卧[워]起
[치]居[쥐]倚[이]伏[우]跪[귀]立
[리]顛[뎬]倒[닾]進[진]退[튀]趨
[취]走[쥐]拜[배]揖[이]言[옌]語
[위]問[운]答[다]論[룬]議[이]談
[탄]說[숴]教[쟌]誘[역]訓[쉰]誨
[휘]召[쟌]呼[후]請[칭]謁[예]慶
[칭]吊[댠]賀[허]慰[위]會[휘]遇
[위]盟[멍]約[워]灑[싸]掃[산]應
[잉]對[뒤]盥[관]漱[수]沐[무]浴
[위]農[눙]賈[구]匠[쟝]冶[예]漁
[위]釣[댠]畋[톈]獵[레]稼[쟈]穡
[서]耕[긍]種[중]耘[윈]穰[훠〔상〕]
樵[챤]汲[지]賣[믜]買[매]賒[서]
貸[듸]貿[먹]販[판]賄[두〔훼〕]贖
[수]鑄[주]鍊[롄]劉[쥐〔류〕]剖[퍽]
采[츼]拔[빠]捕[부]捉[줘]紡[빵]

織[즤]繅[쏘]染[삳]辮[한]濯[줘]
製[지]裁[치]舂[충]簸[버]淅[시]
漉[루]烹[펑]飪[싄]蒸[쎵]炊[취]
財[치]貨[훠]賦[뿌]稅[쉐]債[즤]
價[쟈]傭[융]雇[구]負[뿌]戴[디]
轉[좐]運[윈]辦[볜]訟[쑹]券[촨]
簿[버]爵[쮜]禄[루]官[관]位[위]
法[빠]度[두]刑[싱]政[쩡]權[촨]
威[위]勢[싀]力[리]制[지]作[줘]
命[밍]令[링]姓[싱]氏[씌]名[밍]
號[화]倫[룬]序[쉬]班[반]列[레]
功[궁]罪[쥐]黜[추]陟[즤]寵[충]
辱[수]賞[상]罰[빠]人[신]物[우]性
[싱]情[칭]古[구]今[진]事[씌]理
[리]治[지]亂[란〔롼〕]得[더]失[싀]
可[커]否[부〔뿌〕]成[청]毁[훠]生
[셩]死[쓰]禍[훠]福[뿌]安[안]危
[웨]存[춘]亡[왕]盛[셩]衰[쇄]窮
[충]達[다]利[리]害[해]災[쬐]祥[상]
尊[쭌]卑[베]貴[귀]賤[젠]壽[석]
夭[약]貧[핀]富[뿌]愚[위]慧[훼]
邪[셰]正[쩡]老[랖]少[샾]狀〔壯〕
[좡]幼[엳]廉[렌]貪[탄]奢[셔]儉
[젠]姸[옌]媸〔媸〕[츠]强[챵]弱
[숴]抑[이]揚[양]殺[싸]活[훠]勝
[셩]敗[배]順[쉰]逆[이〔니〕]大
[다]小[샾]長[챵]短[돤]輕[칭]重
[중]厚[헉]薄[봐]清[칭]濁[줘]高
[갚]低[디]方[빵]圓[웬]曲[취]直
[지]廣[광]狹[쌰]鈍[둔]銳[쉬]硬
[잉]軟[솬]肥[쀄]瘠[지]有[엳]無
[우]虛[쉬]實[시]疏[수]蜜〔密〕
[미]斷[돤]續[슈]剛[짱]柔[석]屈[취]
伸[신]冷[렁]熱[서]燥[잪]濕[싀]
淺[첸]深[신]濃[눙]淡[단]融[융]
凍[둥]滑[화]澀[써]精[징]粗[추]
污[우]潔[졔]完[완]缺[췌]純[츈]
雜[쟈]浮[뿌]沉[츤]隱[인]現[쎈]
開[캐]閉[비]出[추]入[수]聚[쥐]
散[샨]動[둥]静[징]從[충]違[웨]
離[리]合[허]明[밍]暗[안]通[퉁]
塞[써]遲[치]速[수]緩[완]急[지]
去[취]留[릳]用[융]捨[써]榮[융]
枯[쿠]羸〔羸〕[잉]縮[쒜]真[쓴]
假[쟈]優[엳]劣[레]加[쟈]減[젠]
損[쑨]益[이]縱[쭝]横[헝]遠[웬]
近[진]欹[이]整[쩡]平[핑]仄[쩌]難
[난]易[이]煩[빤]閑[쏀]專[좐]貳
[얼]詳[샹]略[뤠]翻[빤]覆[뿌]弛
[시]張[쟝]稀[시]稠[천]泄[세]蓄
[쉬]多[둬]寡[과]盈[잉]虧[퀴]增
[쩡]删[산]溢[이]涸[허]洪[훙]纖
[쏀]巨[쥐]細[시]紛[뻔]紜[윈]異
[이]同[퉁]變[볜]化[화]周[쭈]旋
[쉔]新[신]舊[짇]始[싀]終[중]薈
[웨]蔚[웨]叢[충]茂[무]橋[잪]萎
[웨]摧[최]折[저]凝[닝]滯[즤]堙
[인]鬱[위]滲[선]漏[릳]潰[휘]决
[쮀]照[좌]耀[약]焚[뻔]燒[샾]灌
[관]沃[워]熄[시]滅[메]豐[뻥]好
[화]秀[싣]美[메]尖[젠]碎[쉐]破
[펴]裂[레]堅[젠]固[구]侈[츠]麗

[리]朽[식]腐[뿌]壞[홰]落[러]騰
[텅]翥[중〔주〕]飛[예]鳴[밍]潛
[쳰]藏[챵]遁[둔]匿[니]充[충]滿
[만]汎[앤]濫[란]空[쿵]匱[귀]竭
[졔]盡[진]放[빵]逸[이]奔[뻔〔번〕]
逃[돠]回[휘]還[환]歸[귀]反[앤]
繫[시]結[졔]牽[쳰]曳[이]游[역]
泳[융]解[졔]脫[퉈]壅[융]蔽[셰]
阻[주]隔[쩌]恢[휘]拓[지〔타〕]爽
[솽]豁[허]勞[랖]倦[죈]催[췌]促
[추]休[식]息[시]玩[완]弄[눙]孤
[구]獨[두]單[단]徵〔微〕[웨]伴
[앤〔반〕]侶[뤼]群[췬]衆[중]追
[쥐]隨[쉐]交[쟈]接[졔]送[쑹]迎
[잉]逢[뽕]別[베]譭[휘]譽[위]恩
[언]怨[원]辭[츠]受[석]予[위]奪
[퉈]志[즤]意[이]思[쓰]想[샹]知
[지]識[싀]覺[쟈]悟[우]喜[시]怒
[누]悲[예]歡[환]愛[이]憎[쪙]恃
[스]懼[쥐]愉[위]悅[웨]欣[쉰]快
[쾌]愁[척]恨[쎈〔흔〕]憂[역]慮
[뤼]慚[찬]愧[퀴]羞[식]恥[츼]悚
[숭]畏[웨]恐[쿵]怖[부]慟[퉁]悼
[돠]憐[렌]恤[쉬]悵[창]戀[렌]羨
[쏀]慕[무]誠[청]僞[웬〔웨〕]敬
[징]怠[대]勇[융]惕[체]忿[뻔]恕
[수]狂[쾅]暴[봐]酷[쿠]毒[두]謹
[진]嚴[옌]弘[홍]裕[위]恬[쳰〔톈〕]
雅[야]惠[싀〔훼〕]諒[량]驚[징]
疑[이]猜[치]妒[두]端[돤]莊[좡]
默[머]訥[눠]頑[완]傲[와]夸[콰]
誕[단]謙[쳰]遜[쑨]愿[웬]淳[츈]
爭[쪙]鬥[뚜〔더〕]猛[멍]悍[한]懶
[란]惰[둬]嬉[시]娛[우〔유〕]敏
[민]捷[졔]勸[촨]勉[멘]荒[황]淫
〔淫〕[인]驕[쟈]妄[왕]貞[쪙]淑
[수]舒[수]坦[탄]一[이]二[얼]三
[싼]四[쓰]五[우]六[루]七[치]八
[쌔]九[쥐]十[싀]百[비]千[쳰]萬
[완]億[이]雙[쐉]匹[피]尋[신]丈
[장]分[쎈〔뻔〕]寸[츈]毫[핲]厘
[리]芒[망]忽[후]奇[치]偶[얶]幾
[지]倍[베]積[지]累[레]兩[량]鎰
[이]吾[우]我[워]爾[얼]汝[수]勤
[친]孜[쯔]奮[뻔]發[빠]沿[옌]泝
[수]源[웬]流[루]揣[쵀]揆[퀴]本
[뻔〔쎈〕]末[머]保[봐]養[양]德
[더]質[즤]修[식]飾[싀]才[치]能
[능]模[무]楷[캐]型[싱]範[앤]規
[귀]矩[쥐]準[준]繩[성]堯[야]舜
[순]禹[위]湯[탕]孔[쿵]孟[멍]顏
[안〔얀〕]曾[쪙]

高永完 著

高等官話華語精選

京城 普書館 發行

序

客有問於僕曰讀書與著書孰難僕應之曰讀書匪難著書實難而加以繙譯尤爲難何也擇焉惟恐不精語焉惟恐不詳此吾友高君之著書又繙譯用心之苦是也此君留燕京三載與文人學士日日相接深得京話之口音毫無差錯又游滬上幾年雖方言土話亦爲稍解其聰明過人推此可知也今編著一書以餉世名曰華語精選要序于予又屬校証予披閱再三欽歎其博覽博識而況此書簡而不漏易而不踈分門列類尤極詳確足以爲後來學華語者之指南耳予竊喜語學雖小道實爲兩國交涉通

商之要端故不敢以不文辭而玆搆數語以証

中華民國二年夏四月上澣

朝鮮京城華商民團總會繙譯員張上達識

我們是原來明白漢字的人哪、現在要學中國語很容易、只是專心別隔斷了、能有忍耐的性兒、挨着次兒的學、不過一兩年的工夫自然有頭緒了、不但說得話很好、而且有將來做文章的進益、這不是一舉兩得的事麼、若是三天打魚兩天晒網的、念到十個年也是白費勁兒了、我拿一個人做榜樣的、說給你們聽一聽、我們同窓朋友裡頭、有一位姓高的、官印叫永完道號藕汀、原來沒才幹口音很笨、當初學話的時候、連一兩句的話、就結々吧々不能念出來的啊、現在是我們國裡頭、說官話也筭是數一數二的人哪、這是甚麼緣故呢他往北京去三遍、做過了十來年的工課、到如今還是不離嘴兒的、念不離手兒的看、所以有志者事竟成了、現在他爲後來的學生、作一個本子華語精選、這是把先人的話條子、撮其要删其繁、又多一半兒是自己編造出來的、分門列類、叫人看着井井然有條理了、我在那位跟前、講究中國話、幾乎有兩年的工夫、我到不了他那地步十分之一、也知道華語的綱領、所以能做幾句話、寫在這本子上頭、勸勉後來的學生、實在慚愧的了不得

大正二年春三月中旬

華語研究會班長　吳知泳 謹撰

凡例

一 京話有二ᄒᆞ니一爲俗話요一爲官話라其辭氣之不容相混이猶涇渭之不容並流ᄒᆞ니是編은分門列類ᄒᆞ야令學者로視之에井井有條理ᄒᆞ야因人因地而施之에可以知所適從也라

一 初學四聲之法이最難解說일ᄉᆡ今擧梗概ᄒᆞ니如平聲者은平道莫低昂이요上聲者은高呼猛烈強이요去聲者은分明哀遠道요入聲者은短促急收藏이니然而說話時에無入聲也라故로入聲字ㅣ分出於上下平聲ᄒᆞ니學者留意焉ᄒᆞ라

一 凡言語內에如値有兩上聲字相連者은其上一字는應讀平聲이요其下一字은應讀上聲이니所謂逢上必倒是也라

一 凡讀華語者ㅣ應知有輕重音(輕音即窄音 重音即寬音)字句之間에有宜重念者ㅣ最爲緊要ᄒᆞ니比如(我上那兒去)那兒二字를重念則其腔調을可受聽이니餘倣此ᄒᆞ니라

一 此華音에或重音되는者ㅣ有ᄒᆞ니譬若(ᄀᅶ)者는가오之合音이며(ᄌᅻ)者는저우之合音이오(쯔)者는즈스之間音이며(ᄫᅮ)者는부우之間音이니

唇齒間으로發音ᄒᆞ며(ᅀᅵ)者는이리之間音이나
輕唇而發音ᄒᆞᄂᆞᆫ者ㅣ라餘倣此ᄒᆞ고(디)者듸와
音이彷彿ᄒᆞ고(티)者는틔와同音ᄒᆞ니라

華語精選目錄

第三章　久別相會

第四章　歡迎請客

第五章　紹介朋友

第六章　謝友饋食

第七章　託友辦事

第八章　告別辭意

第九章　賀友陞任

第十章　過綢緞舖

第十一章　過鐘表店

第十二章　見裁縫師

華語精選目錄

第十三章　要貰房屋
第十四章　過料理店
第十五章　過料理店續
第十六章　銀行滙錢
第十七章　錢舖換票
第十八章　鐵路買票
第十九章　壽旦聽戲
第二十章　旅行問答
第二十一章　旅行問答續
第二十二章　叱罵家僕

華語精選目錄

第二十三章　叱罵厨子
第二十四章　曉諭苦力
第二十五章　新歲請安
第二十六章　尋訪不遇
第二十七章　謝友不逢
第二十八章　謝友辦勞
第二十九章　畫師求畫
第三十章　　漢語討論
第三十一章　邀友觀花
第三十二章　邀友會食

華語精選目錄

第三十三章　夏搭涼棚
第三十四章　雇用馬車
第三十五章　旅行束裝
第三十六章　搬家運貨
第三十七章　探問年形
第三十八章　慰問弔喪
第三十九章　病中慰勞
第四十章　　醫師問病

華音二千字文

官話平仄編

上平聲 下平聲 上聲 去聲

아 啊○啊○
이 揖益伊易
우 屋無武勿
어우 歐○偶嘔
와 挖娃瓦襪
윈 云雲允運
양 央羊養樣

上平聲 下平聲 上聲 去聲

애 哀埃矮愛
이 依一醫乙
위 微爲委位
언 恩○○揾
왜 歪○○外
얼 兒耳○二
야오 腰遙○要

上平聲 下平聲 上聲 去聲

안 安暗淹岸
잉 應迎影英
위 愚魚雨預
운 溫文穩問
완 灣完晚萬
아오 熬○襖傲
여우 憂油有右

上平聲 下平聲 上聲 去聲

앙 昂○○○
인 音銀引印
어 ○額餓惡
웅 翁○○甕
왕 汪王往忘
야 丫牙雅壓
예 噎爺野夜

	上平聲	下平聲	上聲	去聲
연	烟	言	眼	沿
가	嘎	○	○	○
간	高	○	稿	告
칸	○	○	考	靠
퀴	虧	揆	傀	愧
쿵	坑	○	○	○
커	可	可	渴	客
콰	誇	○	侉	跨

	上平聲	下平聲	上聲	去聲
원	寃	原	遠	願
개	該	○	改	概
캐	開	○	慨	○
구	估	骨	古	固
근	根	跟	○	艮
거	溝	狗	○	勾
궁	工	公	○	共
괘	乖	○	拐	怪

	上平聲	下平聲	上聲	去聲
웨	曰	噦	○	月
깐	甘	干	趕	幹
칸	看	侃	砍	看
쿠	窟	○	苦	褲
큰	○	○	肯	肯
커	摳	○	口	叩
쿵	空	○	孔	空
쾌	○	○	擓	快

	上平聲	下平聲	上聲	去聲
융	庸	容	永	用
깡	剛	○	堈	杠
캉	康	扛	抗	炕
퀴	規	○	詭	貴
겅	更	庚	埂	更
꺼	哥	格	各	個
과	瓜	○	寡	掛
관	官	○	管	慣

콴 寬○欵○
쿤 坤○閫困
사 撒㪚洒○
산 騷○掃掃
쌰 殺○傻㧎
쌴 消學小笑
싱 星行醒姓
쏀 先閑險限
쒜 說學○朔

광 光○廣逛
궈 鍋國果過
새 顋○○賽
시 西席喜細
싼 山○閃善
샨 燒杓少少
성 生繩省剩
쓩 兄熊○○
쑤 搜○叟嗽

쾅 誆狂○況
쿼 ○○○濶
산 三○傘散
싀 失十使事
샹 商晌賞上
신 心尋○信
식 修○朽袖
솽 雙○爽雙
솨 刷○耍○

군 ○○滾棍
상 桑○嗓喪
샤 瞎霞○夏
샹 香詳想向
신 身神審愼
수 書贖數數
써 賒舌捨射
쇄 衰○○率

	上平聲	下平聲	上聲	去聲
시	篩	○	色	晒
쉬	雖	隨	髓	○
싼	酸	○	○	筭
다	荅	搭	打	大
닾	刀	擣	倒	道
탕	湯	糖	曭	湯
디	的	敵	底	地
톈	天	田	餂	掭

	上平聲	下平聲	上聲	去聲
쉐	靴	穴	雪	穴
쎄	些	鞋	血	謝
쑨	孫	○	損	○
대	獃	○	歹	代
타	他	○	塔	榻
탚	叨	逃	討	套
티	梯	提	體	替
딩	釘	○	頂	定

	上平聲	下平聲	上聲	去聲
쓰	絲	○	死	四
숴	唆	○	鎖	溯
숭	松	○	竦	送
단	單	○	胆	蛋
태	胎	抬	○	太
뎨	爹	疊	○	○
뒤	丢	○	㖙	○
팅	聽	停	挺	聽

	上平聲	下平聲	上聲	去聲
수	蘇	速	○	素
석	收	○	手	獸
당	當	○	攩	當
탄	貪	談	坦	炭
톄	貼	○	鐵	帖
뎬	掂	○	點	店
댶	貂	○	○	吊

타오 挑條挑跳
퉈 託駝妥唾
퉤 推○腿退
퇀 ○團○○
퉁 通同統痛
자 渣劄拃乍
쩨 齋宅窄債
장 章○長賬
쟝 江○講匠

더 叨得○○
두 督毒賭妒
덩 燈○等鐙
둔 敦頓盹鈍
더우 兜○斗豆
차 叉茶扠○
채 拆柴冊○
창 娼長廠唱
챵 腔墻搶鎗

터 忒○○特
투 禿塗土唾
텅 ○疼○橙
툰 呑屯○○
터우 偸頭○透
쟈 家夾甲價
잔 沾○盞站
쩡 正○整正
자오 招着找兆

둬 多奪朶惰
뒈 ○○○對
돤 端○短斷
둥 冬○懂動

챠 掐○卡恰
찬 攙饞產懺
청 稱成懲秤
차오 吵巢炒鈔

上平聲 下平聲 上聲 去聲	쟌	쥐	지	진	징	즁	쥬	적
上平聲	交	桌	鷄	斤	睛	中	猪	週
下平聲	嚼	濁	吉	○	○	○	竹	軸
上聲	脚	○	己	錦	井	腫	主	肘
去聲	叫	○	記	近	靜	重	住	晝

上平聲 下平聲 上聲 去聲	챤	취	치	친	칭	츙	츄	척
上平聲	敲	擉	七	親	輕	充	出	抽
下平聲	橋	○	奇	勤	晴	虫	厨	紬
上聲	巧	○	起	寢	請	寵	處	醜
去聲	俏	綽	氣	唚	慶	銃	處	臭

上平聲 下平聲 上聲 去聲	저	제	즤	젠	젠	작	쥐	줴
上平聲	遮	街	知	眞	奸	究	居	噘
下平聲	摺	結	値	○	○	○	局	絕
上聲	者	解	指	枕	減	酒	擧	蹶
去聲	這	借	志	震	見	救	句	倔

上平聲 下平聲 上聲 去聲	처	체	츼	쳰	쳰	착	취	췌
上平聲	車	切	赤	嗔	千	秋	屈	缺
下平聲	○	○	遲	臣	錢	求	渠	瘸
上聲	扯	且	尺	磣	淺	糗	取	○
去聲	撤	妾	翅	趂	欠	○	去	確

좌 抓○爪○
쥐 追○○墜
쥔 君○菌俊
좐 專○轉傳
즈 資○子字
저 ○○則○
쟈 ○雜偺○
쥐 ○○嘴罪
쥰 尊○樽○

촤 欻○○○
취 吹垂○○
췬 ○羣○○
촨 穿船喘串
츠 ○磁此次
처 ○○○策
챠 擦○○○
취 催○○萃
츈 村存忖寸

줘 拽○跩○
좐 捐○捲眷
준 諄○準○
좡 裝○裝狀
주 租足租○
줘 作昨左作
재 栽○宰在
적 ○○走奏
중 宗○總縱

춰 揣○揣踹
촨 圈全犬勸
춘 春純蠢蠢
촹 牕牀闖創
추 粗○○醋
춰 挫○○錯
채 猜才彩菜
척 ○○○湊
충 葱從○○

	上平	下平	上聲	去聲
나	哪	拿	那	那
니	○	泥	擬	匿
눈	○	○	○	嫩
닌	○	○	您	○
녠	拈	年	捻	念
잔	遭	○	早	造
바	八	拔	把	罷
봐	包	薄	保	抱

	上平	下平	上聲	去聲
내	○	○	奶	耐
뉘	妞	牛	鈕	拗
능	○	能	○	○
닝	○	甯	擰	佞
눙	○	濃	○	弄
찬	操	糟	草	○
빼	擗	白	百	拜
뿌	夫	扶	斧	父

	上平	下平	上聲	去聲
난	喃	男	○	難
뉘	○	○	女	○
냐	嬝	○	鳥	尿
누	○	奴	努	怒
잔	簪	偺	攢	贊
반	班	○	板	半
빠	發	法	髮	法

	上平	下平	上聲	去聲
놔	撓	鐃	惱	鬧
내	○	○	○	內
낭	○	娘	○	釀
네	揑	呆	○	孽
찬	叅	慚	慘	○
방	幫	○	綁	○
뻬	非	肥	匪	費

빤 翻煩反飯

파 琶扒〇拍

팦 抛袍跑礮

핀 〇貧品牝

퍞 漂嫖漂票

폐 撆〇撇〇

퍼 坡婆〇破

펀 噴盆〇噴

만 顢瞞滿慢

빵 方房訪放

패 拍牌〇派

삐 逼鼻筆必

빙 兵〇稟病

부 不不補不

볜 邊〇扁便

베 背〇北背

펑 烹朋捧碰

망 茫忙莽〇

뻔 分墳粉分

판 攀盤〇盼

피 批皮鄙屁

핑 砰憑〇聘

푸 鋪葡普鋪

폔 偏便諞片

페 披陪〇配

마 媽痲馬罵

맢 猫毛卯貌

뻥 風縫〇奉

팡 胖旁嗙胖

빈 賓〇〇殯

뱦 標〇表〇

볘 憋別彆〇

버 波駁播簸

뻔 奔〇本奔

매 〇埋買賣

미 眯迷米密

	上平	下平	上聲	去聲
민	民	憫	○	○
메	○	煤	美	昧
먼	捫	門	悶	○
라	拉	邋	○	蠟
랖	撈	勞	老	澇
릭	遛	留	柳	六
룬	掄	倫	○	論
러	○	○	咧	列

	上平	下平	上聲	去聲
밍	○	名	○	命
뭐	○	謀	某	○
멍	懵	盟	猛	夢
래	○	來	○	賴
렁	○	稜	冷	○
뤼	○	驢	屢	律
랴	○	聊	了	料
럭	摟	樓	簍	陋

	上平	下平	上聲	去聲
먀	猫	苗	藐	廟
몐	○	綿	勉	面
란	襤	婪	懶	爛
리	璃	離	禮	立
링	○	零	領	另
루	嚕	爐	擼	路
롄	連	憐	臉	練

	上平	下平	上聲	去聲
무	模	毋	○	木
머	摩	麼	抹	末
랑	榔	狼	朗	浪
랴	○	○	倆	○
량	量	涼	両	諒
레	勒	雷	累	類
뤄	擄	騾	裸	駱

룽 籠龍弄○

산 ○然染○

신 ○人忍任

쉬 ○○蕊瑞

상 嚷瓤嚷讓

성 扔○○○

순 ○○潤○

샾 ○饒繞繞

수 如如入入

숭 ○○榮氄

시 ○○○日

산 ○○軟○

석 揉柔○肉

華語類解

天文類

天 텐　하ᄂᆞᆯ

日頭、太陽 시투 태양　ᄒᆡ

月亮 웨량　ᄃᆞᆯ

娥眉月 어메웨　쵸싱ᄃᆞᆯ

星星 싱싱　별

掃箒星 사쥬싱　혜셩

天氣 텐치　일긔

雲彩 윈치　구름

天晴 텐칭　ᄀᆡᆫᄂᆞᆯ

天陰 텐인　흐린ᄂᆞᆯ

天亮 텐량　동트다

天昏地暗 텐훈디안　어두침침ᄒᆞᆫᄂᆞᆯ

晴天朗日 칭텐상시　셔슷ᄒᆞᆫᄂᆞᆯ

颳風 파앵　바ᄅᆞᆷ부다

順風 (쓘 앵) 슌풍

頂風 (딩 앵) 역풍

旋風 (쒼 앵) 회리바롬

南風 (난 앵) 남풍

北風 (베 앵) 북풍

東風 (둥 앵) 동풍

西風 (시 앵) 서풍

開天氣 (난 톈 치) 풍우뒤작흔놀

下雨 (쌰 위) 비오다

下雪 (쌰 쉐) 눈오다

下霧 (쌰 우) 안기오다

下霜 (쌰 솽) 서리오다

下雹子 (쌰 빤 쯔) 우박오다

濛鬆雨 (멍 쑹 위) 가랑비

連陰雨 (롄 인 위) 장마비

暴雨 (빤 위) 폭우

日蝕 (이 씌) 일식

打雷 (따 레) 우뢰흔다

打閃 ᄯᅡ샨 — 번ᄀᆡᄒᆞ다

打霹靂 ᄯᅡ피리 — 벼락치다

月蝕 웨시 — 월식

地理類

山峯 쌴쏭 — 봉도리

山嶺兒 쌴링얼 — 산고ᄀᆡ

山坡子 쌴퍼으즈 — 산언덕

山澗子 쌴젠으즈 — 산시ᄂᆡ

山崖子 쌴애으즈 — 굴

露水珠兒 루쉐쥬얼 — 이슬

結氷、結凍 졔빙 졔둥 — 합빙ᄒᆞ다

氷柱兒 빙주얼 — 고두룸

陡坡子 ᄯᅮ퍼으즈 — 놉푼언덕

土坡兒 쌴퍼얼 — 조산

山底下 쌴디샤 — 산밋

河汊子 허차으즈 — 내갈ᄂᆞᆫ진곳

河沿兒 허엔얼 — 강가

旋窩	쉬엔워	물구비진욱덩이
大道	다닾	큰길
小道	쌷닾	저근길
岔道	차닾	갈느진길
三岔路	산차루	삼거리
十字街	시쯔제	십ᄌᆞ가
大街	다제	큰길거리
小巷	쌷샹	저근골목
大衚衕	다후둥	큰골목

小衚衕	쌷후퉁	저근골목
活衚衕	훠후둥	통흔골목
死衚衕	쓰후둥	막다른골목
拐灣兒	괘완얼	휘도는곳
嘎拉裡	까라리	모퉁이진데
樹林子	수린쯔	수평이
墳地	펀디	무덤
鄉下	샹쌰	시골
鎭店	진뎬	읍닉

村莊 춘좡 — 촌

擺渡口 배두커 — 나루가

上潮 양챂 — 밀물

下潮 쌰챂 — 썰물

海潮 히챂 — 조수

水路 쒜루 — 수로

旱路 한루 — 륙로

煤窰 메얖 — 석탄광

金礦 진광 — 금광

銀礦 인광 — 은광

火山 훠싼 — 화산

溫泉 운촨 — 온정

瀑布 팦부 — 폭포

地震、地動 디진 디둥 — 지진

波浪 버랑 — 물결

塵土 천투 — 먼지

鐵路 톄루 — 철로

火車站 훠처잔 — 정거장

地輿類

滿洲 (만쥐)
蒙古 (멍구)
東三省 (둥싼성)
盛京 (성징)
吉林 (지린)
黑龍江 (희룽쟝)
十八省 (시바성)
直隸 (지리)

江蘇 (쟝수)
安徽 (안휘)
江西 (쟝시)
浙江 (저쟝)
福建 (부젼)
湖北 (후베)
湖南 (후난)
河南 (허난)

山東 (싼둥)
山西 (싼시)
陝西 (샤시)
甘肅 (깐수)
四川 (쓰촨)
廣東 (광둥)
廣西 (광시)
雲南 (윈난)

貴州 귀쩍

馬頭 마퉈 항우

上海 상히

鎭江 진쟝

寧波 닝퍼

漢口 한컥

天津 톈진

牛莊 뉴쫭

芝罘、烟台 지뿌 옌래

福州 뿌쩍

廈門 샤먼

蕪湖 우후

宜昌 이창

重慶 중칭

沙市 샤시

泰山 태싼

華山 화싼

衡山 헝싼

恒山 헝싼

嵩山 쑹싼

鴨綠江 야루쟝

遼河 랴허

灤河 난허

白河 비허

運河 윈허

黃河 황허

楊子江 양쯔쟝

洞庭湖 둥팅후
鄱陽湖 퍼양후
洪澤湖 홍저후

太湖 태후
寶應湖 보잉후
渤海 버히

黃海 황히
大洋 다양

時令類

四季 쓰지 — 사계샤
春景天 춘징톈 — 봄
夏景天 샤징톈 — 여름
秋景天 칙징톈 — 가을
冬景天 둥징톈 — 겨울

一個禮拜 이거리비 — 일쥬일
禮拜 리비 — 일요일
禮拜一 리비이 — 월요일
禮拜二 리배얼 — 화요일
禮拜三 리비싼 — 수요일

禮拜四	리비쓰	목요일
禮拜五	리배우	금요일
禮拜六	리배뤼	토요일
大前年	다첸넨	그그럭게
前年	첸넨	그럭게
去年	취넨	작년
今年	진넨	금년
明年	밍넨	명년
後年	화넨	후년

大後年	다화넨	후후년
上月	상웨	지난달
本月	밴웨	이달
下月、來月	쌰웨 래웨	래월
大前兒個、大前天	다첸얼거 다첸톈	그그저께
前兒個、前天	첸얼거 첸톈	그저께
昨兒個、昨天	줘얼거 줘톈	어제
今兒個、今天	진얼거 진톈	오늘
明兒個、明天	밍얼거 밍톈	내일

後兒個(후얼거)、後天(후톈) 모레

大後兒個(다후얼거)、大後天(다후톈) 글피

一點鍾(이뎬중)、一下兒鍾(이샤얼중) 일뎜종

一點半鍾(이뎬빤중)、一下兒半(이샤얼빤) 일뎜반죵

上半天(상빤톈) 상오

下半天(샤빤톈) 하오

前半月(쳰빤웨) 션보롬

後半月(후빤웨) 후보롬

白天(배톈) 낫

夜裡(예리) 밤

早上(쟌상)、早起(쟌치) 식젼

上午(상우) 뎡오

晚上(완상) 저녁ᄯᆡ

天天(톈톈)、見天(쳰톈) 날마다

整天家(쪙톈쟈) 왼죵일

整年家(쪙녠쟈) 왼일년

整夜裡(쪙예리) 왼밤

年底下(녠디샤) 섯달그음

月底 (웨디) 이달그믐

這程子 (저청쯔) 요쟈막

這幾天 (저지톈) 이몃칠

新近 (신진) 근릐

現在、脚下 (쎈지 쟌쌰) 현지

上回 (상휘) 거번

這回 (저휘) 이번

下回 (쌰휘) 요듸음

當初、起初 (당추 치추) 당초

從前、向來 (충쳰 샹릐) 이젼

往後、後來 (왕학 학릐) 이듸음

剛纔、方纔 (강치 빵치) 악가

早已、已經 (쟌이 이징) 벌셔

一會兒 (이휘얼) 한동안

回頭、回來 (휘투 휘릐) 고듸

家族類

祖父、爺爺	쥬뿌、예예	죠부
祖母、奶奶	쥬무、내내	죠모
太公	태궁	시할아바지
太婆	태퍼	시할마니
外祖父、外公	왜쥬약、왜궁	외죠부
外祖母、外婆	왜쥬무、왜퍼	외죠모
父親、爸爸	약친、바바	부친
母親、媽媽	무친、마마	모친
公公	궁궁	시아바지

婆婆	퍼퍼	시어머니
岳父	위약	장인
岳母	위무	장모
令尊、老太爺	링쥰、랖태예	춘부장
令堂、老太太	링탕、랖태태	현당
家父、家嚴	쟈약、쟈옌	가친
家母、家慈	쟈무、쟈츠	쟈친
大爺	다예	뵉부
大娘	다냥	뵉모

叔叔	수수	숙부
嬸娘	신냥	숙모
姑父	구뿌	고모부
姑姑	구구	고모
舅舅	작작	외삼촌
舅母	작무	외숙모
姨父	이뿌	이모부
姨媽	이마	이모
夫妻	뿌치	부처

兩口子	량커쯔	양주
丈夫、男人	장뿌 난신	남편
老婆、媳婦	랖퍼 시뿌	마누라
賤荊、賤內	젠싱 젠너	실인
大伯子	따배쯔	시아지비
小叔子	쌒수쯔	시동싱
嫂子	쏘쯔	형수
小嬸兒	쌒신얼	제수
大姑子	다구쯔	시누위

小姑子 (쌰구쯔) 시아릐누의

哥哥 (거거) 형님

兄弟 (쓩디) 동싱

令兄 (링쓩) 빅씨

令弟 (링디) 졔씨

家兄 (쟈쓩) 가형

舍弟 (써디) 사졔

姐姐 (저저) 옷누의

妹妹 (메메) 아릐누의

兒子、小孩兒 (얼쯔 쌰히얼) 아ᄃᆞᆯ

女兒、女孩兒 (뉘얼 뉘히얼) ᄯᆞᆯ

姪兒 (직얼) 족하

姪女兒 (직뉘얼) 족하ᄯᆞᆯ

令郞、公子 (링랑 궁쯔) ᄌᆞ졔

令愛、小姐 (링이 쌰저) ᄯᆞ님

女婿 (뉘쉬) 사위

連襟兒 (렌진얼) 동서

孫子 (쑨쯔) ᄉᆞᆫ쟈

孫女兒 순뉘얼 — 손녀

叔伯弟兄 수배디쑹 — 사촌형제

叔伯姐妹 수배저메 — 사촌누의

姑表弟兄 구뱌디쑹 — 내외종간

姨表弟兄 이뱌디쑹 — 이종간

親戚 친치 — 친척

本家 뻔자 — 일가

乾爹 깐데 — 수양아비

乾媽 깐마 — 수양어미

乾兒子 깐얼쯔 — 수양아들

乾女孩兒 깐뉘히얼 — 수양딸

生母 썽무 — 싱모

嫡母 디무 — 뎍모

繼母 지무 — 계모

過繼個兒子 궈지거얼쯔 — 양자

小妾 샾체 — 첩

奶媽 내마 — 유모

身體類 附病身

腦袋	노듸	뇌수
頭髮	틱빠	머리털
天庭	톈딩	텬졍
印堂	인탕	량미간
顖門兒	씬먼얼	숫구멍
臉	롄	얼골
眉毛	메맢	눗섭
眼睫毛	옌제맢	속눈섭
眼胞子	옌퐈쓰	눈방울
眼睛	옌징	안쳥
鼻子	비쓰	코
鼻準頭	비쥰틱	코마루
鼻孔兒	비쿵얼	코구멍
嘴	쥐	닙
嘴唇兒	쥐츈얼	닙살
舌頭	써틱	서

咽喉(인후)	인후
腮頰(쌔쟈)、腮幫子(쌔빵쯔)	뺨
笑窩(쌰워)	웃는우물
鬍子(후쯔)	수염
八字鬍(빠쯔후)	팔쟈수염
連鬢鬍子(롄삔후쯔)	귀에느릇
鬢角兒(삔쟌얼)	살젹
脖子(뻐쯔)	목
嗓子(쌍쯔)	목구멍

肩膀(졘팡)	엇개
下巴頦(쌰바커)	아릭턱
肚子(두쯔)	빅
脊梁(지량)	등
胳臂(꺼비)	팔둑
手(쒀)	손
脚(쟌)	발
手背(쒀베)	손등
手心(쒀신)	손바닥

手縫兒	쇼뽕얼	손샷
手紋兒	쇼운얼	손금
指頭	즤투	손가락
指甲	즤쟈	손톱
大拇指頭	다무즤투	엄지손
二拇指頭	얼무즤투	둘지손가락
中指	중즤	장가락
四指	쓰즤	무명지
小拇指頭	쌴무즤투	샛기손가락

大腿	다퉤	넙젹티리
小腿	쌴퉤	종아리
腿肚子	퉤두쯔	장단지
脚板	쟢판	발바당
牙	야	니
牙床子	야창쯔	이몸
牙縫兒	야뽕얼	이들
門牙	먼야	암니
板牙	판야	어금니

奶牙	너야	젓니
牙花兒	야화얼	니똥
眼淚	옌레	눈물
眼脂兒	옌직얼	눈곱
鼻涕	비티	코물
鼻血	비셰	코피
耳朶	얼둬	귀
耳輪	얼룬	귀바퀴
耳矢	얼스	귀지

胳肢窩	꺼지워	겻으랑이
心窩子	신워쯔	명문
肚臍眼兒	두치옌얼	비곱
胸堂	숑탕	가슴
奶膀	너팡	젓가슴
奶頭兒	너투얼	젓곡지
手腕	쇠완	손목
拳頭	찬투	주먹귀
骨頭	구투	뼤

華語	發音	朝鮮語
骨節兒	꾸제얼	쟌뼤
踝子骨	쇄쯔구	복ᄉᆞ뼈
屁股	피구	볼기
穀道	구됴	똥구멍
肛門	항먼	항문
卵子兒	란쯔얼	부랄알망이
卵胞兒	롼팦얼	신낭
陽物、𡲰叭	양우、지바	쟈지
陰戶、屄	인후、삐	음문

華語	發音	朝鮮語
腎	신	신경
肝	깐	간경
脾	피	비경
肺	폐	폐경
胃	위	위경
腸	창	창ᄌᆞ
糟鼻子	챺비쯔	주부코
塌鼻子	타비쯔	납젹코
齉鼻子	낭비쯔	코중중이

細高䠷兒 (시갸오탸오얼) 키큰사롬

胖子 (팡쯔) 퉁퉁훈사롬

矮胖子 (왜팡쯔) 난장이

禿子 (투쯔) 민머리

瞎子 (샤쯔) 장님

靑睜眼 (칭정옌) 청밍관

聾子 (룽쯔) 귀먹어리

啞吧 (야바) 벙어리

結巴 (제바) 반벙어리

麻子 (마쯔) 곰보

瘋子 (펑쯔) 밋친사롬

獃子 (다이쯔) 바석이

駝背 (퉈베) 꼽장이

鷄胸 (지숭) 새가슴

老公嘴兒 (랖궁쥐얼) 수염업는사롬

缺脣兒 (췌춘얼) 언청이

瘸子 (췌쯔) 절뚝발이

瘤子 (릭쯔) 혹부리

黑汚子 (희우쯔) ᄉᆞ마귀

脚眼 (쟢엔) 뒤눈

汗瘢 (한반) 어루럭이

手丫巴兒 (쇼야바얼) 곰배팔리

瞎一眼 (햐이엔) ᄋᆡ구눈이

擤鼻子 (싱비쯔) 코풀다

打哈息 (짜하시) 하품ᄒᆞ다

稱呼類

皇上、萬歲爺 (황샹 완쒜예) 황제

打噴嚏 (짜펀디) ᄌᆡᄎᆡ기ᄒᆞ다

咳嗽 (커쑤) 기침ᄒᆞ다

舒腕 (수완) 기지개케다

撒溺 (싸냐) 오좀누다

出恭 (츄궁) 뒤보다

大便 (다볜) ᄃᆡ변

小便 (쑈볜) 쇼변

王爺 (왕예) 친왕

中堂、宮保 중당 궁보 대신
尙書 상수 판서
侍郎 시랑 참판
大人 다신 ᄃᆡ인
太老爺 태랖예 로영감
老爺 랖예 영감
少爺 쌒예 데레님
姑爺 구예 셔셔방님
姑奶奶 구내내 셔아시

老太太 랖태태 로마님
奶奶 내내 아가씨
老頭兒 랖투얼 하라범
老媽 랖마 할미
小廝 쌒스 아희죵
丫鬟 야환 계집아희죵
奶媽 내마 유모
房東 빵둥 집주인
和尙 훠상 즁

道士 (도쓰) 도ᄉᆞ

百姓 (비싱) ᄇᆡᆨ셩

趕車的 (깐처디) 차부

馬夫 (마뿌) 마부

跟班的 (끈반디) 텽칙이

看門的 (칸먼디) 문직이

大夫 (디뿌) 의원

太醫 (태이) 어의

厨子 (츄즈) 슉슈

打雜兒的 (따자얼디) 품군

裁縫 (채쌩) 옷진는사ᄅᆞᆷ

洗衣裳的 (시이샹디) 마젼장ᄉᆞ

引水的 (인쉐디) 물장ᄉᆞ

算命的 (쏸밍디) 뎜장이

跑信的 (퐈신디) 톄젼부

唱戲的 (창시디) 광ᄃᆡ

弄戲法兒的 (롱시빠얼디) 요술장이

照相的 (좌샹디) 사진박이는사ᄅᆞᆷ

木匠	무쟝	목슈
泥匠	니쟝	미쟝이
鐵匠	톄쟝	ᄃᆡ졍쟝인
油漆匠	역치쟝	칠쟝인
裱糊匠	뱦후쟝	도ᄇᆡ쟝인
帽匠	맢쟝	갓샹인
鞋匠	셰쟝	갓밧치

房屋類

皇宮	황궁	ᄃᆡ궐

掌櫃的	쟝궤디	쟝ᄉᆞ주인
夥計	정지	아ᄅᆡ동모
經記	징지	거간
屠戶	투후	ᄇᆡᆨ쟝
花子	화쯔	거지
土匪	투비	도비
禁地	진디	검디

衙門	야먼	아문
兵房、營房	빙빵、잉빵	영문
廟	먀	사당집
和尙廟	훠상먀	졀
道士廟	닾쓰먀	도ᄉᆞ묘
敎場	쟢창	교쟝
砲台	팦태	포ᄃᆡ
學堂	쒜탕	학당
舖子	푸쯔	뎐당

房子	빵쯔	집
院子	웬쯔	ᄯᅳᆯ
屋子	우쯔	방
影壁	잉세	판쟝
客廳	커팅	사랑
飯廳	빤팅	식당
臥房	와빵	침방
厨房	추빵	음식간
門房	먼빵	길뎡

正房 쪙빵 — ᄃᆡ텽
廂房 샹빵 — 아ᄅᆡᄎᆡ
賬房 쟝빵 — 문셔방
閨房 꿔빵 — 안방
套間兒 탇젠얼 — 골방
大門 다먼 — ᄃᆡ문
後門 화먼 — 뒤문
澡堂 쨮탕 — 목욕간
馬棚 마펑 — 마부간

茅房、茅廁 맢빵 맢스 — 뒤간
頂棚 딩펑 — 텬졍
地板 띠판 — 마루
牕戶 촹후 — 창호
槅扇 꺼산 — 겻문쟈
炕 캉 — 구들
臺階兒 태졔얼 — 층계
樓梯 럭티 — 사작ᄃᆡ리
倉庫 창쿠 — 고집

烟筩 엔퉁 굴뚝

門閂 먼산 문빗장

花園子 화웬ᄍ 꼿동산

菜園子 채웬ᄍ 나물밧

籬笆 리바 울타리

井 징 우물

晒臺 쌔듸 쌜리너는곳

戲臺 시듸 희듸

柱子 쮸ᄍ 기동

椽木 연무 연목

隔壁兒 셔비얼 격벽

蓋房子 씨빵ᄍ 집닛다

打磉 싸샹 디경닷다

砌墻 치챵 담쏫다

抹墻 머챵 담에서벽ᄒ다

鋪店類

公司 궁스	회ᄉ
銀行 인항	은힝
錢舖 첸푸	천푸
首飾樓 석시럭	수식젼
藥舖 요푸	약국
當舖 당푸	뎐당집
書舖 수푸	칙ᄉ
雜貨舖 자훠푸	잡화상
綢緞舖 척된푸	션젼

古董舖 구둥푸	도ᄌ젼
玉器舖 위치푸	옥방
眼鏡舖 옌징푸	안경방
酒舖 작푸	술집
鞍鞊舖 안뎬푸	안장젼
染坊 산뺑	염칙집
鞋舖 쎄푸	신젼
估衣舖 구이푸	의젼
魚床子 위촹쯔	어물젼

茶葉舖 챠예푸 — 차파는집

香蠟舖 샹라푸 — 향촉젼

紙舖 즤푸 — 지젼

糧食店 량시뎬 — 미젼

煤炭舖 메탄푸 — 셕탄젼

木廠子 무챵으 — 쟝녹젼

木作坊 무쥐빵 — 목긔젼

裁縫舖 치앵푸 — 옷젼

澡堂子 짶탕으 — 목욕집

磁器舖 츠치푸 — 샤긔젼

烟袋舖 연듸푸 — 연죽젼

刻字舖 커쯔푸 — 각쟈포

皮貨舖 피훠푸 — 피물젼

油坊 유빵 — 지름집

羊肉舖 양우푸 — 양육젼

飯館子 빤관으 — 요리집

茶館兒 챠관얼 — 챠집

豆腐坊 두뿌빵 — 두부집

華語	音	朝鮮語
麵館子	몐관쯔	국수집
電報局	뎬반쥐	뎐보국
書信館	수신관	우편국
病院	빙웬	병원

衣服類

華語	音	朝鮮語
蟒袍	망퐈	룡포
朝珠兒	찬쥬얼	죠복염쥬
長袍	창퐈	관복
褂子	파쯔	빗벼됴리

華語	音	朝鮮語
稅關	시관	히관
船廠	촨창	션창
機器局	지치쥐	긔계국
禮拜堂	리비탕	례비당

華語	音	朝鮮語
長褂子	창파쯔	쥬의
短襖兒	돤와얼	동옷
外褂子	왜파쯔	외투
坎肩兒	칸젠얼	[illegible]

褲子 쿠쯔 바지
套褲 탚쿠 힝젼
肚帶兒 두ᄃᆡ얼 요ᄃᆡ
腿帶兒 퉤ᄃᆡ얼 ᄃᆡ님
汗巾兒、汗衫 한젼얼 한산 속젹삼
襪子 와쯔 버션
領子 링쯔 모도리
領帶 링ᄃᆡ 넥타이
單衣裳 싼이샹 홋옷

夾衣裳 쟈이샹 겹옷
綿衣裳 몐이샹 솜옷
靴子 쉐쯔 장혜
鞋 쎄 신
官帽兒 관맢얼 관모ᄌᆞ
小帽子 쌒맢쯔 평ᄉᆞᆼ모ᄌᆞ
涼帽 량맢 여름모ᄌᆞ
煖帽 놘맢 겨울모ᄌᆞ
頂子 딩쯔 뎡ᄌᆞ

手帕子	쑈패으쯔	손수건
手套	쑈타	장갑
錶	뱌	시계
錶練子	뱌롄으쯔	시표줄
眼鏡	옌징	안경
戒指兒	졔즤얼	반지
褡褳兒	다롄얼	다련
扇子	샨으쯔	션ᄌᆞ
團扇	탄샨	단션

鈕子眼兒	뉴으쯔옌얼	단초구멍
鈕子	뉴으쯔	단추
鈕襻兒	뉴반얼	단추밧침
荷包	허봐	주먼니
帳子	장으쯔	문장
靠背	캎베	안식
引枕	인젠	사방침
舖蓋、被窩	푸기、베워	이불
褥子	수으쯔	요

漢字	發音	뜻
枕頭		베기
氈子	ㅅ잔즈	담요
被單子	베단즈	홋이불
枕頭籠布	셴퉈룽부	베기잇
包袱	봐뿌	보자기
孝服	샾뿌	거상옷
草鞋	챂쎼	집신
洋布	양부	양목
夏布	쌰부	모시
麻布	마부	베
綢子	쟉즈	면쥬
貢緞	궁돤	공단
縐紗	착샤	사
綾子	링즈	공능
法蘭絨	빤란숭	융
綿花	멘화	솜

飮食類

早飯	잗빤	죠반
晌飯	샹빤	낫밥
晚飯	완빤	저녁밥
白米	비미	쌀
糯米	뤄미	찹쌀
粳米	징미	상미
小米	쌰미	좁쌀
大麥	다메	모리
小麥	쌰메	밀
高粱	갈량	수수
玉米	위미	옥수수
黑豆	흐뚜	거문콩
黃豆	황뚜	황두
綠豆	루뚜	녹두
芝麻	지마	ᄭᅢ
蘿蔔	뤄뿌	무
白菜	비채	빅추
韭菜	직채	부추

華語	發音	朝鮮語
芹菜	친처	미나리
菠菜	버처	버치
豌豆	완뚜	강남콩
葱	충	파
蒜	쏸	마눌
豆芽菜	뚜야처	콩기름
芋頭	위퉈	토련
白薯	비수	감ᄌ
香菌	샹쥰	버섯

華語	發音	朝鮮語
茄子	체쯔	자지
黃瓜	황과	물외
東瓜	둥과	동와
西瓜	시과	서과
南瓜	난과	호박
甜瓜、香瓜	톈과、샹과	참외
竹筍	쥬쑨	죽순
鹹菜	셴처	침치
醬菜	쟝처	장아찌

生薑 (성강) 생강

芥末 (계머) 계자가루

胡椒麵兒 (후챠멘얼) 호초가루

辣草麵兒 (라챠멘얼) 고초가루

牛肉 (누우) 황육

羊肉 (양우) 양육

猪肉 (주우) 제육

鴨子 (야으) 오리

野鷄 (예지) 생치

鵓子 (버으) 비들기

公鷄 (궁지) 숫닭

母雞 (무지) 암닭

鷄蛋、鷄子兒 (지단, 지으얼) 계란

家雀兒 (쟈챠얼) 참새

麵 (멘) 가루

麵包 (멘밮) 면보

飯 (빤) 밥

粥、稀飯 (주, 서빤) 죽

火腿	훠퉤	염졔육
酒	작	술
紹興酒	쏘싱작	소흥쥬
燒酒	쏘작	쇼쥬
紅酒	훙작	포도쥬
三賓酒	싼핀작	삼판쥬
啤酒、麥酒	비작、메작	믹쥬
白乾兒	비깐얼	빅알
荷蘭水	허란쉐	나무늬

白糖	비탕	설당
白鹽	비옌	소금
醬	장	장
香油	샹역	참기름
燈油	덩역	들기름
黃油	황역	콩기름
牛奶	뉴니	우유
茶	차	차
珈琲	까페	가피차

饅(만)頭(톼)	만두
餃(쟢)子(ᄍᆞ)	교ᄌᆞ
元(웬)宵(샾)餅(빙)	ᄯᅥᆨ국
黃(황)油(역)	ᄲᅡ다
奶(나)餅(빙)	치ᄉᆞ
菓(궈)子(ᄍᆞ)	과ᄌᆞ
桃(탄)兒(얼)	복샤
李(리)子(ᄍᆞ)	외얏
梨(리)	ᄇᆡ
杏(싱)兒(얼)	살구
蘋(핑)果(궈)	능금
葡(푸)萄(탄)	포도
柿(스)子(ᄍᆞ)	감
柿(스)餅(빙)	곶감
栗(리)子(ᄍᆞ)	밤
柘(시)榴(릭)	석유
橘(쥐)子(ᄍᆞ)	감ᄌᆞ
橙(쳥)子(ᄍᆞ)	귤

核桃 히탄 — 호도

櫻桃 잉탄 — 잉도

白果 비궈 — 은힝

紅棗兒 훙잔얼 — 딕초

橄欖、青果 간란 칭궈 — 감람

山裡紅 싼리훙 — 아가위

龍眼 룽옌 — 용안

荔枝 리지 — 려지

無花果 우화궈 — 무화과

落花生 뤄화썽 — 낙화성

枇杷 비파 — 비파

松子 쑹쯔 — 잣

海鯽魚 히지위 — 도미

鯽魚 지위 — 부어

鱔魚 싼위 — 빔장어

鯉魚 리위 — 이어

銀魚 인위 — 은어

黃海魚 화히위 — 죠긔

鯖魚 청위 비웃

甲魚 쟈위 자라

鮑魚 반위 뎐복

龍蝦 룽샤 딕하

蛤蠣 꺼리 죠기

螃蟹 팡세 게

海蔘 히쓴 히삼

家具類

飯碗 빤완 사발

八條魚 싸댶위 문어

鯨魚 징위 고릭

魚翅 위츼 어싀

燕窩 옌워 연와치

海帶菜 히딕치 다시마

魚肛 위쌍 불에

紫菜 츠치 김

茶碗 차완 차완

茶鍾	챠중	차종ᄌᆞ
茶壺	챠후	차관
茶船兒	챠촨얼	차잔밧침
茶盤兒	챠판얼	차반
酒杯	직배	술잔
酒壺	직후	쥬젼ᄌᆞ
盤子	판즈	소반
碟子	뎨즈	접시
海碗	히완	당긔

匙子	츼즈	수져
勺子	쏘즈	국이
叉子	차즈	ᄉᆞ스랑
刀子	또즈	칼
筷子	쾌즈	져서락
羹匙	겅츼	ᄉᆞ시
酒瓶	직핑	술병
七星罐兒	치싱관얼	새피ᄎᆞ관
台布	태부	상보

鐵鍋	톄궈	솟
沙鍋	사궈	퉁노긔
桌子	줘쯔	탁ᄌᆞ
椅子	이쯔	교의
櫈子	덩쯔	반등
脚踏兒	쟈타얼	등샹
鐵床	톄촹	텰샹
木床	무촹	평샹
櫃子	궤쯔	괴
鏡子	징쯔	톄경
地毯	디탄	쟝판
凉蓆	량시	돗ᄌᆞ리
炕席	캉시	다담이
洋燈	양덩	양등
蠟燈	라덩	쵹ᄃᆡ
燈籠	덩룽	등롱
取燈兒、自來火	취덩얼、쯔래훠	셩냥
胰子	이쯔	왜비누

手巾 (쑤친) 수건

洗臉盆 (시렌펀) 셰수딕야

臉盆架子 (렌펀쟈으) 셰수닥ᄌᆞ

刷子 (쏴으) 사쟈

牙刷子 (야쏴으) 니솔

牙籤兒 (야첸열) 이소시기

烟袋 (옌딕) 연딕

烟荷包 (옌허발) 담비솜지

火爐子 (훠루으) 란노

煤斗子 (메뚜으) 셕탄그릇

煤鏟子 (메찬으) 부삽

煤 (메) 셕탄

木炭 (무탄) 숫

柴火 (치훠) 장작

火紙捻兒 (훠즤넨열) 화지

秫稭兒、高粱幹兒 (쑤지열 간량싼열) 수수샹

鎖子 (쒀으) 잠을쇠

鑰匙 (얖츼) 열시

激箭 (지퉁) 무쟈위

熨斗 (윈뚜) 듸루리

吊桶 (댶퉁) 드레박

水桶 (쉐퉁) 물통

簸箕 (버치) 키

笤箒 (턒쥐) 비

算盤 (쏸판) 쥬판

棒槌 (벙취) 도리셔

鐮刀、鐮子 (렌댶、렌으ㅈ) 낫

斧子 (뿌으ㅈ) 도긔

鋤子 (추으ㅈ) 호믜

鉅子 (쥐으ㅈ) 톱

錐子 (줴으ㅈ) 송곳

鎚子 (취으ㅈ) 장도리

鍤子 (챠으ㅈ) 가레

鉋子 (봔으ㅈ) 듸픠

鑿子 (쭤으ㅈ) 끌

鉗子 (첸으ㅈ) 집게

紡車(방처) 물릐
碓子(뒤으) 절구
杵子(추으) 박아공이
竹把(쥬바) 갈퀴
紙(즤) 죠희
筆(쎄) 붓
墨(머) 먹
硯池(옌지)、硯台(옌태) 베루
墨盒兒(머허얼) 먹합

印色(인서) 인쥬
圖書(투수)、圖章(투장) 도서
鋼筆(강쎄) 텰필
鉛筆(옌쎄) 연필
信紙(신즤) 편지죠희
信封兒(신뽕얼) 봉투
火漆(훠치) 봉납
洋糨子(양징으) 풀
信票(신퍄) 우표

木梳	무수	빗
剪子	졘쯔	가위
剃頭刀	티투닾	멘도
耳挖子	얼와쯔	귀이기
酒鑽子	쥐찬쯔	막에빼는송곳
火盆	훠펀	화로
鞍子	안쯔	안장
韁繩	쟝셩	고삐
馬蹬	마덩	등자

嚼子	쟢쯔	재갈
肚帶	두대	뱃대끈
馬掌	마쟝	말신
籠頭	룽투	구레
繩子	셩쯔	줄
草繩	챺셩	삭기줄
雨傘	위산	우산
旱傘	한산	한산
琵琶	비파	비파

鑼	뤄	쐉가리
喇叭	라ᄡᅡ	라팔
鼓	구	북
笛	디	피리

金玉類 附草木

金	진	금
銀	신	은
銅	퉁	동
鐵	톄	쇠
三絃	싼쎈	삼현금
胡琴兒	후친얼	희금
月琴	웨친	거문고
洋鐵、馬鐵	양톄 마톄	양텰
紅銅	훙퉁	구리
白銅	비퉁	ᄇᆡᆨ퉁
青銅	칭퉁	함셕

錫鑞 시라 — 쥬셕

鉛 연 — 납

水銀 쉐인 — 수은

金剛石 진깡시 — 금강셕

珍珠 잔주 — 진쥬

珊瑚 산후 — 산호

琥珀 후버 — 밀화

羊脂玉 양즤위 — 빅옥

翡翠玉 뻬취위 — 비취옥

瑪瑙 마놔 — 수만옥

水晶 쉐징 — 수졍

大理石 다리시 — 옥돌

紫檀、紅木 츠단 홍무 — 박달ᄂᆞ무

桑樹 상수 — 뽕ᄂᆞ무

松樹 쑹수 — 소ᄂᆞ무

杉樹 산수 — 젼ᄂᆞ무

柳樹 릭수 — 버들

檉 텅 —

漢字	華音	朝鮮語
竹		ᄃᆡ
芭蕉	파챠	파쵸
牡丹	무란	모란
芍藥	샤얖	작약
水仙	쉬쎈	수션화
玫瑰花	메구화	문괴화
菊花	쥐화	국화
藕花、蓮花	왁화 렌화	연화
海棠	히당	ᄒᆡ당화
蘭花	화	난쵸
百日紅	배시홍	ᄇᆡᆨ일홍
百合	비허	ᄇᆡᆨ합
桂花	계화	계화
杜鵑花	두젼화	두견화
樹根	수끈	나무ᄲᅮ리
葉子	예쯔	닙ᄉᆞ귀
樹枝兒	수지얼	가장귀

禽獸類 附昆虫

獅子 싀으 ᄉᆞ지

老虎 랖후 범

豹子 퐌으 표범

象 샹 코기리

狼 랑 이리

公牛 궁부 수소

母牛 무부 암소

쉬부

牛犢子、小牛 부두으 쌴부 송아지

山羊 싼양 산양

綿羊 몐양 어린양

羊羔兒 양쌒얼 염소

駱駝 뤄퉈 약뒤

驢 뤼 나귀

騾子 뤄으 노석

마

狐狸		여호
鹿	루	사슴
家兎兒	쟈탄얼	집토기
狗熊	꺽쓩	곰
松鼠兒	쑹쉬얼	다람쥐
狗	꺽	개
猫	맢	괴양이
猴兒	허얼	원숭이
耗子	한으즈	쥐

野猪	예쥬	산도야지
仙鶴	쎈허	학
孔雀	쿵챺	공작
老鵰	랖쟢	황새
鷹	잉	매
雁	안	기러기
老鴰	랖써	솔개
鵝	어	거위
鴨子	야으즈	오리

鴿子 써으 비둘기
公鷄 궁지 수닭
母鷄 무지 암닭
燕子 연즈 졔비
鸚哥兒 잉거얼 잉모싀
黃鶯 황잉 ᄭᅬ고리
夜猫子 예맛으 벙이
家雀兒 쟈챤얼 참싀
蠶虫 찬충 누에

蝴蝶兒 후데얼 나븨
蜜蜂 미뻥 ᄭᅮᆯ벌
螞螂 마랑 ᄯᅡᆨ졍벌레
長虫 창충 비암
蛤蟆 써머 개구리
螞蟻 마이 개미
蒼蠅 창잉 파리
蚊子 운으 모기
火虫 휘충 반듸불

蜻蜓 칭팅	秋蟬 취찬	螞蜂 마뽕	蜘蛛 지쥬
짬ᄌᆞ리	밈이	말벌	거믜

蜈蚣 우궁	虱子 싀쯔	虼蚤 써잔	臭虫 취충
진네	이	베룩	빈듸

瀛洲 高永完 編著
華人 張上達 校正

官話八門

第一篇

你 니	네
您 닌	당신
我 워	내
他 타	저사람
你們 니먼	너의들

我們 워먼	우리들
他們 타먼	저사람들
咱們 자먼	우리들
誰的 쉬디	뉘것, 뉘의
你的 니디	네것, 네의

我的 (워디) 내것、내의

他的 (타디) 저사름의것

這個 (저거) 이것

那個 (나거) 저것

那個 (나거) 어느것

這兒 (저얼) 여긔

那兒 (나얼) 저긔

那兒 (나얼) 어듸

저마다

那麼小 (나마쌰) 저러케적다

多麼好 (둬마한) 얼마콤됴타

什麼 (시마) 무엇

怎麼 (즘막) 엇지、왜

那麼 (나마) 그러면

懂得 (둥더) 알아듯다

認得 (신더) 아라보다

記得 (지더) 긔역ᄒᆞ다

지댜

曉得(쑈더) 셔닷다

明白(밍빅) 명ᄇᆡᆨᄒᆞ다

糊塗(후두) 미옥ᄒᆞ다

乾淨(깐징) 졍ᄒᆞ다

腌臢(안쨩) 더럽다

聽見(팅젠) 듯다

看見(칸젠) 보다

我給(워끠) 내가주다

給我(끠워) 나를주다

不給我(부끠워) 나를주지안타

我給不了(워끠부랴) 내주지못ᄒᆞ겟다

說給我(쒀끠워) 내게말ᄒᆞ시오

交給我(쟈끠워) 내게맛기시오

遞給我(디끠워) 내게집어주시오

送給我(쑹끠워) 내게보ᄂᆡ주시오

借給我(졔끠워) 내게빌여주시오

賣給我(미끠워) 내게팔아주시오

第二編 氣候

진얼 톈치 즘마양
今兒、天氣怎麼樣

진얼거씌 빤인 빤칭
今兒個是、半陰半晴

저지톈 톈치 메쥰얼
這幾天、天氣沒準兒

쭤톈 놘훠 진톈 역렁라
昨天暖和、今天又冷了

후산 파치 이진다 앵릐
忽然颳起、一陣大風來

왜퇴 투다 더흔
外頭土大得很

저량톈 롄인저 싸위
這兩天、連陰着下雨

닾얼샹 서지 부할 쫘라
道兒上、實在不好走了

오ᄂᆞᆯ、일긔、엇더ᄒᆞᆫ、모양이오

오ᄂᆞᆯ은、반쯤흐리고、반쯤、개엿소

이몃칠、일긔를、쥰젹ᄒᆞᆯ수업소

어제는、ᄯᅡ듯ᄒᆞ더니、오ᄂᆞᆯ은、ᄯᅩ、칩다

ᄒᆞᆯ연이、일진ᄃᆡ풍이、부러옴니다

밧게、먼지가、ᄃᆡ단ᄒᆞᆷ이다

이ᄒᆞᆫ니틀、연ᄒᆞ야、비가옴이다

길우희、실샹、단니기、됴치못ᄒᆞ오

上天黑雲彩、鬧起來了

저거빤위웨쌰웨진
這個暴雨越下越緊

니재저얼 잔체피위바
你在這兒、暫且避雨罷

덩저이훠얼텐쾌칭랸바
等着一會兒、天快晴了罷

톈치흔렁허쒁두둥라
天氣很冷、河溝都凍了

또랸쌍우 쉐두화라
到了晌午、雪都化了

진얼 쟢치 칸첸와샹디쐉
今兒早起、看見瓦上的霜

괘부더쥐텐예리 쟢저렁라
怪不得、昨天夜裡、覺着冷了

하ᄂᆞᆯ에、거문구름이、피여、이러옴이다

이폭우가、더욱、올소록、더욱、긴ᄒᆞ다

네、여긔잇셔、잠시、비를、피ᄒᆞ시오

한동안、기더리면、쟝춧、ᄂᆞᆯ이、기겟소

일긔가、미우、차셔、내와、긘쳔이다、어럿소

낫지되미、눈이、다노갓소

오ᄂᆞᆯ、아ᄎᆞᆷ에、긔와우희、셔리를보왓소

괴이치안타、어제、밤에、치운것을、아랏소

진톈쓰저거웨저얼라
今天是這個月幾兒了
오ᄂᆞᆯ은、이ᄃᆞᆯ、몃칠이온닛가

진톈쓰리바이、쎄이톈궁라
今天是禮拜、歇一天工了
오ᄂᆞᆯ은、례비일이라、하로、공부를、쉬다

따랖한포라메여
打了號砲了沒有
호포를、노앗ᄂᆞ뇨、아니뇨

깡따랖스얼뎬중라
剛打了十二點鍾了
막、열두뎜종을、쳣습니다

第三編 訪問

작양잡밍、진톈터궈래바이빵
久仰高名、今天特過來拜訪
오래、놉푸신、일홈을、듯고、오ᄂᆞᆯ 특별이 심방ᄒᆞ엿소

부깐당、랖쟈더흔
不敢當、勞駕得很
불감ᄒᆞᆫ、말ᄉᆞᆷ이오、오시게、ᄆᆡ우 소고ᄒᆞ셧소

칭닌닾커팅리줘바
請您到客廳裡坐罷
청컨ᄃᆡ、당신은、사랑에、드러가 안즈시오

您請上坐罷 닌칭샹줘바

您請 닌칭

今兒幸得相會有緣哪 진얼싱더샹훠유옌나

前天請安來、您沒在家 쳰톈칭안래 닌메지쟈

可不是失迎失迎 커부씌시잉시잉

那位是怎麼稱呼 나위씌즘마청후

這位是姓高、我們同鄉的人 저위씌싱꼬 워먼퉁샹디신

偺們瞧着好面善 자먼챠저하오멘샨

당신、상좌에、안즈시오

당신、먼저

오ᄂᆞᆯ、다힝이、셔로、만ᄂᆞ니、이연이、잇습니다

젼일에、문안ᄒᆞ라、왓더니、당신 집에、아니、게습듸다

엇지ᄒᆞᆫ지、나가、맛지、못ᄒᆞ엿소

져분은、뉘라구、칭호ᄒᆞ십닛가

이분은、셩이、고씨요、우리、동향 사ᄅᆞᆷ이외다

우리、뵈옵기에、믜우、낫치、닉습니다

히메링쟌닌나
還沒領教您納

부깐당 워시지쎈무더흔
不敢當、我實在羡慕得很

닌진넨귀껑
您今年貴庚

워히샾나얼시우쉐라
我還少哪二十五歲了

닌지나얼주저라
您在那見住着了

워지쳰먼왜텩커텐리주저라
我在前門外頭客店裏住着了

자먼저이샹쌒젠쌒젠
偺們這一向少見少見

니먼뿌샹두화아
你們府上都好呀

오히려、당신게、말솜을、못엿좌
소

불감혼、말솜이오、나도、셩화를、
니이、드럿소

당신、금년에、무솜셩이시오

내、아죽、졈소、이십오셰외다

당신、어듸셔、머무심닛가

내、남문박、킥뎜에、머무러잇소

우리、요쟈막、드문드문、보는구
료

당신틱닉、다、평안흐시오

託福託福、倒很好了

第四編 會食

我要陪您吃晚飯了 워얖페닌치완빤라

偺們找個飯館子去罷 쟈먼잔거빤관쯔취바

菜單子拿來、給我們看看 채단쯔나릐씌워먼칸칸

這茶太釅苦的喝不得了 저차틔옌쿠디허부더라

這個菜、合您口味不合呢 저거채허닌쿼웨부허니

我要淸淡的不要油膩的 워얖칭딴디부얖역이디

복을혐닙어、다、잘잇슴니다

내、당신을、뫼시고、만찬을、먹고져ᄒᆞ오

우리、요리집을、차져갑시다

음식발긔를、내게、가져와、뵈시오

이차가、너무、독ᄒᆞ야、써셔、먹을수업소

이음식이、당신、구미에、맛소、맛지안소

나는、청담ᄒᆞᆫ것을、구ᄒᆞ고、밋기ᄒᆞᆫ것은、실소

請您隨便、不要客氣
청닌쉬볜 부야커치
청컨ᄃᆡ、당신、편ᄒᆞᆯᄃᆡ로、ᄒᆞ고、톄면부리지、마시오

再用點兒海蔘湯麼
재융뎬얼히쏜탕마
또、히삼탕을、좀、잡수시겟소

已經吃飽了、再不能喝了
이징치반라 지부능허라
벌셔、먹어、ᄇᆡ부르니、다시、먹을수、업소

鷄肉不新鮮、快擐來罷
지ᅀᅮ부신쎈 쾌환릐바
ᄃᆞᆰ고기가、신션치、못ᄒᆞ니、속히、밧구어、오시요

沒預備什麼菜、不成敬意得很
메위뻬시마、처 부청징이더흔
무슴음식을、예비홈이、업셔、공경ᄒᆞᆫ듯을、이루지、못ᄒᆞ오

那兒的話呢、這是太盛設了
나얼디화니 저씌태썽셔라
무슴말슴이오、이、너무、셩셜이외다

偺們滑幾拳罷
쟈먼화지찬바
우리、화면이ᄂᆞ、ᄒᆞ여봅시다

可以、很有趣兒了
커이 흔여우쮜얼라
됴소、미우、쟈미잇소

遞給我辣草麵兒、和鹹菜來罷
듸게워라챺멘얼 훠쎈채리바

火爐子裏、再添點兒煤
훠루쯔리 지텐덴얼메

跑堂兒的快點上燈罷
판탕얼디쾌뎬샹덩바

我們吃完了、都撤下去罷
워먼치완라 두처샤취바

偺們可以算賬
쟈먼커이쏸장

偺們找個戲館子、聽戲去罷
쟈먼찬거시관쯔 팅시취바

第五編 告別

天不早了我要告暇
텐부챺라워얀간쟈

내게、고쵸가루와、김치를、갓다 주시오

란로에、또、셕탄을、더 느어라

고용ᄒᆞᆫ 사ᄅᆞᆷ、속히、등잔에、불 케시오

우리 다、먹엇스니、다、물녀가시 오

우리、가히、셰음 ᄒᆞᆸ시다

우리、연극장을、챠져、소리드르 라、갑시다

일긔가[illegible]스니、내、가고져ᄒᆞ 오

망슴마 재줘이줘바
忙甚麼、再坐一坐罷
무엇이、밧부시오、더、안즈시오

워여뎬얼싀재릭칭안
我有點兒事再來請安
내、좀、일이잇스니、다시와서、문안ᄒᆞ겟소

나마 워닾부싼신릭라
那麼、我倒不敢深留了
그러면、내、감히더잇스라、아니ᄒᆞ겟소

둬잔닌요둥신 휘샹쌰취
多偺您要動身、回鄉下去
언제、당신이 써나、시굴、가고져ᄒᆞ시오

밍얼잪치 워야줘저챺쳐취
明兒早起、我要坐着早車去
ᄂᆡ일、아츰에、첫차를、타고져ᄒᆞ오

워흔펀왕니쾌휘릭
我很盼望你快回來
내、당신、속히、도라오시기를、바라오

청쓩태디뎬지저워랴
承兄台的惦記着我了
로형의 ᄉᆡᆼ각ᄒᆞ여주시믈、입ᄉᆞ외다

샹휘주인 칭좐지이셩
想會主人、請轉致一聲
쥬인、만ᄂᆞ거든、청컨ᄃᆡ、ᄒᆞᆫ말ᄉᆞᆷᄒᆞ여주시오

닌훠쟈취 두티워 칭안원화
您回家去、都替我、請安問好

씌훠취 두티닌숴 짇씌라
是回去、都替您說、就是了

밍얼워닾랴훠처잔 게닌쑹싱취
明兒、我到了火車站、給您送行去

부깐당 부씨랖쓩태디쟈라
不敢當、不必勞兄台的駕了

닌훠쟈지허 게워이뽕신바
您回家之後、給我一封信罷

씌 닌징허워디쟈인짇씌라
是、您靜候我的佳音就是了

쎈재 워약시페랴닌나
現在、我要失陪了您納

재회재회
再會再會

당신、집에가시거든、다、내의、문안ᄒᆞ여주시오

네、가셔、당신、ᄃᆡ신ᄒᆞ여、말솜ᄒᆞ오리다

내일、내、졍거장에가셔、당신게작별ᄒᆞ랴、가겟소

불감ᄒᆞᆫ말이오、로형、소고로히오실것이、아니오

당신집에、가신후、내게、편지ᄒᆞ시오

네、당신、내의편지를、기ᄃᆡ리시오

즉금、내、당신게、작별코자、ᄒᆞ오

ᄯᅩ、뵈옵시다

이루샹칭닌뱌중바
一路上請您寶重罷
로샹에、부듸、평안ᄒᆞ시오

칭릭부베쑹베쑹
請留步、別送別送
청컨듸、거름을、머추시고、보닉지마시요

부쑹부쑹
不送不送
보닉지、못ᄒᆞ오

第六編 散步

진텬씌리비、쥐허샨쳰
今天是禮拜、做何消遣
오날은、공일이니、무엇으로、소견ᄒᆞᆯ고

메시마스、다마쌍쌍취하
沒什麽事、大槪逛々去好
무슴일이、업스니、듸쳐、놀느가는것이、됴소

나마、쟈먼이쾌얼릭다취바
那麽、咱們一塊兒溜達去罷
그러ᄒᆞ면、우리、ᄒᆞᆫ가지、산보ᄒᆞ라、갑시다

니뒤쟌여궁뿌얼
你多咱有工夫兒
네、언제、틈이잇ᄂᆞ뇨

我近來沒事、那天都行了
워진릭메싀나텬두싱라

偺們上那兒狂去好呢
쟈먼샹나얼쌍취한니

勿論什麼地方、都可以
우룬시마디방두커이

那麼、上公園裡看花去罷
나마샹궁웬리칸화취바

你要愛去、我也陪您搭伴走
니얀익취워예페닌싸빵쪄

那邊兒風光、實在爽快得很
나벤얼앵광시재샹쾌더흔

穿過那樹林子裡去罷、這是抄近的道兒
촨궈나수린쯔리취바저씌찬전디단얼

나는、근릭、일이업스니、아모날이느、되겟소

우리、어듸로、놀느가면、됴켓소

어느디방이던지、다、좃소

그러면、공원에、꼿、구경ᄒᆞ라、갑시다

네、가고져ᄒᆞ면、나도、너를、뫼시고、쟉반합시다

거긔、풍경이、참、샹쾌ᄒᆞᆷ이다

져 수평이로、바로、갑시다、이것이、질너가는、길이외다

綠森森的、草木都發芽兒了（루싼싼디 챠무두빠야얼라）

別說桃李、連海棠開得好看（베쒀탄리 롄히탕캐더한칸）

若是過了兩三天、花都要謝了（야씌궈랴량싼톈 화두야세라）

趂着好機會、大家熱鬧熱鬧罷（츤저한지휘 다쟈싀노싀노바）

現在我很乏了、在那兒歇好呢（쏀재워흔쌔라 재나얼세한니）

這兒有椅子、請您坐一坐罷（저얼역이으 칭닌줘이줘바）

您瞧天不早了、偺們回家去罷（닌챠톈부잪라 쟈먼휘쟈취바）

就是黑了、也不要緊、打着燈籠（작의회라 예부야진 따저덩룽）

푸루숙숙ᄒᆞᆫ、쵸목이、다、싹이ᄂᆞ다

도화、이화ᄂᆞᆫ、말、말고、ᄒᆡ당화ᄭᆞ지、잘、피엿습니다

만일、이ᄉᆞᆷ일、지ᄂᆡ면。ᄭᅩᆺ치、다여위겟소

죠흔、긔회를타셔、여러히、ᄯᅥ들고、놉시다

즉금、내、ᄆᆡ우곤ᄒᆞ니、어ᄃᆡ셔、잘쉬을ᄭᆞ요

여긔、교의가、잇스니、청컨ᄃᆡ、안즈시오

당신、보시오、날이、느지니、우리집으로、갑시다

곳、져물드ᄅᆡ도、상관업소、등롱

취라
去了
올、가지고갑시다

第七編 學事

니톈톈잪샹 샹나얼취니
你天天早晌、上那兒去呢
네、날마다、아츰이면어듸로、가느뇨

워샹쉬탕취
我上學堂去
내、학당에、갑니다

니먼디쉬탕재나얼
你們的學堂在那兒
너의학당이、어듸잇느뇨

다졔샹먼컥 역봐쓰디
大街上門口、有報字的
큰길우희、문、어귀에、광고가、잇슴니다

톈톈얼슴마시홛얼용궁
天天兒甚麼時候兒用工
미일、어늬ᄯᅢ、공부ᄒᆞ시오

잪치빠뎬닾랴시얼뎬쭝
早起八點到了十二點鍾
아츰、여덜시부터、열두뎜ᄭᆞ지오

니먼디쟈의쟈지위
你們的教習有幾位

쟈싀엑쌴거신
教習是三個人

이거웨둬쌰웨정
一個月多少月撒

메웨량쾌양첸
每月兩塊洋錢

니쌰궈지넨디궁뿌
你學過幾年的工夫

차부둬역이넨
差不多有一年

니휘쒀잉궈화마
你會說英國話麼

휘쒀이뎬얼부둬
會說一點兒不多

당신의、교습ᄒᆞ는、선ᄉᆡᆼ이、몃분이오

교습이、세분이외다

일ᄀᆡ월에、월ᄉᆞ금이、얼마뇨

ᄆᆡ월에、이원은젼이외다

네、몃ᄒᆡ동안을、비화ᄂᆞ뇨

거의、일년이、되여ᄂᆞ이다

네、영국말을、ᄒᆞ슴닛가

조곰、알고、만치못ᄒᆞ오

쌰궈지넨치쎄녜니
學過幾年、纔畢業呢

딩디씌싼넨쎄예디
定的是三年畢業的

궁궈완라쾌휘쟈취바
功課完了、快回家去罷

워먼싼샹히여이덴즁
我們班上、還有一點鐘

멧히를、배호면、능히、졸업를、ᄒᆞᄂᆞ뇨

쟈졍ᄒᆞ기는、삼년만에、졸업ᄒᆞᆯ이다

공부를、맛쳐스니、속히、집에갑시다

우리반에는、아쥭、한시동안이、잇소

第八編 商賣

신쿠쟝궈디저지톈미미한아
辛苦掌櫃的、這幾天買賣好呀

퉈닌디약싱이히솬커이디
託您的福、行意還筭可以的

니둬잔캐푸쯔미시마둥시
你多偺開鋪子、買什麽東西

쟝괴디、신고ᄒᆞ시오、요쟈막、메미가、좃소

당신의복을、힙닙어、싱의가、그러ᄒᆞᆯ만ᄒᆞ외다

네、언제、뎐방을、열며、무슴물건을、파ᄂᆞ뇨

開雜貨店、都是家常用的東西
(캐자훠덴 두쓰쟈창융디둥시)

我要買一個皮包和一把旱傘
(워얀마이이거피봐훠이바한산)

有好幾樣兒東西、您挑一挑罷
(역한지양얼둥시 닌탼이탼바)

大約、這樣兒的價錢、怎麼樣
(다웨 저양얼디쟈첸 즘마양)

皮包是四塊半、旱傘是兩塊七角五分錢
(피봐쓰쓰쾌빤 한싼쓰량쾌치 쟈우우뿐첸)

這是一定的價錢、減給我點兒
(저쓰이딩디쟈첸 쳰께워덴얼)

您若是打躉兒買、可以減點兒、您
(닌약쓰따둔얼마이 커이쳰덴얼 닌)

잡화면을니여、집에、항상、쓰는물건이외다

내、ᄒᆞᆫ개갑안과、ᄒᆞᆫ자루양산을、사고져ᄒᆞ오

여러가지물건이、잇스니、당신、고르시요

ᄃᆡ져、이러ᄒᆞᆫ것은、갑시、엇더ᄒᆞᆫ모양이오

갑안은、사원오십젼、양산은、이원칠십오젼이외다

이、일정ᄒᆞᆫ갑시오、좀、감ᄒᆞ여、주시오

당신、만일、다슨으로ᄉᆞ면、가히、

요 이 거 이 거 디 링 미 쥐 씌 저 거 쟈 젼
要一個一個的零買、就是這個價錢

니 쒀 시 화 부 얀 쒀 황 쟈 바
你說實話、不要說謊價罷

저 씌 흔 궁 닾 닾 쟈 디 쟈 얼
這是很公道、到家的價兒

나 리 역 저 양 태 귀 니
那裡有這樣太貴呢

인 위 쓰 쟝 디 훠 흔 돤 쒀 이 항 싀 왕 샹 창
因爲市上的貨很短、所以行市往上長

워 씌 니 쏀 쳰 미 씌 워 폔 이 세 얼
我給你現錢、買給我便宜些兒

좀、감ᄒᆞ되、ᄒᆞᆫ기、ᄒᆞᆫ기식、푸러ᄉᆞ면、곳이갑시외다

네、바로말ᄒᆞ고、외누리ᄒᆞ여、말ᄒᆞ지마시오

이것이、미우、공도요、집에가져온、본갑이외다

엇지、이러케、너무、비싸단말이오

시상에、물건이、달이무로 인ᄒᆞ야、시세가、올나감니다

내、너를、맛돈주는것이니、좀、싸게ᄒᆞ여주시오

워먼푸즈리옌우얼쟈
我們舖子裡言無二價

샾랖이거쳰돤부싼민
少了一個錢斷不敢賣

워부씌쒸니환쟈알 칸저부우
我不是駁你還價兒、看這不悞

주구디롄몐
主顧的臉面

워쒸안패쳰 미씌닌 시청리텾
我雖然賠錢、賣給您、十成裡頭

젠이청라
減一成了

第九編 主僕

톈쾌량라 랖예치래바
天快亮了、老爺起來罷

우리、뎐방에는、말에、두갑시업ᄉᆞ외다

ᄒᆞᆫ푼들여도、감히、팔지못ᄒᆞ오

내、당신의、갑돈음、깍고져홈이、아니라、단골에、그릇、아니ᄒᆞᄂᆞᆫ낫출、보시오

내、비록、밋지드려도 당신께 열에ᄒᆞᆫᄂᆞ식、할리ᄒᆞ여、주리다

하ᄂᆞᆯ이、쟝찻、발그니、로야은、이러ᄂᆞ시오

워야시렌니취싸쉐릐
我要洗臉你去打水來

시렌쉐싸릐라 이쯔허비옌지
洗臉水打來了、胰子和白鹽在

나얼
那兒

저쉐즘마저마훈
這水怎麼這麼溷

워야허챠 쉐캐라 니릐 간수워
我要喝茶、水開了、您來、告訴我

니나쟢빤릐
您拿早飯來

나거채 히메위븨할나
那個菜、還沒預備好哪

빤더라메역
飯得了沒有

내、세수ᄒᆞ고져ᄒᆞ니、네、가셔、물써오너라

세수물、써왓소、비누와、소금이、

거긔잇슴니다

이물이、엇지、이갓치、흐린뇨

내、차를、먹기스니、물이、셜커든네、와셔、고ᄒᆞ라

네、죠반、가져오너라

그반찬을、아죽、예비치、못ᄒᆞ엿소

밥이、되얏느냐、아니냐

天不早了、開飯罷 (텬부쟢라 키반바)

您愛喝甚麼酒 (닌이허슴마작)

勿論甚麼酒都好 (우룬슴마작두한)

我們都吃完了、撤下去罷 (워먼두치완라 처쌰취바)

你雇東洋車來 (니구둥양쳐레)

雇到什麼地方 (구닾시마디빵)

包雇一天是多少錢 (반구이텐의뒤쌒첸)

來回多兒錢 (래휘둬얼첸)

일긔가、일지안타、밥을펴라

당신、무슴술을、먹기、사랑ᄒᆞ시오

무슴술을、몰논ᄒᆞ고、다、좃타

우리、다、먹엇스니、물녀가거라

인력거를、세닉여、오너라

어늬디방에、가기ᄭᆞ지、세、닉오리가

하로를、통히、세닉면、얼마ᄂᆞ되오

릐왕에ᄂᆞ、얼마ᄂᆞ되오

一送兒兩角錢

한쪽에는、이십오진이외다

你跑得快、我多少給你酒錢
니퐌더쾌 워둬쌰께니주첸

네、뛰기를、속히ᄒᆞ면、내、다소간 술갑슬、주마

您上那兒去
닌샹나얼취

당신、어듸로、가시오

我上學堂去
워샹쒸탕취

내、학당으로、향ᄒᆞ야간다

第十編 應酬

這一向少見、府上都好呀
저이샹쌰젠 뿌샹두한아

요쟈막、뵈옵지、못ᄒᆞ오、틱니、평안ᄒᆞ시오

托福都好了
퉈뿌두한라

복을、힘닙어、다、잘잇슴니다

過兩天、我一定望看您去
궈량톈 워이딩왕칸닌취

이틀、지ᄂᆡ여、내、일졍히、당신을 보라가리다

我在家裡等着、就是了 (워지쟈리덩지 작씌라)

貴國是、那一國 (귀귀씌 나이귀)

弊國是日本 (쎄귀씌싀뻔)

您到這兒有幾年了 (닌닾저얼여지넨라)

纔兩年 (치량넨)

您會說中國話麼 (닌휘쒀중귀화마)

會說一點兒、不多 (휘쒀이탐얼 분둬)

明兒禮拜、您上那兒逛去 (밍얼리비 닌샹나얼꽝취)

내、집에잇셔、기되리는것이、곳
올슴니다

귀국은、어늬나라시온닛가

폐국은、일본이외다

당신、여긔오신지、멧히느、되엿
소

겨우、량년이오

당신、즁국말를、아심닛가

좀、알되、만치못ᄒᆞ오

내일은、공일이라、당신、어듸로
놀느가랴심닛가

我約了一個朋友、照相去 (워웨료이거펑역조샹취)

他是天天兒來麼 (타씌텐텐얼리마)

不是、隔一天一來 (부씌써이텐이리)

都是甚麼時候兒 (두씌슴마시화얼)

不是早起、就是晚上 (부씌쟢치 작씌완샹)

您到那兒、當天可以回來麼 (닌닾나얼당텐커이휘리마)

當天我可回不來 (당텐워커휘부리)

你是早來了、是剛來呀 (닌씌쟢리라 씌깡리야)

내、ᄒᆞᆫ、친구로、언약ᄒᆞ야、사진박이라、가겟소

그는、날마다、옴잇가

아니요、간일ᄒᆞ야、ᄒᆞᆫ번식、옴니다

도시、어늬ᄯᅢ즘이온닛가

아ᄎᆞᆷ이아니면、곳、져녁이외다

당신、거긔가시면、당일、가히、회환ᄒᆞ겟슴닛가

당일노는、가히、오지못ᄒᆞ겟소

당신은 벌셔、오셧소、막、이오셧소

我來了一會子了（워릐라이휘쯔라）

내、온지가、혼동안、되엿소

第十一編 家眷

寶眷在這兒了麼（봐쵄지저얼랴바）

귀、가속이、여긔、잇슴닛가

沒有、我是一個人來的（메역워씌이거신릐디）

업서요나、혼사롬만、온것이외다

把家眷接來不好麼（바쟈쵄제릐부할마）

가속을、데려옴미、조치안슴닛가

道兒遠、太累贅（닾얼웬틔뤼쮀）

길이머러、너무、귀찬슴니다

某兄有信來了麼（무쑹역신릐랴마）

아모형의、편지가、왓셧더뇨

來了、他還問您好來着（릐라라히운닌할릐저）

왓셔요、그가、당신쎄、문안히습디다

好說、他沒提還來不來麽
화숴타메이티히래부래마

他提還要來、可是、一時不能來
타티히얀래커씌이시부능래

今兒老師跟前、告一天暇
진얼랖스쓴쳰쌒이톈쟈

你告暇有什麽事
니쌒쟈역시마싀

因爲我母親有點兒不舒服
인위워무친역톈얼부수뱍

那麽你快回去罷
나마니쾌휘취바

偺們這一別、不定多偺見哪、我
자먼저이베부딩둬잔쳰나워

實在捨不得呢
싀지써부더니

죠흔말이ᄉᆞᆷ오、그、사ᄅᆞᆷ이、온다던지、못온다던지、말ᄉᆞᆷᄒᆞ지、아니ᄒᆞ엿소

그가、오겟다구、말ᄒᆞ되、그러ᄂᆞ、일시에、능히、오지못ᄒᆞ오

오ᄂᆞᆯ、션싱님압헤、ᄒᆞ로、수유를、청ᄒᆞ오

네、수유를、고ᄒᆞᆷ은、무ᄉᆞᆷ일이、잇ᄂᆞ뇨

내、모친이、좀、편지못ᄒᆞᆷ으로、인ᄒᆞᆷ이외다

그러면、네、속히가거라

우리、ᄒᆞᆫ번、이별ᄒᆞ미、언졔、볼지쟉졍、못ᄒᆞ니、내、실노、뇌이지못ᄒᆞ오

可不是麽、我心裡也是難受
(커부씌마 워신리예씌난쒸)

您到了那兒、務必賞給我一封
(닌닾랴나얼 우세샹긔워이뿡)

信罷
(신바)

您打筭多偺動身
(닌따싼둬잔둥신)

本月底、或是下月初罷
(벤웨디 훠씌쌰웨추바)

行李都預備好了麽
(싱리두위빼할랴마)

就是護照還沒下來哪
(작씌후잔히메쌰릭나)

第十二編 請客

왜、그러치안켓소、내、ᄆᆞ음에도、ᄯᅩᄒᆞᆫ、셥셥ᄒᆞ오

당신、거긔、가시거든、반다시、내게、ᄒᆞᆫ봉편지를、ᄒᆞ시요

당신로량에 언제、길、ᄯᅥ나려ᄒᆞ오

이달、금음이나、혹、릐월、초싱이써뵈다

힝리를、다、예비ᄒᆞ엿슴닛가

다만、집죠를、아즉、ᄂᆡ지、못ᄒᆞ엿소

今兒個我做東、偺們找個地方
吃飯去

즘마여의니쭤둥
怎麼又是你做東

샹휘부의치랴닌더랴마
上回不是吃了您的了麼

나부쏸슴마
那不算甚麼

워리더완라 잔니쒀덩
我來得晚了、叫你受等

부완 주위예두의쌍닾라
不晚、諸位也都是剛到了

진얼칭랴여뒤쌴위커
今兒請了有多少位客

오ᄂᆞᆯ、내、음식、ᄒᆞᆫ턱ᄒᆞ니、어ᄂᆡ디 방을、차저、밥먹으라갑시다

엇지ᄒᆞ야、또、네가、음식턱을、ᄂᆡ려ᄒᆞᄂᆞ뇨

거번에、당신의 것을、먹지、아니ᄒᆞ엿ᄂᆞ요

그、무엇、그러잘게、업소

내、오기를、늣게ᄒᆞ야、당신으로ᄒᆞ야곰、기ᄃᆞ리게、ᄒᆞ엿소

늣지안소、여러분이、또ᄒᆞᆫ、다、막오셧소

오ᄂᆞᆯ、몃분손님을、청ᄒᆞ엿ᄂᆞ뇨

沒有外人都是分內的朋友
메유왜신두씌뻔너디펑유
외인은、업고、도시、분ᄂᆡ의친구외다

這個菜您吃得來麼
저거채닌치더래마
이、음식을、당신이、잡수시겟슴닛가

怎麼吃不來呢
즘마치부래니
엇지、먹지못ᄒᆞ리요

我怕是不合您的口味兒罷
워파씌부허닌디컥웰바
나는、아마도、당신구미에、합당치못ᄒᆞᆯ가보외다

那兒的話呢、我吃着很好
나얼디화니 워치저흔한
무슴、말슴이오、내、먹기를、ᄆᆡ우잘ᄒᆞ오

請您用點兒點心
칭닌융덴얼덴신
청컨ᄃᆡ、당신은、좀、점심을、잡수시오

我剛吃了飯了
워쌍치랴빤라
내、막、밥을、먹엇소

您別客氣
닌볘커치
당신、톄면부리지마시오

我眞不餓
내、참、ᄇᆡ고푸지안소

這店裡住一天、多兒錢 (저뎬리주이톈、둬얼쳰)
이、주막에、하로、머물면、얼마돈이오

五角錢一天 (우잔쳰이톈)
ᄒᆞ로에、오십전식이외다

飯錢都在其內麼 (빤쳰두지치너마)
밥갑도、그안에、잇슴닛가

是、連房帶飯一包在內 (씌롄빵디빤이반지너)
네、방세와、밥갑ᄭᅡ지、통、그안에잇슴니다

第十三編 寫眞

這張照相是、那個照相館照的 (저장잔샹씌나거잔샹관잔디)
이장、사진은、어느、사진관에서박인것이오

不是照相館照的、是我自己照 (부씌잔샹관잔디씌워쯔지잔)
사진관에서、박인것이、아니라

的 (디)

您自己能照的這麼好麼 (닌쯔즤능쟌디저마한마)

您別瞧不起人、我下過些個工夫的 (닌베챠부치신 워쌰궈세거궁약디)

這個你得趕緊的做罷、我等着用那 (저거니더깐진디줘바 워덩저용나)

是、我給您快作、決悞不了您的事 (싀 워께닌쾌줘 쒜우부랴닌디싀)

내자긔가、박인것이오

당신、자긔가、능히、박아기를、이곳치、잘ᄒᆞᄂᆞ뇨

당신은、남을、납비보지마시오

내、그공부를、ᄒᆞ엿소

이것은、속ᄒᆞ게、만드시오、내、쓰기에、밧부외다

네、급히、지어、당신의일을、결단코、그릇ᄒᆞ지、아니ᄒᆞ리다

活得了、我打發人取去罷
(훠더랴 워따빼신취취바)

不用了、得了、我們給您送了去
(부융라 더랴 워먼게닌쑹랴취)

這件事登了新報了沒有
(저젠쓰덩랴신봐랴메여)

登了有好幾天了、您怎麼不知
(덩랴여한지텬랴 닌즘마부지)

道阿
(도아)

登在那個報上了
(덩지나거봐상라)

登在大坂每日新報上了
(덩지다판메싀신봐상라)

這封信寄到日本、得貼幾分信
(저쟁신지닷시뺀 더톄지뺀신)

일이、되거든、내、사롬을、보니여 가질ᄂᆞ가리다

그리ᄒᆞᆯ것업소、되거든、우리가 당신의게、보ᄂᆡ드리리다

이、사건이、신보에、계지ᄒᆞ엿ᄂᆞ 뇨、아니뇨

계지ᄒᆞᆫ지、여러ᄂᆞᆯ이、되엿소、당 신、엇지ᄒᆞ야、아지못ᄒᆞ오

어느신보에、계지ᄒᆞ엿ᄂᆞ뇨

ᄃᆡ판、ᄆᆡ일신보상에、계지ᄒᆞ엿 소

이、봉편지를、일본에、붓쳐가랴

票(퍞)

您掛號、不掛號(닌괘화 부괘화)

掛號(괘화)

等我邀一邀分量、這封信貼一(덩워야이야밴량 처뼝신톄이)

角就殼了(쟈쥐쌱라)

若是不掛號呢(야쓰부괘화니)

不掛號貼三分(부괘화톄싼뻰)

大概得多少日子、可以到呢(다끼더둬쌰시으 커이닾니)

면、멧픈우표를、붓치오

당신이、등긔로、ᄒᆞ오、등긔아니로、ᄒᆞ오

등긔요

내、즁량을、다라보겟소、이、봉편지에、십젼붓치면、곳、넉넉ᄒᆞ오

만일、등긔가、아니면

등긔가、아니면、ᄉᆞᆷ젼을、붓치요

ᄃᆡ개、몃칠동안이면、가히、도달ᄒᆞ겟소

若是趕上船、一個禮拜、就到了

만일、비편에、밋치면、일주일간에、곳、도달ᄒᆞ겟소

若是趕不上船、致多十二三天、準可以到

만일、비편에、밋치못ᄒᆞ면、지극히、만아도、십이숨일이면、가히도달ᄒᆞ오

第十四編 說話

心裡有許多的話、可說不上來

심중에、허다ᄒᆞᆫ말이、잇스되、가히、말이、나오지아니ᄒᆞ오

我說是說上來、還不能聽

니、말은、말ᄒᆞᆷ즉ᄒᆞ나、오히려、듯지못ᄒᆞ오

我不是不說、我是說上不來

내、말을、아니ᄒᆞ랴는것이、아니라、내、말이、나오지아니ᄒᆞ오

今兒沒預備甚麼、沒甚麼可說

오늘、무엇을、예비ᄒᆞᆷ이업셔、무

的 (디)

慢着點兒說、別說的這麼快 (만저뎬얼쒀 베쒀디저마쾌)

要像您說的這麼好、那可眞不容易 (야샹닌쒀디저마핲 나커쩬부융이)

這話、不用往下說了 (저화 부융왕쌰쒀라)

這件事、沒有大說頭了 (저젠씌 메여다쒀텩라)

您是當面兒和他說的麼 (닌씌당멘얼훠타쒀디마)

我多偺這麼說來着 (워둬잔저마쒀래저)

엇이라구、말홀것이、업ᄉᆞ외다

좀、찬찬히、말숨ᄒᆞ시고、이ᄀᆞᆺ치속히、말ᄒᆞ지마서오

당신、말ᄒᆞ시듯키、이ᄀᆞᆺ치、잘ᄒᆞ랴면、참、용이치못ᄒᆞ오

이말은、긋ᄉᆞ지、말홀것이、아니요

이、사건은、큰말홀것이、업ᄉᆞ외다

당신이、당면ᄒᆞ여、그、사ᄅᆞᆷ으로더브러、말혼것이뇨

내、엇제、이러케、말ᄒᆞ엿ᄂᆞ뇨

我是說好啊、是不說好啊

別竟你一個人說、也得讓他說

說說咲咲的很熱鬧

說來說去還是爲錢

竟說瞎話沒正經說

笑裡藏刀別上他的檔

買不買、不要緊、你自請看

您若是買的多、可以饒兩個

내가、말을히야、죠흐냐、말을아니히야、죠흐냐

다만、너혼쟈、말마시고、또ᄒᆞᆫ、남도、말좀、ᄒᆞ게ᄒᆞ오

말ᄒᆞ고、우스면셔、미우써드다

이리말ᄒᆞ고、져리말ᄒᆞ되、오히려、돈상관이오

다만、헛된말만ᄒᆞ고、졍경ᄒᆞᆫ말은、업소

웃는속에、칼을、감초아쓰니、그사름의、꾀임에、빠지지마시오

사든、아니사든、상관업소、네、스ᄉᆞ로、쳥컨듸、보시오

당신이、만일、사기를、만히ᄒᆞ면가히、둘식、더ᄒᆞ여주오

저두씌충더딩줘디、메여마이쏀청디
這都是總得定做的、沒有賣現成的

이는、도시、맛치여、만든것이오 민드러놋코、파는것은、업소

쟈리비셔저한세거、니여매줘슴마
家裡白擱着好些個、你又買做甚麼

집에、공연히、여러기를두고、또 사서、무엇호시오

쟌지단저마창쳰、취녠기둬미샤지거
早知道這麼長錢、去年該多買下幾個

일즉、이갓치、오를줄、아라쓰면 거년에、웅당、몃기를、더사서、둘 것이라

第十五編 辦事

저마뎐얼싀、히쌘부랴마
這麼點兒事、還辦不了麼

이러훈일을、오히려、판단치、못 호엿소

沒他辦不了的事

總得按着規矩辦（충더안저귀쥐빤）

那件事、他一個人包辦（나젠싀 타이거신봐빤）

要辦太費事、不辦又領磣（얀빤티예싀 부빤여한촌）

他辦事、老是辦到半截兒（타빤싀 랖싀빤또빤제얼）

既要辦、總得辦成（지얀빤 충더빤청）

辦不動的事情、他偏要辦（빤부둥디싀칭 타폔얀빤）

那件事辦的不做臉（나젠싀빤디부、쥐렌）

그가、판단치、못ᄒᆞᆫ일이、업소

엇지ᄒᆞ던지、규칙되로、의지ᄒᆞ야、판단ᄒᆞ시요

그조건일을、그、ᄒᆞᆫ사ᄅᆞᆷ이、도만터、판단ᄒᆞ오

판단코자ᄒᆞ면、너무、힘들고、판단치아니ᄒᆞ면、또、야속ᄒᆞ오

제가、일을、판단ᄒᆞᆷ이、늘、반씀ᄒᆞᆸ듸다

이믜、판단ᄒᆞ랴면、엇지ᄒᆞ던지판단ᄒᆞ여될것이오

판단ᄒᆞ여、되지못ᄒᆞᆯ일을、제가편벽되이、판단코져ᄒᆞ오

그죠건일은、판단ᄒᆞ기를、인졍을、두지아니ᄒᆞ오

지쥐다스베파챠봐웬
既做大事別怕招抱怨

저거챠빠라 치뎬얼옌디릐
這個茶乏了、沏點兒釅的來

저거옌틔충 워치부릐
這個烟太冲、我吃不來

니저마뻬신 워시지궈이부킈
你這麼費心、我實在過意不去

쉬츠디탚얖 워시지부할이스
屢次的討擾、我實在不好意思

이믜、큰일을ᄒᆞ랴면、남의원망드를쌔、염녜마시오

이차가、물그니、좀、독ᄒᆞ게、타셔가져오시오

이담비가、너무、독ᄒᆞ니、내、먹을수업소

네、이러케、ᄆᆞ음을쓰니、내、실노황송ᄒᆞ오

여러번、걱졍을、세친니、내、실노불안ᄒᆞ오

散話補聽

(1)
니이거인 베쟌저마콴디빵
你一個人、別估這麼寬地方
얼 회역한세거신야쥐저나
兒、還有好些個人、要坐着哪

(2)
저마저예부한 나마저예부
這麼着也不好、那麼着也不
한 닾디 니야즘마양얼디
好、到底、你要怎麼樣兒的

(3)
신쟈 나양촨니숴니 니두씌
人家、那樣勸你說你、你都是
틩더얼팡뿽 니즘마한이스
聽得耳傍風、你怎麼好意思、
야젠신니
要見人呢

너、혼쟈、이러혼、너른디방을、차지ᄒᆞ지마시오、오히려、여러사ᄅᆞᆷ이잇셔、안고져ᄒᆞ오

이것도、됫치안타ᄒᆞ고、져것도됫치안타、ᄒᆞ나、더쳐、네、엇더혼것을、요구ᄒᆞᄂᆞ뇨

남은、그러케、너를、권ᄒᆞ고、말ᄒᆞ되、네、도모지、귀겻바름으로、드르나、네、무숨듯으로、사ᄅᆞᆷ를、보고져ᄒᆞᄂᆞ뇨

(4)

你管你的罷、不用管人家的事、好也罷、歹也罷、與我無干

(니관니디바 부용관신쟈디 시한예바 디예바 위워우 간)

(5)

他那個左皮氣、一輩子改不了、老是這麼樣、多偺、纔出息了呢

(타나거쥐피치 이베으쯔씌부랴 랴씌저마양 둬잔처추시랴니)

(6)

他是很伶俐的孩子、學甚麼會甚麼、沒有一樣兒不會的

(타씌흔링리디히으쯔 산슴마휘슴마 메여이양언부휘되)

너온、네것이ᄂᆞ、샹관ᄒᆞ고、남의
일은、샹관마시오、됴화도、그만
흉히도、그만、니게 샹관업소

졔、그러ᄒᆞᆫ、괴이ᄒᆞᆫ셩품을、한평
싱、곳치지못ᄒᆞ고、늘이모양이
나、언제ᄂᆞ、비로소、지각이、나겟
ᄂᆞ뇨

져ᄂᆞᆫ、미우、영니ᄒᆞᆫ아히라、무엇
을、비호던지、무엇을、알아、하ᄂᆞ
토아지못ᄒᆞᄂᆞᆫ것이、업소

(7) 這個東西我等着用哪、越快越好、你要得多少日子

(8) 他不知道世面兒、就在屋裡水來伸手、飯來張口、只會白化錢了

(9) 各掃自己門前雪休管他人瓦上霜、我喝我的酒、化我的錢、與你什麼相干

이물건은、내、쓰기가、밧부니、더욱、속ᄒᆞᆯ수록、더욱죠ᄒᆞ니、네、몃칠이ᄂᆞ、요구ᄒᆞᄂᆞ뇨

제、셰상물정을、아지못ᄒᆞ고、방에잇셔、물이오면、손을늬밀며밥이오면、닙을벌려、다만、돈만쓸줄아ᄂᆞᆫ도다

각기、자긔문젼에、눈을쓸고、남의기와우희、셔리를、샹관마시오、내、늬의술먹고、내의돈을쓰니、네게、무슴샹관이오

(10) 各人幹各人的就結了、何必管人家的事呢
(꺼신간꺼신디직졔라허쎄관신쟈디싀니)

(11) 這不是頑兒的、我有要緊的事、寫一封信、你別攪我
(저부씌완얼디워여얀진디싀쎄이뿡신니베쟌워)

(12) 你辦誰的事、這幾天這麼忙我很着急、等不了你
(니쌘쒸디싀저지톈저마망워흔쟌지덩부랸니)

(13) 我這就寫完了、剩的也不多了、等一點兒、咱們一塊兒走
(워저직쎄완라썽디예부둬라덩이뎬얼쟈먼이쾌얼적)

졔각기、져홀것ᄒᆞ면。곳、그만이지、엇지、반ᄃᆞ시、남의집일을、샹관ᄒᆞ리요

이、시럽시、홀것아니다、내、요긴ᄒᆞᆫ일이잇셔、ᄒᆞᆫ봉편지를、쓰니나를、지근거리지、ᄆᆞ시오

네、뉘의일을、판단ᄒᆞ기로、이、몃칠、이갓치밧부시오、내、미우、급ᄒᆞ야、너를、기ᄃᆡ일수、업소

내、곳、쓰기를、다ᄒᆞ고、남져지가또ᄒᆞᆫ、만치아니ᄒᆞ니、좀、기ᄃᆡ리

罷

(14) 這件事、我作不得主兒、等先生回來、纔以定規了

(15) 他託我這件事、到這兒好幾回來了、我不好意思白叫他回去

(16) 這句話怎麼個意思、我解來解去、還解不出什麼意思來

(17) 俗語兒說、好話別犯猜、犯猜

면、우리、한가지、갑시다

이일은、내、쥬장홀수、업스나、션싱님、도라오시기를、기되려、가히、쟈졍ᄒᆞ겟소

제가、내게、이일을、부탁ᄒᆞ랴、여긔、여러번지왓스니、내、춤아、공연히、그사ᄅᆞᆷ으로、가라구、홀수업소

이귀졀말은、엇지ᄒᆞᆫ、의ᄉᆞ인지내、이리풀고、져리푸러도、무숨듯인지、풀러닐수업소

속담에、ᄒᆞ기를、됴흔말은、으슴닐것업ᄂᆞ니、의심ᄂᆡ면、됴흔말

메할화 니부야둬스둬샹라
沒好話、你不要多思多想了

(18)
나젠식 워우신쉬타 타작팅
那件事、我無心說他、他就聽
젠여신 니샹샹 워신리빙부
見有心、你想想、我心裡並不
씌저마양
是這麼樣

(19)
쥐얼거워하타딩귀 진얼샹
昨兒個我和他定規、今兒晌
우 지져얼젠 타예쾌리라워
午、在這兒見、他也快來了我
쎈허니쏀탄쏀탄
先和你閑談閑談

(20)
바할디씌랴신 탸셩쌰디치
把好的給了人、挑剩下的纔

이、아니니、너은、깁히、싱각마시
요

그죠건일은、내、무심히、져더러
말혼것을、제、유심이드르니、네
싱각ᄒᆞ여、보시오、내、ᄆᆞ음에은
이러혼것이、아니외다

어제、내、그로더부러、오늘、낫제
여그셔、만나기로、작졍히쓰나
제、장챳、올지라、우리먼쳐、한담
이나、합시다

됴혼것을、남을주고、고른、씨기

給我、我雖冲撞了他的臉上、
寧可、我不要這個東西了

(21) 我不能像人家的那麼花言巧語的、不論什麼事、是、就說是、不是、就說不是、心直口快的、沒有什麼忌諱了

(22) 你要去就去罷、怎麼磨蹭着、就悞了好機會呢、依我說、人

를、나를주니、내、비록、져의면에구의홀지라도、찰아리、이물건은、요구치아니ᄒᆞ노라

내、능히、남과갓치、그러케、아첨ᄒᆞ는말을、아니ᄒᆞ오、무슴일이던지、올흐면、올타ᄒᆞ고、그르면그르다ᄒᆞ야、ᄆᆞ음이、곳고、닙이샐느、무슴、은휘ᄒᆞ는것이、업소

네、가고져ᄒᆞ면、곳、가거라、엇지머뭇거려、됴흔、긔회를、그릇ᄒᆞ느뇨、내말갓치、사ᄅᆞᆷ도、모로고

부지귀부쟌디 비타잔이뎬
不知鬼不覺的、比他早一點

얼쭉바
兒走罷

(23)

져씌니칭워웬디 치딩귀라
這是你情我願的、纔定規了、

위시마 니팅랖팡신디화 역
爲什麼、你聽了傍人的話、又

앤훼랖니
翻悔了呢

(24)

진얼니역허쮜라 허더쳰양
今兒你又喝醉來、喝得前仰

얼훠허디 잔부주 쟌신칸져
兒後合的、站不住、叫人看着

부스운라
不斯文來

귀신도、몰닉、남버덤、일즉이、가
시오

이것은、너와、나와、의합ᄒᆞ야、쟈
졍ᄒᆞᆫ것인데、엇지ᄒᆞ야、네、졋혜
사ᄅᆞᆷ의말을듯고、또、뉘이쳐、ᄒᆞ
ᄂᆞ뇨

오ᄂᆞᆯ、네、또、취ᄒᆞ엿다、마시기를
압흐로、잡바지며、뒤로、어퍼지
며、스지를、못ᄒᆞ니、남보기에、점
잔치、못ᄒᆞ다

(25) 我在屋裡、寫字來着、他就躡手躡脚兒的、進屋裏來、冷不防的、嚇我一大跳了

워자우리、쎄쯔래저、타쥐녜쇼녜쟈얼디、진우리래、렁부빵디、쌰워이다탸라

(26) 這個東西很大、單皮兒的繩子、怕勒折了、你幫我、擰結實這繩子罷

저거둥시흔다、단피얼디셩쯔、파러저라、니빵워、닝제시저셩쯔바

(27) 你要和我說話、得大聲兒的說、我的耳朶有點兒背

니얏훠워쉬화、더다싱얼디쉬、워디얼둬여뎬얼베

내、방에 엇셔、글시를、쓰더니、제가、수족을、제겨듸듸며、방으로 드러와、별안간에、나를、ᄭᅡᆷ쟉놀ᄂᆡ다

이、물건이、미우、커셔、외겹노ᄭᅳᆫ으로는、아마도、미다는、ᄭᅳᆫ어질터이니、네、날를도아、단닥히、이노ᄭᅳᆫ을、비틀어라

네、나로더브러、말ᄒᆞ랴면、소릐를、크게말ᄒᆞ여라、내、가는、귀가먹엇다

(28)
他常常的、在背地裏罵我、都
타창창디 지베디리마워 두
粧聽不見、今兒又說的太不
좡팅부젠 진얼여쒀디틔부
像了、所以我纔罵他哪
샹라 쒀이워차이마타나

(29)
你別和他穿換、他是個言不
니베훠타촨환 타씌거옌부
應口的、外面架子了
잉쿼디 왜멘쟈쯔라

(30)
我給你的錢、已經數數兒了、
워긔니디쳰 이징쑤수얼라
你怎麼、這貪心不足啊
니쯤마 저탄신부주아

(31)
我聽他說的話、東拉西扯的、
워팅타쒀디화 둥라시츼디

제、항상、모로게、나를욕ᄒᆞᄃᆡ、내
듯지못ᄒᆞᄂᆞᆫ데、ᄒᆞ엿더니、오ᄂᆞᆯ
ᄯᅩ、말ᄒᆞᄂᆞᆫ것이、너무、ᄭᅩᆯ갓지안
키로、내、비로소、져를、ᄭᅮ지져노
라

네、그사ᄅᆞᆷ으로、더브러、거리ᄒᆞ
지마시오、그ᄂᆞᆫ、말과、닙이、갓지
아니ᄒᆞᆫ、외양치레ᄲᅮᆫ이오

내、너를、준돈이、이믜、수효가넉
넉ᄒᆞ거ᄂᆞᆯ、네、엇지、이갓치、탐신
이、부족ᄒᆞ뇨

내、그、사ᄅᆞᆷ의말을、드르니、이리

叫人聽得很可氣了

(32)
타위신부다한만쥐리후쉬빠
他爲人不大好、滿嘴裡胡說八
닾디신々두부이타야씌쌰
道的、人人都不愛他、若是小
히으끈타이딩얖쌰홰랴
孩子跟他一定要學壞了

(33)
워얖쑹께타신칭둬랴타쒀
我要送給他人情、多了、他說
워바제타쌰랴타역쌰화워
我、巴結他、少了、他又笑話我、
쩐씌쟢신칭부한중부한
真是叫人輕不好重不好

(34)
타쟈역한셰거신롄샹되쌰충
他家有好些個人、連上帶下總

져리、삭며듸믜、남듯기에、믜우
기막키오

그의、위인이、좃치못ᄒᆞ야、닙에
가득히、횡셜수셜、ᄒᆞᆫ것을、사ᄅᆞᆷ
마다、사랑ᄒᆞ지、아니ᄒᆞ니、어린
아ᄒᆡ가、그를、좃치면、못된것을
비ᄒᆞᆯ가、ᄒᆞ노라

내、그사ᄅᆞᆷ에게、인졍을、주고져
ᄒᆞ듸、만ᄒᆞ면、내、그를、사귀고져
ᄒᆞᆫ다말ᄒᆞ고、적으면、또、나를、우
숨거리로、말ᄒᆞ리니、참、사ᄅᆞᆷ으
로、경ᄒᆞᆯ수도업고、즁ᄒᆞᆯ수도、업
ᄉᆞ외다

그집에、여러식구가、잇셔、상하
소솔이、십여명이되듸、하ᄂᆞ토

有二十多個人,沒有一個吃閒飯的,都是齊心努力的就事

(35) 那件事本來我一點錯兒也沒有的,那兒知道他不分青紅皂白,就派了我一頓不是了

(46) 你在背地裡再不要講究人,應當給人隱惡揚善纔是的,千萬別學他嘴裡混遭蹋人

공연ᄒᆞᆫ,밥먹는니가,업서,도시
제심노력ᄒᆞ야,일을,ᄒᆡᆼᄒᆞᆸ니다

그조건일은,본ᄅᆡ,조곰도,잘못
ᄒᆞᆫ것이,업는ᄃᆡ,엇지,그가,청홍
됴ᄇᆡᆨ을,분간치아니ᄒᆞ고,ᄂᆡ게
일장그르다고ᄒᆞᆯ줄아랏스리요

네,남모르게,다시,ᄉᆞ람을,강논
ᄒᆞ지마라라,응당,남을,악ᄒᆞᆫ것
을,숨기고,션ᄒᆞᆫ것은,표양ᄒᆞᆷ이
올흘지니,천만번,그닙에,남을
희롭게ᄒᆞᆷ을,비호지,마시오

(37)

니칸타줸쓰거균닾석여신마
你看他簡是個滾刀肉、有人罵
타예부지사여신싸타예부지
他也不知羞、有人打他也不知
덩
疼

네、져를보너、춤、난장칠놈이다
그를、구지져도、붓그러ᄒᆞᆯ줄、모
로며、그를、씩려도、압픈줄、모르
난도다

(38)

니부약성장니워시마서뤄레
你不要聲張、你爲仃麼揌鑼擂
구니궁파신々두지닾야
鼓呢、恐怕人人都知道啊

너는、와자ᄒᆞᆯ것이、아니니、네、엇
지ᄒᆞ야、써드러니ᄂᆞ뇨、사람사
람이、다、알새、두려워ᄒᆞ노라

(39)

워부잔니간수타시화줘얼
我不呌你告訴他實話、昨兒
거니쳰약당저타쒀저젠싀
個、你偏要當着他說這件事、
워나양얼디누쥐얼지옌서
我那樣兒的、努嘴兒、擠眼色

내、널로ᄒᆞ야금、그、사람의게、실
정을、고소치말나、희써니、어졔
네、그리、면당ᄒᆞ야、이일를、말ᄒᆞ
고져ᄒᆞ미、내、그리、닙짓파、눈짓

你都不理我了（니두부리워라）

(40) 你若是出去做官、不論什麼事、辦得要公平纔好、千萬別受賄賂
（니약씌추취쥐관、부룬시마씌、쌘더약궁핑치하、쳰완배쒸휘루）

(41) 你再別託他辦事、他幹的事情、都是顛三倒四的、所靠不住
（니지배퉈타쌘씌、타싼디씌칭、두씌덴싼단쓰디、쒀캎부주）

(42) 昨兒個我拜年去、整走了一
（줘얼거워배넨취、정젹랴이）

치를、주딕、네、젼혀 모른체、ᄒᆞ더라

네、만일、나가、벼살ᄒᆞ거든、무슴일을、물논ᄒᆞ고、판단ᄒᆞ기를、공평히ᄒᆞ고、항여、뇌물을、밧지마시오

네、다시、그사름에게、일、판단히달라구、부탁ᄒᆞ지마라、그의、ᄒᆞ논일이、도시、이리구、져리구ᄒᆞ야、밋지못ᄒᆞᆯ것이다

어제、내、셰비ᄒᆞ라、ᄒᆞ로를、온져이、단여써너、곤ᄒᆞ야、내、원몸이

텐빠디워훈신두쏸완라
天、乏的我渾身都酸軟了

(43)
베칸타씌이거다ᄎᆡ주치허
別看他是一個大財主、吃喝
촨듸두비워챵커작씌이양
穿戴、都比我强、可就是一樣
타나거싱위워흔챠부치타
他那個行爲、我很瞧不起他

(44)
닾엑니밍비워중작엑거후
倒是你明白、我終久是個糊
두신리쿵시환랴이휘쯔취
塗、心裡空喜歡了一會子、卻
샹부닾저샹턱
想不到這上頭

(45)
니능꺼샹타저쿠신작할라
你能彀像他這苦心、就好了、

산란ᄒᆞ도다

그사ᄅᆞᆷ이、ᄒᆞᆫ、큰、부자로、보지말라、먹고、닙눈것은、나버덤、나흐나、ᄒᆞᆫ모양이오、그의、ᄒᆡᆼ위은、내미우、사ᄅᆞᆷ으로、네기지、안노라

도로혀、너는、명ᄇᆡᆨᄒᆞ고、나는、맛ᄎᆞᆷ니、호도ᄒᆞ야、ᄆᆞ음에、공연히ᄒᆞᆫ동안、깃버ᄒᆞ되、문득、이지경에、싱각이、밋지못ᄒᆞ엿다

네가、능히、그사람갓치、고심ᄒᆞ면、곳、죠켓소、무엇을、비호던지

쌰시마역거부청디 쑤위얼
學什麼有個不成的、俗語兒
숴 시샹우난시 즤파용신신
說、世上無難事、只怕用心人

(46)

워히역이쥐화 얖훠니샹량
我還有一句話、要和你商量、
부지니큰부큰 쏀짜타디둥
不知你肯不肯、現在他的東
시씌 만샹부만쌰 쟢々디쑹
西是、瞞上不瞞下、悄々的送
환타취
還他去

(47)

니틱바워칸더터쌰치 역메
你太把我看得忒小器、又沒
신신라 저화히덩니숴 워치
人心了、這話還等你說、我纔

니루지못ᄒᆞ리오、속담에、세상
에、어려울일이、업스니、담안、용
심ᄒᆞᄂᆞᆫ、사ᄅᆞᆷ이니라

내、ᄒᆞᆫ、귀절말이잇셔、너로더브
러、의논코져ᄒᆞ니、네、질겨ᄒᆞᆯ지
아니ᄒᆞᆯ지、모로ᄂᆞ、현재에、그의
물건은、웃사ᄅᆞᆷ은、쇠기되、아ᄅᆡ
사ᄅᆞᆷ은、못소기ᄂᆞ니、가만가만
이、그의게、보내주시오

네、너무、나를、젹게보며、인심도
업ᄂᆞᆫ것으로、아ᄂᆞᆫ도다、이말을
당신말ᄒᆞ기ᄭᆞ지、기ᄃᆡ리요、내

把他的衣裳各物、已經打點
下了

(48)

賣油的娘子、水梳頭、自來家
裡有的、給人多少、這會子輪
到自己用、反到各處找去

(49)

我要不看着、你們兩個素日
怪可憐兒的、我這一脚、把你
兩個小蛋黃子踢出來

앗가、그의복각죵을、벌셔、수습
ᄒᆞ여、노하노라

기름파는、졔어미、물노、머리를
빗는다ᄒᆞ니、쟈리、집에잇는것
을、남을주기를、얼마짐、ᄒᆞ더니
이번、쟈긔쓰랴ᄒᆞᆯ떡에、밋쳐、도
로혀、각쳐로、구ᄒᆞ라、가는도다

내、너의둘이、젼일에、가히、불샹
ᄒᆞᆫ것을、보지아니ᄒᆞ엿스면、내
ᄒᆞᆫ발길노、너의들에、두른、창ᄌᆞ
을차셔、ᄯᅳᄂᆡ리라

(50)
워쉬녠칭 저화취부녠칭니
我雖年輕、這話卻不年輕、你
먼부칸수 부시쯔 두쓰다쯔
們不看書、不識字、都是獃子
또쒀워후두
倒說我糊塗

(51)
커지니먼저세신 두쓰스쑤
可知你們這些人、都是世俗
지젠 나리옌리시더쟌쟈신
之見、那裡眼裏識得眞假、心
리옌더추할더라니
裏分得出好歹來呢

(52)
워야쌈수이거신 리커쎈쓰
我若告訴一個人、立刻現死
쎈빠니즈관빵신량빙 삐즈
現報、你只管放心養病、別自

내、비록、년쳔ᄒᆞ나、이말은、년쳔
치、아니ᄒᆞ니、너의들은、글도、보
지못ᄒᆞ고、글자도、아지못ᄒᆞ니
ᄒᆞᆫ바식이라、도로혀、날더러호
도타ᄒᆞᄂᆞ뇨

가히、알지라、너의들、여러사롬
은、도시、셰속의소견으로、엇지
눈에、진가를、알아ᄂᆡ며、ᄆᆞᄋᆞᆷ에
션악을、분간ᄒᆞ여ᄂᆡ리요

내、만일、ᄒᆞᆫ사롬에게라도、고소
ᄒᆞ면、고ᄃᆡ、죽어、앙분을、바드리
니、너는、다만、방심ᄒᆞ고、병이나

챠타랴쌰밍얼
遭塌了小命兒

(53)
웬부씌시마하둥시、부궈씌
原不是什麼好東西、不過是
웬루듸리디투우얼、다쟈칸
遠路帶來的土物兒、大家看
저신센세얼작씌라
着新鮮些兒就是了

(54)
익야、저우리、딴니이거신、
噯呀、這屋裏、單你一個人、
지괘저타、워먼두씌비쎈저、
記掛着他、我們都是白閑着、
훈빤치디
混飯吃的

(55)
니지팅워쒀、이허우、릭덴얼쌰
你只聽我說、巳後、留點兒小

치료ᄒᆞ야、적은목숨을、방히ᄒᆞ
지마라라

원리、죠흔물건이、아니요、불과
시、원로에、가져온、토산지물이
니、여러이、신션스럽게、보미、을
토다

아야、이방중에、다만、너혼자、그
을、아라주니、우리는、도시、공연
히잇셔、함부루、밥만、먹는것이
로다

네、다만、내의말을드른후、좀、조

신자여라 저화예부커쌰수
心就是了、這話也不可告訴

디싼거신
第三個人

(56)

쒀이쉬나주이쌰진 니씌거
所以說拿主意要緊、你是個

밍비신 치부운쑤위얼쒀디
明白人、豈不聞俗語兒說的、

완량황진융이더 지신이거
萬兩黃金容易得、知心一個

예난착
也難求

(57)

니먼작저마다싼쯔 쌴칸타
你們就這麼大膽子、小看他、

커싀지단왕시투상평
可是鷄蛋往石頭上研

심ᄒᆞᆷ이、올타、이말은、가히、세지
사ᄅᆞᆷ의게도、고ᄒᆞᆯ것이、아니니
라

그럼으로、주의를、졍ᄒᆞᆷ이、요긴
ᄒᆞ니、너는、명ᄇᆡᆨᄒᆞᆫ사ᄅᆞᆷ이라、쇽
담에ᄒᆞ기를、만량황금은、용히
ᄒᆞ되、지심일ᄀᆡᆨ은、구ᄒᆞ기、어렵
다ᄒᆞᆷ을、듯지못ᄒᆞ여ᄂᆞ뇨

너희들이、곳、이갓치、담ᄃᆡ히、그
사ᄅᆞᆷ을、납비보면、가히、ᄃᆞᆰ의알
노、돌에、부듸치는것이로다

動辭應用編

拿 잡다

我叫你拿那個去，你拿這個來，你拿錯了，擱回原處兒去罷
(워쟈오니나나거취니나저거래니나춰라꺼휘웬추얼취바)

打 치다

他在背地裡罵我，所以我忍不住，打他嘴巴子一頓了
(타재베듸리마워쒀이워신부주따타쮜바쯔이둔라)

擡 들다

那個東西很重，一個
(나거둥시흔중이거)

(1) 내、널노、ᄒᆞ야금、그것을、가져가라、힛ᄯᅥ니、네、그릇가져왓다、본쳐로、갓다두어라

(2) 제、남모르게、나를、욕ᄒᆞ니、그럼으로、내、참다못ᄒᆞ야、그、볼두리를、ᄒᆞᆫ번、ᄯᅦ렷소

(3) 져、물건이、미우、무거워、ᄒᆞᆫ사

人、擡不起來了、你來幫着我 (신 타부치리라 니리빵저워)

罷 (바)

拉 끌다

這個衚衕、窄得很、你 (저거후퉁 쩌더흔 니)

把車往後拉罷、讓我們過去 (바쳐왕훠라바 상워먼궈취)

了 (라)

挑 고르다

像你這樣好的人、能 (샹니저양핟더신 능)

有幾個呢、十個裡頭、挑不出 (역지거니 시거리턱 턒부추)

一個來的 (이거릐디)

ᄅᆞᆷ으로、들이지、아니ᄒᆞ니、네

와셔、나를、도와다구

(4)

이、골목이、좁기가、심ᄒᆞ니、네

수ᄅᆡ를、뒤로、잡아끌어라、우

리、지ᄂᆞ가게、ᄒᆞ여라

(5)

너갓치、이러ᄒᆞᆫ、됴ᄒᆞᆫ、사ᄅᆞᆷ은

능히、몃치ᄂᆞ、잇ᄂᆞ뇨、열기속

에、ᄒᆞᄂᆞ도、골나ᄂᆡ지、못ᄒᆞ겟

다

拔 빼다 化了幾萬兩銀子、只 (화랴지완량인쯔 지)
算得牛身上、拔兒一根寒毛 (쏸더 뉴신상 빠랄이큰한 만)
罷了 (바라)

扔 던지다 拿一個球兒往猴兒臉 (나이거착얼왕훠얼렌)
上扔、若是中了、給他一把雨 (상넝 약씌중라 께타이바위)
傘了 (산라)

掐 꺽다 你到了花園裏、掐了 (니닾랴화원리 챠랴)
幾朵花兒、送到先生家裏去 (지둬화얼 쑹닾쎈셩쟈리취)

(6) 몃만량은즈를、쓰되、쇠몸에
혼낫、털을、썹는것과、갓틀뿐
이요

(7) 한、단즈를、가지고、원숭이、얼
골에、던져、만일、맛치면、한자
루、우산을쥬다

(8) 네、화원에가셔、몃숑아리、쏫
을、짜서、션싱님되에、보니여

罷(바)

擰(비틀다) 拿墩布蘸上水、擰乾了、把地板、都擦得很乾淨罷(나둔부잔샹쒜닝깐랴바디판두차더흔깐징바)

捻(비비다) 剛點燈的時候、把燈苗兒、要小、趕慢慢的往上捻罷(깡뎬덩디시훠바덩먀얼야샤깐만만디왕샹녠바)

搘(버릐다) 這屋裏鬧了一屋子的烟、搘起這窓戶來罷(저우리난랖이우쯔디옌지치저창후리바)

라

(9) 걸네를、물에、축이여、밧삭、비틀고、마루판을、졍ᄒᆞ게、문틔여라

(10) 막、동불켤때에、등심지를、져거ᄒᆞ고、찬찬히、우회로、비틀어、올시오

(11) 이방에、연긔가、잔득、세워스니、창호를、버틔시오

找 찻다

我一聽見這個信兒、(워이팅젠저거신얼)
就連忙帶了小廝們、在各處 (직렌망듸랴쌰스먼 지쌔추)
找一找、連一個影兒沒有 (쟈이쟈 렌이거잉얼메여)

攆 내몰다

他有了不是、就打他 (타여랴부씌 직따타)
罵他、叫他改過就是了、攆了 (마타 쟢타씨궈직씌라 냔랴)
出去、斷乎使不得 (추취 돤후스부더)

扭 꼿다

路上人山人海、誰有拼 (루샹신싼신히 쉐여핑)
着我的肩膀去了、我扭着一 (저워디젠팡취라 워닏저이)

(12) 내、이소문을듯고、곳、밧비、아희죵을、데불고、각쳐로、찻져스되、한、그림ᄌᆞ셔지、업습ᄯᅴ다

(23) 제가、잘못ᄒᆞᆷ이、잇스면、곳、ᄯᅢ리고、ᄭᅮ지져、져로ᄒᆞ야금ᄆᆡ과케ᄒᆞᆷ이、곳、올코、내모는것은、결단코、불가ᄒᆞ오

(14) 로상에、인산인히ᄒᆞ야、뉘가내의、엇기를、부듸치고、가기

휘루칸타라
回頭看他了

扣 쿠 제ᄒᆞ다

워나리히여지량인으
我那裏還有幾兩銀子

니쏀나취스융 밍톈워쿼쌰
你先拿去使用、明天我扣下

니디신쉬작씌라
你的薪水就是了

拍 손벽치다

이거바쟝파부샹 타
一個巴掌拍不響、他

싀딍커어디 니씌틔싱지라
是頂可惡的、你是太性急了

抱 안써

창잉부뽀메썽얼디지
蒼蠅不抱沒縫兒的雞

단 타부투퉁시취 또디여세
蛋、他不偸東西去、到底有些

에、내、ᄒᆞᆫ번、머리를、도리켜보앗소

(15) 내、거긔、멧냥、은ᄌᆞ가、잇스니 네、먼져、갓다스시오、내일、네 월급에서、구제ᄒᆞ는것이、올소

(16) 외손벽이、쳐도、울치안ᄂᆞ니 져는、미우、괴악ᄒᆞ고、너는、너 무、조급ᄒᆞ다

(17) 파리가、틈업는、ᄃᆞᆰ의알에、안 씨아니ᄒᆞᄂᆞ니、제물건을、도

影響 (영샹)

推 (밀치다)

他推冷子、把我往後一推、幾乎、沒栽了一個觔斗了 (타춰렁즈바워왕허우이뒤지후메이재랴오이거즌뚜라)

拼 (부듸치다)

你若是拼在他的氣頭兒上、可就吃不了挨着走了 (니야싀핑지타디치투얼샹커직치부랴우저적라)

擱 (놋타)

你把潮濕的衣服、擱在太陽地裏晒一晒罷、晒乾 (니바챂싀디이뿌써지틔양디리씨이씨바씨싼)

뎌질, 아니ᄒᆞ엿스ᄂᆞ, 티쳐, 영향은, 잇지오

(18) 제, 별안간에, 나를, 뒤로, 한번밀치여, 거의, 겨ᄭᅮ러질번, ᄒᆞ엿소

(19) 네, 만일, 그사ᄅᆞᆷ의, 성내ᄂᆞᆫ때부듸치면, 가히, 곳, 먹지못ᄒᆞ고, 싸고, 도망ᄒᆞ리라

(20) 네, 축축ᄒᆞᆫ, 의복을, 티양에, 노아, 말이여라, 마르거든, 곳, 거

了就扶起來

搬 온겨놋타 這隻櫃子、這兒擱不下、你先把桌子、搬開點兒罷

搶 쎽가셔 有一個賊、把我的眼鏡、搶我手裏去了、他跑得快我追不上他

擺 비치ᄒᆞ다 你請我來吃飯、怎麼還磨蹭着不擺台、是幹什麼

더드리시오

(21) 져、괴작이、여긔、뇌이지、아니ᄒᆞ니、네먼져、탁ᄌᆞ를、좀、온겨노아라

(22) 한、도뎍놈이잇셔、내、안경을내의、수즁에、쎽야셔가고、속히、도망ᄒᆞ미、내、그놈을、좃차가지、못힛노라

(23) 네、나를、밥먹으라、청ᄒᆞ고、엇지ᄒᆞ야、머뭇거리고、버려놋

來着

吃 먹다

我自己一個人吃、只
워 쯔 지 이 거 신 치 즤

怕吃不下去、不如你們兩個、
파 치 부 쌰 취 부 수 니 먼 량 거

同我一塊兒吃、好香甜
퉁 워 이 쾌 얼 치 한 썅 톈

喝 마시다

我剛纔項子很渴、倒
워 쌍 차 썅 쯔 흔 커 닾

一碗水、喝倉了、所以止不住
이 완 쒜 허 창 라 쒀 이 즤 부 주

的咳嗽了
다 커 쑤 라

嘗 맛보다

你先頭裏、嘗嘗我們
니 쏀 투 리 창 창 워 먼

치、아니ᄒᆞ너、이、무엇을、ᄒᆞ엿ᄂᆞ뇨

(24) 나ᄒᆞᆫᄌᆞ、먹으ᄆᆡ、다만、멕키지아니ᄒᆞ나、너의둘이、나ᄒᆞ구갓치먹으면、ᄆᆡ우、맛잇겟다

(25) 내、앗가、목이、ᄆᆡ우말나、물ᄒᆞᆫ잔을、떠셔、마시다가、사례를들녀、그름으로、늘、깃침이、난다

(26) 네、먼져、우리、식법으로、만든

這新樣兒弄的菜、可口不可口

嚼 씹다

貪多嚼不爛、把一口的東西細嚼嚼、纔能知道那個味兒了

吐 토ᄒᆞ다

我害了感冒、每天早起、總得吐出幾口痰來、纔能好哪

음식을、맛보시오、입에、합당ᄒᆞ오、아니ᄒᆞ오

(57) 만니삼키면、씹기、무루누지못ᄒᆞᄂᆞ니、ᄒᆞᆫ입에、물건을、잘경잘경、씹어야、능히、그、맛을아ᄂᆞ이다

(28) 내、감긔를들어、ᄆᆡ일、아ᄎᆞᆷ에엇더든지、얼마、가래침을、빗타야、비로소、됴슴니다

喘 헐덕이다

我現在、沒有勁兒、若是騎自行車、就喘的了不得了
워쎈재 메여징얼 야 씌치쯔싱처 짇찬디랴부더 라

(29) 내、현재에、근력이업서、만일자힝거를、타면、곳、헐덕이기를、심히홈니다

舔 쌜다

我當是白糖、舔了一舌頭、原來是乾淨的白擴、鬧得我嘴裡很難受了
워당씌비탕 렌랴이써퇴 웬래씌싼징디비옌 놔더워쮜리흔난쒀리

(30) 내가、이、설당으로알고、훈、셔뭇에、뎌여써니원리、졍훈、흔소금이라、내、입이、짜셔、견딜수업소

喂 먹이다

你要吃什麼、說出名兒來、我可以夾着、喂你呀
니얀치시마 쒀추밍얼래 워커이쟈저 웨니야

(31) 네、무엇을、먹고져ᄒᆞ면、일홈을말ᄒᆞ여라、내、가히、집어、너를、먹이리라

哄 소기다

無論作甚麽事情、都要努力向前、不可自己哄自己、纔能句往上巴結啊

(우룬줘즘마스칭 두얀우리썅첸 부커쯔지훙쯔지 채능쥐왕샹바제나)

嚇 놀니다

他就躡手躡腳、悄々的進屋裡來、冷不防的、嚇我一大跳了

(타작녜솨녜쟢 챂々디 진우리리 렁부빵디 쌰워이다탸라)

噴 뿜다

這件衣裳、沒有漿性、噴上水、叫他好々兒的拿熨

(저젠이샹 메여장싱 펀샹쉐 잔타핲々얼디나윈)

(22) 무숨일을, 호던지, 물논호고 도모지, 젼졍을, 힘써, 쟈긔가 쟈긔를, 소기지아니호면, 능히, 됴흔결국이, 잇느니라

(33) 졔가, 곳, 손과·발을, 졔기듸듸고·가만, 가만히, 방으로, 드러와, 별안간에, 나를, 깜쟉, 놀니다

(34) 이, 의복에, 풀기운이, 업스니 물을, 뿜고, 그것을, 잘, 듸루리로, 듸림질호여야, 비로소, 빳빳

斗、熨一熨、那纔能周正了

看 보다

那個文章很好、看得很有趣兒、越看越愛、連飯也不想吃了

瞧 보다

你把這個東西、趂早兒、給我瞧々、別等着、我搶了你的手裏去了

聽 듯다

你聽見這個話沒有、

々홈이다

(35) 그、글이、미우、됴아보기에、미우、쟈미잇셔、더욱、볼수록、더욱、사랑ᄒᆞ야、밥서지도、먹기를、싱각지아니ᄒᆞᆫ다

(36) 네、이물건을、진쟉、내게、주어뵈여라、내가、네、수즁에、쌔스라、가기를、기되리지、말어라

(37) 네、이말을、드러ᄂᆞ、뇨、아니뇨

你若聽見、告訴我、我也不說出來、叫人知道你說的

니약팅젠 샾수워 워예부쒀 추릐 쟢신지닾니쒀디

問 뭇다

孔夫子說、誨人不倦、他要來問我、我豈有不說的理呢

쿵부쯔쒀 훼신부쥔 타얖릐운워 워치역부쒀디리니

念 닑다

你把先生、寫了墨板上的話、挨次念一句、細細兒的講給我聽

니바쎈쎵 쒜랖머판샹디화 익츠녠이쥐 씌々얼디쟝씌워팅

만일、드러스면、내게、고소ᄒᆞ라、내、또ᄒᆞᆫ、사ᄅᆞᆷ으도ᄒᆞ야금네、말ᄒᆞ엿다구、알게、아니ᄒᆞ리라

(38)

공부ᄌᆞ띠서、말ᄉᆞᆷᄒᆞ시되、사ᄅᆞᆷ、ᄀᆞ라치기、게으르지안타ᄒᆞ시니、그가、와서、닉게、무르미、내、엇지 말、아니ᄒᆞᆯ리치가잇스리요

(39)

네、션ᄉᆡᆼ이、칠판에、쓴말을、ᄎᆞ례로、ᄒᆞᆫ귀절식、닑어、쟈세히ᄉᆡ겨、내게、들아시오

寫 쓰다

我把蘭亭筆帖、寫了 (워바난팅세톄 쎄랖)
好幾年、也不過是這樣、實在 (한지넨 예부궈씌저양 시지)
是不容易學的 (씌부융이쑈디)

勸 권ᄒᆞ다

我左勸也不聽、右勸 (워쥐촨예부팅 역촨)
也不改、你倒是怎麼樣、你再 (예부쌔 니닫씌즘마양 니지)
這麼着、這個地方、可也難住 (져마져 져거디빵 커예난주)
了 (라)

教 가르치다

你若教給我這法子、 (니야쟢씌워져빠쯔)

---

(40) 내、난졍필쳡을、여러ᄒᆡ、쓰되 또ᄒᆞᆫ、이모양에、지ᄂᆡ지못ᄒᆞ니、실샹、용히이、ᄇᆡ올것이、못되오

(41) 내、이리、권히도、듯지안코、져리권히도、곳치지、아니ᄒᆞ니、네、뒤쳐、엇지ᄒᆞᆯ모양이냐、네다시、그러ᄒᆞ면、이곳에、머무지、못ᄒᆞ리라

(42) 네、만일、나를、이법을、ᄀᆞᄅᆞ쳐

我大大的謝你、難道還怕我
(워다々디쎄니 난도히파워)

不謝你麼
(부쎄니마)

學 비호다

他學中國話、很用心、
(타쌰쭝궈화 흔융신)

一天比一天、有進益、實在叫
(이텐비이텐 역진이 시지쟌)

人、佩服他了
(신 퍼뿌타라)

睡 쟈다

有事沒事、跑來坐着、
(역스메스 팦릐줘저)

叫我們三更半夜裏、不得睡
(쟌워먼싼정빤예리 부더쉐)

覺、討人家的嫌
(쟌 탄신쟈디쏀)

주면、크게、사례홀터이니、엇
지、내가、너를、사례못홀가、염
네ᄒᆞᄂᆞ냐

(43)

제가、듕국말을、비호기에、용
심ᄒᆞ야、하로가、ᄒᆞ로에비ᄒᆞ
면、진익이잇스니、춤、그를、탄
복홀만、ᄒᆞ외다

(44)

일잇던지、일업던지、뛰여와
안져、우리로ᄒᆞ야금、삼경반
야에、자지못ᄒᆞ게ᄒᆞ니、남을
귀치안케、ᄒᆞ는또다

認得 알다

(45)
咗、人人都說你、沒有不經過、不見過的、連這個東西、還不認得呢、明天還說嘴**麼**
(피 신々두쉬니메여부징궈부졘궈디렌저거둥시 히부신더니 밍톈히쉬취마)

피、사람사람이、다、네가、지니본것이、업지안타、ᄒᆞ되、이물건ᄭᅳ지、알지못ᄒᆞ니、내일、다시입을열어、말ᄒᆞ리오

懂 알아듯다

(46)
中國話本難懂、各處有各處的鄉談、就是官話通行了
(중궈화앤난둥 써추여써추디샹탄 작씌관화퉁싱라)

듕국말은、아라듯기、어려우니、각쳐에、각쳐방언이、잇스되、다만、관화가、통ᄒᆡᆼᄒᆞᆷ이、다

知道 알다

(47)
這件事、不與你相干、
(저졘스 부위니샹간)

이、죠건일은、네게、무ᄉᆞᆷ샹관

只是你不早來回我知道、這就是你的不是了

瞞 소기다

這有什麼瞞着我的你想瞞了我、就在老爺跟前、討了好兒了

笑 웃다

你向着我、有什麼笑頭兒、你竟這麼要笑不笑的、眞叫人家、倒犯疑了

업스되、다만、일즉와셔、내게 고ᄒᆞ야、알이지、아니ᄒᆞ니、곳 네、잘못이다

(48) 이、무엇이、나를、소길것이、잇스리오、네、싱각에、나를、소기고、영감압헤、긘ᄒᆞ고쟈、ᄒᆞᆷ이냐

(49) 네、나를、향ᄒᆞ야、무슴、우슬거리가、잇ᄂᆞ뇨、담안、웃지아니ᄒᆞᆯ데、우스면、남의게、의심ᄂᆡ게、ᄒᆞᆷ이니라

哭 울다

你爲什麼傷心、又這 (니위시마샹신 여저)
樣哭哭啼啼、豈不是自己、遭 (양쿠々티々 치부씌쯔지잔)
蹋了自己身子了呢 (탄랖쯔지신쯔랖니)

怨 원망ᄒᆞ다

這是自己錯的、也怨 (저씌쯔지취디 예웬)
不得人了、可是你自己打着 (부더신라 커씌니쯔지싸저)
你那嘴、問着你自己、纔是了 (니나쥐 운저니쯔지 치씌라)

罵 욕ᄒᆞ다

你背着他、就這樣說 (니베저타 짇저양쉬)
他、將來你又不知怎麼樣罵 (타 쟝릭니여부지즘마양마)

---

(50) 네、엇지、ᄆᆞ옴을샹ᄒᆞ야、또、이갓치、우ᄂᆞᆫ뇨、엇지、쟈긔가、쟈긔몸을、그릇ᄒᆞᆷ이、아니뇨

(51) 이ᄂᆞᆫ、쟈긔가、잘못ᄒᆞᆷ이니、남을、원망ᄒᆞᆯ게、아니라、네가、네쌤을、치며、쟈긔의게、문ᄂᆞᆫ것이、올타

(52) 네가、그사ᄅᆞᆷ、몰니、이갓치、말ᄒᆞ나、쟝릭에、또ᄒᆞᆫ、엇더케、나

我呢、我又矮他一層了 (워니 워여애타이청라)

坐 안다

你一去、都沒興頭了、 (니이취 두메싱퇴라)

好歹坐一坐罷、就算疼我了、 (핲디줘이줘바 직산텅워라)

你有什麼事、交給我罷 (니역시마스 쟈세워바)

躺 눕다

昨兒前半夜、月亮很好、躺在炕上、看窓戶上的月亮、捨不得睡覺了 (쥐얼쳰빤예 웨량흔 핲 탕지캉상 칸촹후상디웨량 써부더쉐쟢라)

歪 기티다

我這兩天渾身發熱只 (워저량톈훈신빽서즤)

를、욕ᄒᆞᆯ지、모로깃다、나는、그버덤、ᄒᆞᆫ칭、나즌사ᄅᆞᆷ이 낫가

(53) 네、ᄒᆞᆫ번가면、도모지、흥치업스니、엇지ᄒᆞ던지、안즈시오 나를、사랑ᄒᆞᄂᆞᆫ것이오、무슴일이던지、나게、맛기시오

(54) 어졔、쵸젼역에、돌이、밝아、방에、누어셔、창호우희、월식을보미、노코、잘슈가、업습듸다

(55) 내、이ᄒᆞᆫ니들、혼신이、발열ᄒᆞ

와와저 여인위시치부하파
要歪着、也因爲時氣不好、怕
빙쒀이지왜투쌍〻작할라
病、所以在外頭逛〻就好了

站 슈다
진열니여허쮜라허더
今兒你又喝醉了、喝得
쳰양화허디잔부주저부싀스
前仰後合的站不住、這不是斯
운신디양즈라
文人的樣子了

起 이러ᄂᆞ다
저거히으메추싀흔
這個孩子沒出息、很
란틔메톈틔양써단피구단
懶怠、每天、太陽晒到屁股蛋
치치릐라잔신커치더흔
纔起來了、叫人可氣得很

야、눕고져ᄒᆞ되、시졀이、됴치
못홈으로、병놀가ᄒᆞ야、그름
으로、밧게、나와、산보홈이、곳
됴습니다

(56)
오놀、네가、또、취ᄒᆞ엿구나、먹
기를、져갓치、비틀비틀ᄒᆞ여
스지못ᄒᆞ니、점즈는、사롬의
모양이、아니다

(57)
이、아희가、지각이、엽고、미우
게으러、미일、티양이、볼기쟈
에、비취여야、이러느니、춤、기
막힐일이요

跑 뛰다

這兩天、他往這裡頭、(저량톈 타왕저리터우)
跑得不像、鬼鬼祟祟的、不知(팦더부샹 귀귀쉬쉬디 부자)
幹些什麼事、你倒要審審他(간세시마스 니닾얀신신타)

罷 바

爬 엉기다

不能爬起來的孩子、(부능파치리디히으즈)
要想跑過去、好像沒長翎毛(얀샹팦궈취 한샹메창링만)
兒、要揀高枝兒上去了(얼 얀졘잔즤얼샹취라)

踢 차다

我心裡說不出來的委(워신리쉬부추리디위)

(58) 이、흔니들、제가、여긔셔、샹업시、뛰놀미、수군수군 무숨일을、흐눈지、알수업스니、네、도저히、그를、살피시오

(59) 능히、긔지도、못흐눈、아희가 뛰어가기를、싱각흐니、깃도나지、아니흔것이、놉푼가지를、골느가는것과、갓도다

(60) 내、므음에、말흠수업눈、억울

屈、我把他痛打了一頓、踢了
一下兒、纔算解我的恨了

蹂 발구루다 你不要搓手蹂脚、這
麼着急、先把情形、細細兒的
告訴我罷、我可以替你解了

躲 숨다 老兄、今兒好福氣、臉
上有些春色、把眼圈兒都紅
了、你背着我、躲在那兒喝酒

홈은、그를、ᄒᆞᆫ번치며、ᄒᆞᆫ번、발
길질ᄒᆞ야、나의한을、풀만ᄒᆞ
외다

(61)
너는、손을부비며、발을구루
며、이갓치、죠급히말고、먼져、
졍형을、쟈세히、내게고ᄒᆞ라、
내、가히、너를、위ᄒᆞ야、푸러주
마

(62)
로형、오늘、됴흔복긔로、면
샹에、츈식이잇고、눈자위셔
지、불것스니、네、나몰닉、어
듸、숨어잇셔、술을、먹고왓ᄂᆞᆫ

來呢

去 가다

你要去、那一刻去不得、我說了幾句頑話、你就認眞要去、我看你去不去

到 이르다

我原是不大喝的、偶然到了朋友家了、只是拉着我死灌、不得已、喝了兩鍾、臉就紅了

뇨

(63) 네、가고져ᄒᆞ면、언늬ᄯᅢ、가지못히셔、내、몃구절、사렵슨말을、히떠니、참으로알고、가랴ᄒᆞ니、네、가ᄂᆞ、못가ᄂᆞ、보쟈

(64) 내、원리、잘먹지못ᄒᆞ더니、우연이、친구의집에、가믹、담안나를、억지로、메기믹、부득이두어잔、마셧떠니、얼골이、곳불것노라

逃 도망ᄒᆞ다

有什麼事這麼要緊、
역시마스저마얏진

連三接四的、叫人來、找了、
렌싼제쓰디 잔신리 쟈라

我爲客人拉住說話呢、我又
워위커신라주쒀화니 워역

不逃走了
부탄쩍라

歇 쉬다

你這幾天還不乏、趁
니저지뎬히부빠츤

這會子歇歇去罷、我不留你
저휘으세세취바 워부릭니

吃茶了
치차라

逛 산보ᄒᆞ다

你勉强支持着出來、
니몐챵지즤저추릐

(65) 무숨일이, 잇셔, 이갓치, 요긴ᄒᆞ뇨, 널비ᄒᆞ게, 사ᄅᆞᆷ을부려찻ᄂᆞ뇨, 내, 손님의게, 글여, 이야기ᄒᆞᆫ다, 내, 도망ᄒᆞᆫ것은, 아니다

(66) 네, 아몃칠, 곤치아니ᄒᆞ냐, 이ᄯᅢ를타서, 쉬라가거라, 내, 너를, 멈추어ᄎᆞ를, 권ᄒᆞ지, 아니ᄒᆞ노라

(67) 네, 억지로, 버틔여, 나와, 각쳐

各處走走遛遛、比在屋裡悶坐着、倒還好些兒

刨 벗기다

要吃栗子、一定刨去了那個細皮了、若不然、吃得怪澁的

刮 극다

年輕的人、很愛刮臉粧體面、要看上了別人的眼睛了

로、두루단니시오、방에잇셔답답히、안진것、버덤、오히려낫슴니다

(68) 밤을、먹고져ᄒᆞ면、반다시、그버미를、벳길거시니、만일、그리아니면、먹기에、썰부외다

(69) 년소ᄒᆞᆫ사ᄅᆞᆷ은、면모ᄒᆞ기를、됴하ᄒᆞ야、모양내ᄂᆞᆫ것은、남의눈에、들게ᄒᆞ고져、ᄒᆞᆷ이외다

鉸 쌱다

從前、中國人是打辮子、現在是都鉸了頭髮、跟外國人一樣了

(충첸중궈신쓰따삔쯔 쎈재씌두쟌랴탁빠 끈왜궈신이양라)

砍 찍다

你嚇着怎麼樣、俗語兒說、一人罪一人當、沒有砍過兩顆頭的理啊

(니쌰저즘마양 쑤위얼숴 이신쥐이신당 메여칸궈량궈탁디리아)

切 쓸다

把新鮮的魚、細細兒的切一切、好像銀絲一樣、利

(바신센디위 시시얼디체이체 한샹인스이양 허)

(70) 이젼에、듕국사ᄅᆞᆷ은、머리ᄭᅩ리를、ᄯᅡ더니、현지에는、머리털을、ᄶᅡᆨ가、외국사ᄅᆞᆷ과、ᄒᆞᆫ모양이외다

(71) 놀니기는、왜그리、ᄒᆞ오、속담에、ᄒᆞᆫ사ᄅᆞᆷ의、죄는、ᄒᆞᆫ사ᄅᆞᆷ이당ᄒᆞᆫ다、ᄒᆞ니、두기목을、찍는이치는、업습니다

(72) 신션ᄒᆞᆫ、고기를、가늘게、쓸어은실과、ᄒᆞᆫ모양갓치、계조와

째머이쾌얼치 예쏸싀딩할
芥末一塊兒吃、也算是頂好

디직채라
的酒菜了

割 무자르다

니쒀더히부챂챂디니
你說得還不悄悄的呢

잔왜신지닾라 바니디써틱
叫外人知道了、把你的舌頭

히얀써랖니
還要割了呢

折 썩다

니얀시쒀라 워히얀
你要實說了、我還饒

니 지여쌰황 워바니디퉈
你、再有撒謊、我把你的腿、

부긔니싸져랖니
不給你打折了呢

ᄒᆞᆫ데, 먹으면, 또ᄒᆞᆫ, 미우, 됴ᄒᆞᆫ
술안쥬라ᄒᆞ옵니다

(73)
네, 말ᄒᆞ기를, 오히려, 가만가
만히, 아니ᄒᆞᄂᆞ뇨, 외인으로
알게ᄒᆞ면, 네의, 서줄기를, 무
ᄌᆞ르고져ᄒᆞ리라

(74)
네, 바로말ᄒᆞ면, 내, 오히려, 너
를, 용셔ᄒᆞ련이와, 그짓말이
잇스면, 네의다리를, 쳐꺽지
아니ᄒᆞ리요

撕 씻다

要吃燒透了的牛肋骨肉、不用筷子、只把兩個手撕了吃、纔有香甛、然而外人看着不雅了

挎 파다 뚤타

我家裡、有個賊、挎一個窟窿、進屋裡來偷了幾件衣服、拿去了。

熬 쑨다

給我熬一點兒粳米粥

(75) 밧삭구은、쇠갈비고기를、먹을진된、져가락은、그만두고두숀으로、찌져、먹는것이、맛시잇지마는、외인、보기에、아담치못ᄒᆞ오

(76) 내、집에、도젹놈이、ᄒᆞᆫ、구멍을뚤코、방에드러와、몃가지、의복을、도젹ᄒᆞ여가다

(77) 나를、좀、멥쌀죽을、쑤어쥬되

要爛爛兒的、不稀不稠、匀溜
(얀 란 란 얼 디 부 싀 부 칙 윈 릭)
的纔好哪
(디 치 한 나)

煑 되리다

你再煑飯的時候、拿
(니 지 주 빤 디 시 헉 나)
篩子、用心篩一篩、因爲米裡
(서 쯔 용 신 서 이 서 신 위 미 리)
頭、砂子很多
(퉈 샤 쯔 흔 둬)

燒 불셔다

今兒天氣冷、我害了
(진 얼 톈 치 렁 워 히 랴)
感冒、拿劈柴、比從前多一點
(간 맢 나 쎄 처 비 충 쳰 둬 이 덴)
兒燒炕罷、我要出一身汗了
(얼 쌰 캉 바 워 얀 추 이 신 한 라)

무릇무릇ᄒᆞ고、묽지도、말며
되지도、말고、노긋노긋、ᄒᆞᆫ것
이、좃소

(78)
네、다시、밥을、지을ᄯᅢ에、이남
박으로、용심ᄒᆞ야、이시요、쌀
에、몰ᄂᆡ가、마는꺼닥이외다

(79)
오늘、일긔가、치워셔、내、감긔
가、드러스니、장쟈을、젼보덤
방에불ᄯᅥ여라、내、왼몸에、ᄯᆞᆷ
을、닉고져ᄒᆞ노라

晒 (말이다)

你把那個米、擱在太陽地裡晒一晒、晒了會兒把那晒不着的、拿手撥攋開他、晒到晚上收進來罷

(니바나거미、써재틔양디리쌔이쌔、쌔랴휘얼바나쌔부잪디、나쇼퍼라캐타、쌔닾완샹쐭진리바)

(80)

네、져쏠을、볏잇는곳에、노아말이여라、ᄒᆞᆫ동안、말이다가그말으지、아니ᄒᆞᆫ것은、손으로、그것을、헤쳐、제녁셔지、말이다가、거드리여라

文話應用編

拌嘴 말다톰ᄒᆞ다

剛纔誰在這裡說話、倒像拌嘴似的、不管誰是誰非、看我的臉面、丟開手罷

(1) 악가、뉘가、여긔셔、말ᄒᆞ는데 말다톰、ᄒᆞ는듯ᄒᆞ니、뉘가、올코、뉘가、그르던지、불게ᄒᆞ고 내낫츨、보아、그만、정지ᄒᆞ시오

少看 납비보다

我是一片眞心、爲你的話、你千萬別多心、想着我小看了你、偺們倆就白好了

(2) 나는、일편진심으로、너를、위ᄒᆞ는말이니、쳔만번이ᄂᆞ、다심치말고、내너를、납비본다 ᄉᆡᆼ각ᄒᆞ면、우리둘이、공연히 됴화지ᄂᆡ는、것이다

多心（다심ᄒᆞ다）您這樣說倒多心待我了、我怎麽糊塗、連個好歹也不知道、還筭是人麽

護庇（두둔ᄒᆞ다）他雖然有個錯處、我常常兒的護庇着他、不要漏出他的不好風聲了來

護短（앙탈ᄒᆞ다）你不要在這兒護短、依我說、趁早兒、人不知鬼不

（3）당신이、이러케、말슴홈이、도로혀、다심히、되접홈이라、내엇지、호도혼들、션악서지、모로면、오히려 사룸이라、ᄒᆞ리요

（4）졔、비록、잘못홈이、잇스ᄂᆞ、내항상、져를、두둔ᄒᆞ야、졔의、뭇치못흔、풍셩을、드러ᄂᆞ지、안고져ᄒᆞ노라

（5）너는、여긔셔、앙탈말고、내말갓치、짓쟉、사룸도、모로고、귀신도、모로게、가거라、도로혀

覺的去罷、倒還乾淨些兒

獻勤 알진거리다 心裏怨恨、外面獻勤兒、那叫猫兒哭耗子假慈悲、實在靠不得他了

背晦 로망부리다 他上了年記、依老賣老、行事難免有點兒背晦了、我勸他無益、倒不如別理他就是了

간졍ᄒᆞ다

(6) ᄆᆞ음에、미워ᄒᆞ고、외면으로 알진그리니、괴양이가、쥐를 슬퍼ᄒᆞ미、실상、그를、밋지、못 ᄒᆞᆯ것이오

(7) 졔、년긔가、놉푸시므로、늘근 이、자셰ᄒᆞ야、힝ᄉᆞ가、좀、망녕 된일이、잇ᄉᆞ니、내권히도、무 익ᄒᆞᆫ지라、가만히、두니만、갓 지못ᄒᆞ외다

硬朗 정정ᄒᆞ다

他是個老人家、氣力很硬朗、還不拐棍兒、能走一百里的地、這是從前保養身子的好法子

타씌거랖인쟈치리흔잉랑 히부괘쿤얼 능적이비리디디 저씌충쳰봐양신쯔디한빠쯔

藐視 납비보다

今天我特意來拜訪、他躺在炕上、拿大起來、不理我、這不是藐視、人家的事麼

진텐워터이래배빵 타탕지캉샹 나다치래 부리워 저부씌먀씌 신쟈디스마

對勁 맛갓다

他的皮氣、和我很

타디피치 훠워흔

(8) 제는、로인이로ᄃᆡ、근력이、졍졍ᄒᆞ야、집힝이도、아니집고 능히、일ᄇᆡᆨ니ᄯᅡ를、가너、이는 젼일에、몸을、보양ᄒᆞᆫ、됴ᄒᆞᆫ、방 법이외다

(9) 오ᄂᆞᆯ、내、특별이、와、심방ᄒᆞ엿 더니、제、방에、누어、졈ᄌᆞ는체 ᄒᆞ야、나를、모른체ᄒᆞ니、남을 납비보ᄂᆞᆫ、일이아니외닛가

(10) 져의셩미가、나와、미우、맛가

對勁兒、勿論作什麼事、其利斷金、比着古人管鮑之義、沒有慚愧的事了

還席 我們吃了他的酒好幾回了、現在大家湊錢、做一個東道、請他來還席、這是應酬朋友的事情了

賣弄 無論什麼人、愛這

져、무슴일이던지、물논ᄒᆞ고 그이익를、노느미、녯사름、관포의、의에비ᄒᆞ여도、붓그러울것이업소

(11) 우리、그사름의술를、몟ᄎᆞ례먹은지라、현재에、여러히、돈을、모화、ᄒᆞᆫ음식을차려、그를청ᄒᆞ야、갑는것이、친구에、수응ᄒᆞᄂᆞᆫ일이외다

(12) 무슴사름이던지、쟈긔의、저

賣弄自己的本事、小看別人、（마룽쯔지더밴스 쌴칸베신）
這是挨打受罵的本兒了（저씌이짜쑤마디밴얼라）

委屈 억울ᄒᆞ다

他在那兒丟了錢、就（타지나언뚜랴첸작）
賴我搶了去了、我心裡說不出（리워챵랴취라 워신리쒀부추）
來的委屈、誰能、知道呢（릐디위취쉐능 지닷니）

撒謊 그짓말ᄒᆞ다

他爲人很不好、借（타위신흔부할제）
人家的錢、是捱日子不肯還（신자디첸 씌이시쯔부큰환）
又愛撒謊、所以我瞧不起他（역이샤황 쒀이워챠부치타）

죠를빙겅거려、남을、적게본것이、미맛고、욕볼、장본이외다

(13)

졔、어듸셔、돈을날코、날드러쎄셔갓다구、떼를쓰니、내마음에、말할수업는、억울홈을뉘、능히알이요

(14)

그위인이、죳치못ᄒᆞ야、남의돈을、쓰고、날ᄌᆞ를섯을며、질겨、갑지아니ᄒᆞ고、그짓말만ᄒᆞ니、그름으로、내、그를、거들

了

勾當 서돍 你問問他幹的勾當、可饒不可饒、狗仗主人的勢橫行覇道、叫人可氣了不得

妥當 타당ᄒᆞ다 據我看、未必妥當、平常我們背着人說起話來、聽他的主意、未必是肯的

明白 명ᄇᆡᆨᄒᆞ다 你心裡明白、喜歡

써、보지도、아니ᄒᆞ오

(15) 네、무러보아라。졔ᄒᆞᆫ、서돍을가히용셔ᄒᆞ랴、아니ᄒᆞ랴、ᄀᆡ가、쥬인의형셰를、밋고、횡힝픽도를、ᄒᆞ니、사ᄅᆞᆷ으로、ᄒᆞ야금긔막힐일이요

(16) 날로보면、일이、타당치못ᄒᆞ오、평일에、우리、남모르게、수쟉ᄒᆞᆯ적에、그의주의를、드르니、반다시、질겨、아니ᄒᆞ리다

(17) 네、ᄆᆞ옴에、명ᄇᆡᆨᄒᆞ면、내말을

我說、不明白、嘴裡不好意思（워쒀 부밍빅 주리부화이쓰）
說出來、心裡不知怎麼罵我（쒀추릭 신라부지즘마마워）

呢（너）

擔待（딕접ᄒᆞ다） 我素日擔待你們得（워쑤이단딕니먼더）
了意、一點兒也不怕、越發拿（랴이 이덴얼예부파 위예나）
着我取笑兒了（저워취쌰얼라）

性急（셩급ᄒᆞ다） 你太性急了、俗語（니틱셩지라 쑤위）
兒說、病來如山倒、病去如抽（얼쒀 빙릭수쌰댜 빙취수취）

질거、ᄒᆞᆯ것이오、명빅지못ᄒᆞ
면、닙으로ᄂᆞᆫ、춤아、말을못ᄒᆞ
되ᄆᆞ음에、엇더케、나를、욕ᄒᆞᆯ
지、모로겟소

(18) 내、평일에、너희들를、다접히
더니、득의ᄒᆞ야、조금도、두려
워아니ᄒᆞ고、더욱、나를、우숨
새리로、아ᄂᆞᆫ뇨

(19) 네、너무성급ᄒᆞ다、속담에、병
오기ᄂᆞᆫ、산、무너진것갓고、병
가기ᄂᆞᆫ、실뽑ᄂᆞᆫ것갓다ᄒᆞ니、

絲、你只靜養幾天、自然好了

你越急越費事

(20) 小器

你也忒把人看得小器了、我又不是兩三歲的小孩子、我有我的緣故、你那裏知道呢

(21) 圈套

我到了你們家、幹錯了什麼不是、你做這樣圈套、要

네몃칠、한양ᄒᆞ면、자연히、날지라、더욱、죠급、ᄒᆞᆯ수록。더욱의만쓰오

(20) 네、너무、남을、저근、국양으로안다、내한두살、먹은、아희아니어든、나는、내ᄉᆞ돍이잇ᄂᆞ니、네、엇지알이요

(21) 내、네집에、와서、무슨잘못ᄒᆞᆷ을、히길닉、이갓튼、소김수단

攙我出去了呢

口舌 구셜 你這一去了、若果然不再來、倒也省了口舌是非、大家倒還乾淨了

當家 셰간ᄉᆞ리ᄒᆞ다 你是個當家、所以我來問你、你額外照顧我們、也是平常的事

算盤 쥬판 你這樣白化錢、就

으로、나를、닉몰고져ᄒᆞᄂᆞ뇨

(22) 네、ᄒᆞᆫ번가고、과연、다시、오지아니ᄒᆞ면、도로혀、구셜시비를、덜고、여러히、오히려、간졍ᄒᆞ겟다

(23) 뇌가、셰간ᄉᆞ리ᄒᆞ기로、내와셔、널더러、문ᄂᆞ니、네、의외에우리를、돌보아주미、또ᄒᆞᆫ、평샹ᄒᆞᆫ、일이다

(24) 네、이갓치、공연히、돈을쓰니

打錯了算盤了、你打諒我們（따춰랖솬판라 니따량워먼）
不知道、你們府上的事麼（부지닾 니먼뫄샹디스마）
照顧 돌보다
老爺這樣照顧我們、（랖예저양쟢구워먼）
我們再要不體上情、天地也不（워먼지얀부틔샹칭 톈디예부）
容了、請您放心罷（융라 칭닌앵신바）
舒服 편ᄒᆞ다
好兄弟、你起來好（핤쓩디 니치릐핤）
生睡覺罷、只顧你一個人舒（셩쉬쟢바 직구니이거인수）
服、我們就苦的了不得（뿌 워먼작쿠디랖부더）

곳、쥬판질、잘못ᄒᆞ엿다、우리
가、너의집안일를、아지못ᄒᆞᆫ
다、료량ᄒᆞᄂᆞ냐

(25)
영감이、이갓치、우리를、돌보
아주시니、우리가、샹졍을、아
지못ᄒᆞ면、텬디도、용납지、못
ᄒᆞᆯ지니、청컨ᄃᆡ、당신은、방심
ᄒᆞ시오

(26)
동싱、네、이러ᄂᆞ、잘、자거라담
안、너혼자、편키만ᄒᆞ면、우리
ᄂᆞᆫ、고싱이、한량업다

夫妻 너와

我生是你的人、死是你的鬼、如今既做了夫妻、終身我靠着你、豈敢瞞過一字

感激 감격ᄒᆞ다

大哥爲我操心、我今天粉身碎骨、感激不盡、您要多心、我倒也對不起了

含糊 어름어름ᄒᆞ다

我們不是那心

(27) 내、사라도、네의사롬이오、죽어도、너의귀신이라、즉금부처가、되엿스니、죵신토록、내너를、밋는지라、엇지일ᄌᆞᄂᆞ기리요

(28) 형님、나를、위ᄒᆞ야、심을쓰셧스니、오ᄂᆞᆯ、분신쇄골ᄒᆞᆯ지라도감격부진ᄒᆞᆫ지라、당신이만일、다심ᄒᆞ면、내、도로혀、불안ᄒᆞ외다

(29) 우리ᄂᆞᆫ、ᄆᆞᄋᆞᆷ과、닙을、두모양

口兩樣的人、說什麼是什麼、

沒有一點兒含糊

受用 편히밧다

兎死狐悲、物傷其類了、我聽見那個話、熬夜不能睡覺、心裡很不受用了

禍福 화복

俗語兒說、天有不測風雲、人有早夕禍福、這也是他的命該如此、我們不必

가지지、안닌지라、무엇을말ᄒᆞ면、곳、무엇이니、조금도、어름더듬、ᄒᆞ는것이업소

(30)

토기가、죽으미、여호가、울문그동유를、슬퍼ᄒᆞᆷ이라、내、그말을、듯고、밤ᄉᆡ도록、잠을못자고、ᄆᆞ음에、편지못ᄒᆞ오

(31)

속담에ᄒᆞ기를、하ᄂᆞᆯ에、불칙ᄒᆞᆫ、풍운이、잇고、사ᄅᆞᆷ에、죠셕화복이잇다ᄒᆞ니、이것도、져의명이、그러ᄒᆞᆫ것이라、우리

操心了 (챂신라)

搶白 (퓐잔주다) 他不知天高地厚、(타부지톈간디헉)
信口胡說了、所以我看不過、(신컥후쒀라 쒀이워칸부궈)
就搶白了他幾句話了 (작창비랴타지쥐화라)

欺侮 (만모히녀기다) 你打諒我是同你們 (니따량워쓰퉁니먼)
老爺、那麻好性兒、由着你們 (랖예나마한싱얼여저니먼)
欺侮我、你就錯了主意了 (치무워니작춰랴쥬이라)

晦氣 (불길ᄒᆞᆫ운수) 我今兒是那裡來的 (워진얼씌나리릭디)

ᄂᆞᆫ、걱졍ᄒᆞᆯ것、아니외다

(23) 져ᄂᆞᆫ、하ᄂᆞᆯ이놉고、ᄯᅡ히두텁운지、아지못ᄒᆞ고、닙에나오ᄂᆞᆫᄃᆡ로、함부루、말ᄒᆞ니、내、보다못ᄒᆞ야、두어마ᄃᆡ、퓐쟌주엇노라

(33) 네가、내、너의영감의、그런、죠흔셩미로、너의들、임의로ᄒᆞᆯ줄、료량ᄒᆞ야、나를、만모히녀기나、네、쥬의를、그릇ᄒᆞ엿도다

(43) 내、오ᄂᆞᆯ、엇지ᄒᆞᆫ、불길ᄒᆞᆫ운수

晦氣、都拼着你們氣頭兒上、白々的挨打受罵了

撒嬌 아양부리다 那街上賣酒的粉頭兒、招手叫人、越發撒嬌、賺人家的錢、你別親近他罷

編造 지어너다 那些個光棍們、給我編造這些沒影兒的瞎話、吹到您的耳朶裡聽了

로、너의들에、셩닉믈、만나、공연히、어더맞고、욕을먹엇노라

(53) 져거리우에、술파는、식쥬가가、손짓호야、사롬을부르며더욱、아양부려、남의돈을、쎄아스니、너은、그를、진근히、말지어다

(63) 져、여러、건들들이、내게、엉터리도、업는、거짓말을、지어닉어、당신귀에、불녀、드려갓소

規矩 장졍 규모

你們這些人好沒規 니먼저세신한매커

矩、這是什麽地方、你們在這 취저씌시마디빵니먼지저

裡混鬧、快離了我這裡呢 리훈놔쾌리랴워저리니

橫竪 엇지ᄒᆞ던지

剛纔、我說的話、你 쌍치워쒀디화니

橫竪心裡明白、我得了空兒、 헝수신리밍비워더랴쿵얼

再來細細兒的告訴你說罷 지릐싀싀얼디쌋수니쒀바

機會 긔회

你把東西帶了去罷、 니바둥시듸랴취바

你又不是外人、我這裡有好 니역부씌왜신워저리역핫

(73) 너의들、여러사ᄅᆞᆷ이、미우、규모가업다、이어늬디방넌데、네가、여긔셔、함부루、ᄯᅥ드니、속히、여긔에、ᄯᅥᄂᆞᆫ가거라

(83) 악가、내ᄒᆞᆫ말은、네、엇지ᄒᆞ던지、ᄆᆞ음에、명ᄇᆡᆨ히ᄒᆞ여라、내、틈이잇ᄉᆞ면、다시、와셔、셰셰회、네게、고ᄒᆞ마

(93) 너는、물건을、가지고、가거라、네가、ᄯᅩ외인이아니니、내여긔、죠흔긔회、잇ᄉᆞ면、사ᄅᆞᆷ을

機會、少不得打發人去、叫你了

講究 (치장ᄒᆞ다) 外面還是這麼講究、不知裏頭苦了、俗語兒說人怕出名、猪怕壯了

將就 (그렁저렁) 我在那兒、可以將就過日子、都是他敬我、我敬他、從來沒有紅過臉兒了

부려、너를、부르리라

(04) 외면에、오히려、이갓치、치장ᄒᆞ되、속이、결단ᄂᆞᆫ줄、모로니 속담에、사ᄅᆞᆷ은、소문ᄂᆞᆫ것이、무섭고、도틔ᄂᆞᆫ、살진것이、무섭도다

(14) 내、거긔잇셔、가히、그렁저렁 눌자를、보니니、도모지、제、나를、공경ᄒᆞ면、나도、져를、공경ᄒᆞ야、종리에、얼골붉힌 젹이、업노라

打量 (요량) ᄒᆞ다 沒良心的忘八崽子、都是一條籐兒、左不過是你幹的、打量我不知道麼
(메량신디왕싸쩌쯔、두씌이탸텅얼、쥐부궈씌니간디、싸량워부지닷마)

教導 지도 ᄒᆞ다 小孩子家、慢慢的教導他、可是人家說的、胖子也不是一口吃的
(쌴히쯔쟈、만만디쟢닾타、커씌신쟈쒀디、팡즈예부씌이커치지)

機密 은근 ᄒᆞᆫ 不管怎麼樣、我求您千萬別把這個事、給漏出
(부관즘마양、워칙닌쳰완베바저거스、씌럭추)

(42) 량심이업ᄂᆞᆫ、자라쉿기야、도시、ᄒᆞᆫ동알이라、좌불과、네의ᄒᆞᆫ소위니、내、아지못ᄒᆞᆫ다、료량ᄒᆞᄂᆞ냐

(43) 어린아ᄒᆡᄂᆞᆫ、찬찬히、지도ᄒᆞᆯ것이나、남의말ᄒᆞ기를、뚱뚱ᄒᆞᆫ사ᄅᆞᆷ이、한닙에、먹은것이、아니외다

(44) 엇지ᄒᆞ던지、불관ᄒᆞ고、당신게、청ᄒᆞ노니、천만번、이일을、누설치마시요、이것이、ᄒᆞᆫ、은

來罷、這是一件機密的事情

刻薄 각박ᄒᆞ다　凡事也不可太刻薄、人家旣肯認不是、也就罷了、怎麼老沒完呢

丟臉 무안ᄒᆞ다　你若是有撒謊騙人的事、叫人看破了、自己也很丟臉、沒地縫兒鑽去了

生氣 성닉다　我昨兒個吃了酒、

근ᄒᆞᆫ일이외다

(45) 범ᄉᆞ를、너무、각박ᄒᆞᆯ제아니、남이、이믜、잘못ᄒᆞ엿다ᄒᆞ면、또ᄒᆞᆫ、고만이지、엇지、늘、끗츨、닉지아ᄂᆞ뇨

(46) 네、만일、그진말ᄒᆞ야、남을쇠기다가、남의게、들키게되면、쟈긔가、미우、무안ᄒᆞ야、쌍틈에도、수물수업소

(47) 내、어제、술을먹고、메라구、함

不知胡說了什麽、連自己也想不起來、怨不得你生氣了、求您恕我、酒後無德罷

부지후쒀럎시머 렌쯔지예 샹부치릭 원부더니셩치라 칙닌쑤워 직학무더바

張羅 쥬션ᄒᆞ다

你不要在我跟前瞎張羅、竟管吃你的去罷、我可以隨便、領你的情就是了

니부야오지워쓴첸쌰 장뤄징관치니디취바워커 이쉬볜링니디칭작익라

調唆 ᄶᅴ이다

那些光棍們拿人家的青年子弟、調唆了窩娼局

나세광군먼나신쟈디칭넨쯔디 댶쐮랴워창쥐

부루말혼지、모로와、쟈긔셔지、싱각이、안나니、네、성닌겻이、괴이치안타、네게청ᄒᆞ노니、내의취혼후에、무덕홈을、용셔ᄒᆞ라

(48) 네내압헤잇셔、공연히、주션말고、다만、네ᄂᆞᆫ먹으라、가거라、나는、가히、ᄆᆞ옴ᄃᆡ로、네의듯을、밧ᄂᆞᆫ것이올다

(49) 져、여러、건달들이、남의청년ᄌᆞ제를、계집의집과、노름판에、일노、ᄶᅴ이더라

賭的事情了(두더스칭라)

趂願(잘쿠 선니)　我拿你正經人、把我心裏煩惱的事、告訴你聽、你反拿我、取笑兒、很趂願呢

(워나니썽정신바 워신리빤노더스쌰수니팅 니빤나워취쌰얼흔촌원니)

故意(부러)　他不是不會做、他故意兒的做得這麼樣了、我心裏有筭盤、你那裏瞞得我呢

(타부쓰부휘쭤타 구이얼더쭤더저마양라워 신리역쏸판니나리만더워 니)

(50) 내、너를、졍경ᄒᆞᆫ사ᄅᆞᆷ으로、녀겨、내심즁에、걱졍되ᄂᆞᆫ일을、네게、고소ᄒᆞ엿더니、도로혀、나를、우숨거리로、알고、쟈미잇셔、ᄒᆞᄂᆞ냐

(51) 제가、만들줄、아지、못ᄒᆞᆫ것이아니라、그가、부러、이갓치、만든것이다、내ᄆᆞ음에、됴량이잇ᄂᆞ니、네엇지、나를소기리요

生踈 성소ᄒᆞ다

我要到北京去一盪、可是人地生踈、而且言語又不通、可怎麼好呢
(워얖닾베징취이탕 커씌인디셩수 얼체옌위 역부퉁 커즘마한니)

冒昧 몽미히

咱們看得好面善、不知道在那兒會過、不敢冒昧稱呼、不成敬意得很
(자먼칸더한몐산 부지닾재나얼휘궈 부깐만메청후 부청징이더흔)

體諒 아라주다

你這麼個明白人、一時半刻、就不會體諒人情、
(니저마거밍비신 이시빤커 작부휘틔량신칭)

---

(52) 내、북경에、ᄒᆞᆫ번、가고져ᄒᆞ되、그러ᄂᆞ、인지가、싱소ᄒᆞ고、또、언어를불통ᄒᆞ니、엇지ᄒᆞ면、됴켓소

(53) 우리、보믜、낫치、믜우、익되어ᄃᆡ셔、맛ᄂᆞᆫ지、모로와、감히、몽미히、부를수、업스니、실경ᄒᆞ기를、ᄃᆡ단ᄒᆞ오

(54) 네、이러ᄒᆞᆫ、명ᄇᆡᆨᄒᆞᆫ사ᄅᆞᆷ이、인정을、아라주지못ᄒᆞ야、억지로、그더러、옴식을、니라ᄒᆞ나、

叫他勉强做一個東道、這不是牛不喝水强按頭麽

體己（아람치）

你現在這樣高興、好容易、說得包辦酒席、赶到了找出你的體己霉爛的銀子來、你還後悔也不及呢

扎挣（간신히）

我打昨兒害了感冒、覺着頭疼、渾身酸痛、今

소가、물、먹기、시른데、억지로、머리를、눌너되리요

(55) 네、현지에、이갓치、홍치가、잇셔、미우、용이히、쥬셔일、판비ᄒᆞ마、말ᄒᆞ되、네의、아람치、썩은돈을、ᄎᆞ질ᄯᅢ에、후회ᄒᆞᆫ들、밋지、못ᄒᆞ리라

(56) 내、어제봇터、감긔가들어、두통이나고、혼신이압파、오놀아참에、간신이、이러나서、멧

兒早起、扎掙着起來、做了幾個話條子、上學堂裡來了

標緻 얌젼ᄒᆞ다

一個姑娘、剛纔起這兒過、不知道是誰家的、長得標緻、又打扮得好看、明兒不知那一個有福的、消受這樣的好媳婦呢

惦記 싱각ᄒᆞ다

見一個愛一個的毛

마듸말를、지어가지고、학당에、올너왓노라

(57) 한쳐녀가、악가、이로、지ᄂᆞ는데、뉘집쟈녀인지、아지못ᄒᆞ되、미우、얌전ᄒᆞ고、치장도、잘ᄒᆞ엿스니、내일、아지못게라、어늬유복ᄒᆞᆫ사ᄅᆞᆷ이、아러ᄒᆞᆫ、안ᄒᆡ를、취ᄒᆞᆯ고

(58) 이것을보면、이것을、사랑ᄒᆞ

病、你多噆纔改了呢、你這樣
빙 니 둬 잔 치 씨 랖 니 니 저 양

牽腸掛肚的惦記着他、明兒
쳰 창 꽈 두 디 덴 지 저 타 밍 얼

我可以給你做一個保山
워 커 이 께 니 쭈 이 거 봐 싼

賭氣 심술 너다

他在衆人裡頭、說
타 재 중 신 리 투 쒀

得論七八吽、胡吹混謗、我忍
더 룬 치 쌔 잔 후 취 훈 팡 워 런

不過、搶白了他、他就賭氣不
부 궈 창 비 랖 타 타 작 두 치 부

答應睡覺了
다 양 쉐 쟢 라

淘氣 작난치다

你是個孩子沒出息
니 씌 거 히 쯔 메 추 싀

는、병을、네、언제나、곳치긴노
네、이러케、간장이말나、그를
싱각ᄒᆞ니、내일、내、가히、네게
혼중미드려주마

(59)
제가、즁인즁에、아리저리、흠
부루、말ᄒᆞ니、내、참다못ᄒᆞ야
그를、핀잔주엇더니、그가곳
심술이나셔、디답지안코、누
어잔다

(60)
너는、어린아히라、지각이업

整天家、在外頭淘氣、好像沒籠頭的馬了、那裏在家一天、安分守己的做工課呢

客氣 (데면부리다) 我不是請大客、特意爲您預備便飯、您在這兒不要客氣、儘您的量兒、喝幾鍾酒罷

興旺 (홍왕ᄒᆞ다) 大事化爲小事小、

(61)

셔、왼종일、밧게셔、쟝난치니구레버슨말과、ᄀᆞᆺ흔지라、어늬하로릐도、집에잇셔、안분수긔ᄒᆞ고、공부를ᄒᆞ겟ᄂᆞ노

내、ᄃᆡᄀᆡᆨ을、청ᄒᆞᆷ이아니요、특이、당신을위ᄒᆞ야、진지를、예비ᄒᆞ엿스니 네、여긔셔、데면보지말고、당신량ᄃᆡ로、몃잔술을、잡수시오

(62)

큰일은、져근일노、만들고、져

事化爲沒事、眞是興旺的家、若是一點兒小事、就這樣亂騰起來、也不成道理啊

懸心 걱정되다 我爲這件事、日夜懸心、竟管搓手蹽脚的捱過日子、也不敢告訴別人聽、唯有燈知道我的心罷了

討嫌 귀찬케굴다 你們老爺既託我、

큰일은、일업시、만들면、층、흥왕ᄒᆞᆫ집이라、만일、좀져은일을、이갓치、떠드러ᄂᆞ면、또ᄒᆞᆫ도리가、아니외다

(63)

내이일노、위ᄒᆞ야、주야、걱졍되여、손을、부비며、발을、구루면셔、일ᄌᆞ을보니되、감히타인의게、고치도못ᄒᆞ고、오작등잔불이、내의ᄆᆞ옴을、아노라

(64)

너의영감이、이믜、나게、부탁

我就說不得、討你們的嫌了、
(워 쥐 쉬 부 더 · 토 니 먼 디 쏀 라)

我可比不得、你老爺的好性
(워 커 비 부 더 · 니 랖 예 디 핲 싱)

兒、由着你們去
(얼 · 역 저 니 먼 취)

折磨 가라마시다

他無緣無故的、恨
(타 우 옌 우 구 디 · 쎈)

得牙癢癢兒的、要折磨了我、
(더 야 양 양 얼 디 · 얀 제 머 랖 워)

我實在有寃無處訴了
(워 시 저 역 웬 우 추 수 랖)

折變 판심ᄒᆞ다

他欠人家的錢、所
(타 첸 신 자 디 젼 · 쉬)

以被人告狀打官司、由不得
(이 피 신 쌒 쫭 싸 관 스 · 역 부 더)

희쓰니、내、곳업지、ᄒᆞᆯ수업시
너의들에、구챤아홈을、밧겟
다、나는、너의영감의、죠흔셩
미로、네ᄆᆞ옴ᄃᆡ로、ᄒᆞ는것과
ᄀᆞᆺ지안노라

(65)

재가、ᄯᅡ닥업시、미워ᄒᆞ야、나
를갈면셔、나를、가라마셔랴
ᄒᆞ니、내、셜샹、원통ᄒᆞ야 호소
ᄒᆞᆯ곳이업노라

(66)

졔、남의돈을、져셔、그롬으로
남의、소지를맛ᄂᆞᆫ、송사를ᄒᆞ

把他的東西都折變了、現在他家裏不過是舊日的空架子了

(67) 違拗勿論什麼事、可要依着我行、若是違拗我半點兒、管不得誰是有臉的、誰是沒臉的、一例淸白處治了

(68) 索性你在我的跟前、越

미、부득이、제의물건을、판심ᄒᆞ야、현지에、그집의옛날빈시렁밧게、업슴니다

(67) 무슴일을、물논ᄒᆞ고、가히、내의말ᄃᆡ로、힝ᄒᆞ라、만일、반뎜이라도、틀이면、뉘가、면이잇고、뉘가면이업는지、불관ᄒᆞ고、일체로、쳥빅히、쳐치ᄒᆞ겟소

(68) 네、내압헤、잇서、뻔々ᄒᆞ야、ᄆᆞ

發逞臉了、索性望我動手動脚了、你打諒我是那麼好性兒、你錯了主意了

(69) 打架 분경치다

你們是怎麼着、又這樣弄性、打架起來了、如今把事情、從頭至尾、都說開了再問我的不是、還不遲呢

(70) 打仗 전징나다

前幾年日露打仗的

옴ᄃᆡ로、내게、손지금ᄒᆞ니、내그러ᄒᆞᆫ、죠ᄒᆞᆫ셩미로、요량ᄒᆞ면、네쥬의를、잘못ᄒᆞ엿다

(69)

너의들이、엇지、ᄯᅩ심술부려야단치ᄂᆞ뇨、즉금에、사졍을죵두지미로、다말ᄒᆞ고、다시내의잘못을、뭇ᄂᆞᆫ것이、오히려、늣지안타

(70)

년젼、일로젼쟝ᄒᆞᆯᄯᅢ에、동병

時候、興師動衆、大砲的聲兒、天翻地覆的鬧得謊、實在聽不慣的

皺眉 눈살집푸리다

你這麽個爽快的人、還有什麽皺眉的事、不肯說出來呢、只管告訴我、我管保你遂心如意就是了

吃醋 서암내다

那個人也筭是標緻

울ᄒᆞ여、ᄃᆡ포소리가、텬디를진동ᄒᆞᄂᆞᆫ、ᄯᅥ드ᄂᆞᆫ소리、실샹드를수、업습ᄂᆡ다

(71) 네、이러ᄒᆞᆫ、샹쾌ᄒᆞᆫ사ᄅᆞᆷ이、무슴、눈섭집푸일、일이잇셔、질기여、말ᄒᆞ지아니ᄒᆞᄂᆞ뇨、다만、내게고ᄒᆞ면、내、너를、ᄆᆡᄉᆞ여의ᄒᆞ게、담보ᄒᆞ여주리라

(72) 저사ᄅᆞᆷ은、얌젼ᄒᆞᆫ、인믈이라

人物、可是心裏有點兒毛病、看別人的好處、他很吃醋、笑裏藏刀、容不得下人的

趂早 老兄到底有什麼病根兒、也該趂早、認眞醫治、小小的年記、倒作下個病根也不是頑的

辜負 他既不請我們、單

ᄒᆞ되、그러ᄂᆞ、ᄆᆞ음에、좀험이
잇서、타인의、잘ᄒᆞᄂᆞᆫ、곳을보
면、곳시얌을、ᄂᆡ여、우숨에속
에、칼을、감초아、하인、용납지
못ᄒᆞ오

(73)
로형、ᄃᆡ져、무슴、병근이잇는
지、응당、진쟉、의치ᄒᆞᆯ것이요
절무신、년긔에、도로혀、병근
을두는것은、시럽슨일이、아
니외다

(74)
제、이믜、우리를、청치안코、다

請你、可知是他歡天喜地的
(칭니 커지 씌타 환톈시디디)

叫你閑談閑談、別辜負了他
(쟢니 쎈탄쎈탄 베구뿌랴타)

的心、倒該過去纔是了
(디신 닾기 지취치씌라)

斯文 점잔타

他是個斯文人家、勿
(타씌거스윈신쟈우)

論凡事、想得週到、沒有一點
(룬빤스 샹더쪼닾 메여이뎬)

兒刻薄的、按着脚下看、也是
(얼커봐디 안저쟌쌰칸 예씌)

沽名釣譽的好法了
(구밍댶위디 한빠라)

預備 ᄒᆞ다

勿論什麼事、都預備
(우룬시마스 두위씌)

만、너를청ᄒᆞ니、가히、알패라
그사ᄅᆞᆷ이、질겁게、널노、더부
러、한담、ᄒᆞ쟈는、것이니、그ᄆᆞ
ᄋᆞᆷ을、져버리지、말고、가는것
이올타

(75)
져ᄂᆞᆫ、이、점ᄌᆞ는집、사ᄅᆞᆷ이라
범ᄉᆞ를、물논ᄒᆞ고、ᄉᆡᆼ각ᄒᆞ기
를、두루ᄒᆞ야、조금도、각박ᄒᆞᆷ
이업스니、현지로보면、명예
를、취ᄒᆞ는、방법이외다

(76)
무ᄉᆞᆷ일을、물논ᄒᆞ고、다ᄉᆡᆼ각

저샹부뫄더디뺭 야씌린커쥐
着想不到的地方、若是臨渴掘
징예부중용라 쒸이용신더
井也不中用了、所以用心的
신 메여시마완부랖디스니
人、沒有什麽完不了的事呢

지못ᄒᆞᄂᆞᆫ、곳을、예비ᄒᆞᄂᆞ니
만일、임갈굴정ᄒᆞᆫ、들쓸듸엽
ᄂᆞᆫ지라、그럼으로、용심ᄒᆞᄂᆞᆫ
ᄉᆞ롬은、무ᄉᆞᆷ맛치지、못ᄒᆞᄂᆞᆫ
일이、엽사외다

華語問答

第一章 初次相會

沒領(링)教您哪 不敢當 請教貴姓 豈敢、賤姓李 貴
台甫 草字友梅 請教官印(인) 我名字呌用周 貴處是
那一國 弊處是朝鮮京城 先生今年高壽 我還少
哪、今年三十五歲了 久聞大名、實在仰(앙)慕(무)得很 彼此
一樣 貴寓(위)在那兒住着了 小寓、在前門外頭天成店
裡、住着了 貴昆(쿤)仲幾位 我們弟兄三個 尊行(항)排(패)幾
我居長 恭喜在那兒 我在天道教總部、當差使 閣下、
初次、到這兒來麼 我從前來過一盪了 現在是有甚

麼公幹 我們本教裡、派(파)我來了、求您還要指(즤)教 好說
您納、少弟該當教勞的了 天不早了、我要告暇 忙甚
麼、再坐一坐罷我要陪(패)您吃晚飯了 我實在有點兒俗(쑤)
事、再來請安 那麼、我倒不敢深留您了 別送別送、請
留步 不送不送、候乘(청)候乘 磕(커)頭磕頭

第二章 再次相會

偺們這一向沒見、今天特意來拜訪 不敢當、勞兄台的
駕了 今兒幸得相會、實在是有緣哪 蒙(멍)您的擡愛、我
心裏感(싼)激(지)不盡了 你們府上諸位、都好呀 託福倒大
好了 這幾天公事忙不忙 倒很忙、每天叫事情絆(빤)着

老沒得工夫、給您謝步去　那兒的話呢、您公事忙、差使又緊、誰還不知道呢　承您體諒了、今天是禮拜、所以我在家裏、有點兒閑空　這兩天、天氣太熱、早晚兒涼一點兒　是趕到晌午、太陽晒得利害、不能出門了　我來和您商量、偺們逛一盪去　打算、上那兒逛去呢　我的意思、是要上西山逛去　到西山逛去、倒不錯　偺們可以多咱去呢　您的意思是、打算多偺去好呢　我那天都行、只要您多偺有工夫兒、偺們就去　那麼、偺們下次禮拜去罷　我回去了、改天再見

第三章　久別相會

老兄久違渴(커)想渴想　您到了幾天了　我到了纔兩
天　您上回來、我簡(젠)直(지)的不知道　是我上回到京、纔三
天就回去了　是、怎麼回去的那麼快呢　是、因爲接着
家信說、家母病了、所以我赶緊的回去了　現在、令堂老
太太、倒大好了　是我到了家、不多幾天就好了　我聽
見說、您上回回去的那麼快、不知道什麼緣故、現在我纔
明白了　我這回來、您是怎麼知道的　那我是聽悅來
店掌櫃的說的　我本打算、一兩天到您府上去、想不到
您倒先瞧我來了　偺們這樣兒的交情、還拘甚麼禮呀
這實在老兄恕(쑤:)我罷　那兒的話呢、您這盪是爲甚麼來

的　是、因爲辦功名的事情　辦的有了頭緒了麽　還
沒頭緒了、等一兩天、我再來告訴您說　是了

第四章　歡迎請客

昨兒聽說您到京、我所以來望看您納、您一路都很好呀
好託福、一路都很平安、我本應當先到您府上去、就因
爲昨兒晚晌纔到的、一切行李、還沒歸着好了、請您恕我、改
日再去　那倒不敢當、我還預備一杯薄酒、給您接風、您
千萬別推辭　您別費心、我這是初次到京、該去的地方
實在多、我先心領就是了　那麽過些日子也可、您這回
因爲甚麽事回京來　是因爲我家老爺、奉旨陛見、現在

又留京內用了、所以把家眷쥰接來了　您這是由水路來的、是由旱路來的　有時候兒起旱路、有時候兒坐船、好在現時、輪船鐵路、都很方便　那麽、您在路上、走了多少天　我們在路上、一共走了二十多天　您這一路的辛苦也不少呵　在旱路上、我們接着站走、公館一切都有人供應伺츠候、沒甚麽受了罪、就是到了水路、可眞了不得　怎麽您暈윈船麽　我暈的利害、三四天沒能吃東西、簡直的嘔와吐的是要死的樣子、好容易盼앤到進了口了　我到沒這個毛病

第五章　紹介朋友

今兒是甚麼風兒、吹你來了　我是夜猫子進宅、無事不來　別嗐咧々了、抽烟喝茶罷　我請問你、偺們那位朋友金海山、您記得麼　我到忘了是那位　您細細兒的想一想　我簡直的想不起來了、你提醒我罷　您實在是貴人多忘事、您那位貴同年、他上回進京、不是和您同船來着麼怎麼您倒忘了呢　不錯、我想起來了、偺們有好些年沒見了、他好呀、他是多偺來的　他是昨天到的　現在住在那個店裏了　他就住在我住的那個店裏了　他和您提我來着麼　可不是麼、他叫我先帶個好兒來、過兩天、他還要來拜您哪　不敢當、您知道他是打那兒來

的　我問他來着、他說、他是打外國回來　那麽、他在這兒還得盤桓(관환)幾天了罷　也沒什麽大耽悞(단우)、不過住上個十天半個月、就要起身的　那我還要去拜望他呢、請您回去、先替我請安問好罷　我替您說就是了、赶過幾天偺們找個地方、把他請來、說一天話兒、您想好不好　那更好了

第六章　謝友餽食

前次叫您費心、今兒特意來、謝謝您哪　那實在多禮、這麽點兒東西、您還提在話下　您從外頭帶來的不多、您留自己用就得了、您還惦(뎬)記着我　送了去的實在拿

不出手、不成敬意的很　那兒的話呢、您都是上那兒、遊玩去了呢　我是隨我們老爺、到南邊幾省、玩了一盪　去的日子不少罷　敢情是不少、有四五個月的光景　那邊兒風景、很可觀罷　是、那邊兒比這邊兒强多了、有些個名勝성地方　您沒到北邊兒去過麼　您別提了有一年、我隨同我們老爺、到八達嶺逛了一盪、回頭、又到十三陵、受的那個罪、眞是一言難盡　是怎麼呢　不說別的、單說住店一層、連一個乾淨店都沒有、將就着、找了一個店住下了、等到夜裡、臭虫都出來了、有成千動萬的那麼些個咬的、我正宿숙不能睡覺了　您沒帶着帳子去麼我

是帶着帳子來着、若不然、更了不得了　這樣事情、實在叫人沒法子、南方不這麼樣罷　南方稍(챠)微(위)的强些兒、還有幾處很好的地方兒

第七章　託友事情

你這程子、沒找偺們那位朋友去麼　我去找了他三盪了　到底見着了沒有　昨兒個纔見着他了　是在他家裏見着的麼　我到他家裏去了兩盪、他都沒在家、昨兒個我到衙門裏去、見着他了　你沒問他、那件事怎麼樣了麼　我問他來着、他說還沒辦了　怎麼這些日子、他還沒辦呢　他說、他這程子很忙、沒能找那個

人去　他甚麼事這麼忙啊　他說、近來衙門裏、有三件要緊的案、得趕緊審的　你知道是什麼要緊的案呢　我聽說、一件盜案兩件命案　他既然這麼忙、怎麼也不來告訴偺們知道的呢　他總是因爲官差忙、騰不開身子來　那麼、他得多偺纔能忙完了呢　巧了、得過個十天八天的罷　那麼、你今天晚上去、問問他、若是他打發別的人找那個人去、行不行　您說的也是、若是打發別的人去、行　那自然更好了

第八章　告別辭意

我要回國去一盪　您多偺要回去呢　我就在這三五

天、要動身　您回去是有什麼事情　我是因爲在外頭好些年了、總沒回家去、現在家裏有點兒事情、得回去一盪　您約摸着、大槩多偺可以來呀　現在還不能一定了

怎麼不定呢、是還打算、在貴國、設立甚麼別的事麼　我回去是招股份開個公司、後來還要在上海、設立分行

您招股份、是竟招貴國人哪、是還招外國人呢　要是本國人的股份、都招滿了、那就不用招外國人了、要是不滿、還打算招中國人入股哪　那時候、您若是願意、我幫着您招股子、我可以給您辦々　那敢自很好了、就怕您、不肯辦、您既然肯辦這個、那是求之不得的　那兒的話呢、您

回國之後、可以先給我一封信、我好給您效勞　就這麼辦、聽我的信罷　好、偺們後會有期　費心費心　我靜候佳音就是了

第九章　賀友陞任

聽說您家老爺、升出外任去了、今天我特意來、給您道喜來了　不敢當、實在勞駕的很　我這是一點兒送行的薄儀、千萬您賞收、別推辭　您這實在費心得很、我可不敢承領　您若是不收下、就是嫌這禮太薄了　您若是這麼說、一定推却是不恭了、我就勉强領了就是了　那兒的話呢　明兒我家老爺到貴館辭行去、再親身給您

道謝　那倒不敢當、您家老爺起身、您也隨同一塊兒去麼　不、我家老爺先得到省裡去　啊、到省裡去、就可以到任麼　是、到省裡去就可以到任、到任之後、纔能來接家眷(좐)哪　那麼、一切行裝都預備齊截(치제)了麼　也沒甚麼、箅是都歸着齊截了　您走後、像您這些傢伙、都安置那兒去呢　我想這些東西、都寄放我們親戚家、以後再回來的時候兒、用之好方便　是、這個主意不錯　現在甚麼都不短(돤)了、就是還短一個跟班的、您意中有妥當人沒有、求您給我舉薦(쥐젠)一個人來　是這件事等我回去細細兒的想一想、誰合式、找給您打發一個來就是了　那麼費

您心罷

第十章 過綢緞鋪

寶鋪多偺開的 前幾個月開的賬장 您一個人開的麼

和朋友搭夥開的 今年買賣好不好 生意還筭可以的

今年的行항市싀怎麼樣 行市又長창又落不一定 我要買幾疋山東紬、又尺頭兒的綢작緞돤 我有好幾樣兒山東紬착、您要什麼樣兒的 你把樣子拿來、給我瞧々 這是個樣子、儘您的心兒、挑一挑罷 這個不合式、身子薄一點兒、又沒光潤순 您說這個不好、到底要做什麼材料的呢 就是夏天穿的、做外國衣服的材料了 我纔知道

了、那紬面有幾條青線的　可不是那個麼　您看看這
個、對不對　對了、價錢怎麼樣　價錢不算大、十五塊錢
一疋　價錢眞是大一點兒、我可買不了　您聽着價錢、彷
彿是太大、您不知道那東西可是頂好　東西雖好、到底、
也値不了那麼些個　那可難說了、現在市上的貨很短、
所以行情、一直的往上長、這個價錢、並不是設謊價　俗
語兒說的、帽子沒有一尺來高、貫了也有限的、您給我減
一點兒罷　您看看我們店裏、那個牌子罷、言無二價、少
了一個錢、斷不敢賣　聽見你們寶字号、特意找你的店
裏來了、比別人買賣的、還便宜些兒這算是不悞主顧的

意思了　偺們不是交過一回兩回了、雖然、我賠一點兒、賣給您十三塊錢罷　那麼、我給您十塊現錢、那剩下的就賒賬、這個月底、到了我家裏來領、就是了

第十一章　過鐘表店

我要買一個金表　這兒有從外國新到的金表　都是捻把兒上弦的麼　也有用鑰匙上弦的　我還是愛用鑰匙上弦的、這殼套是什麼的　殼套都是純金的　這是那一國做的呢　都是法國做的　我問你、價錢怎麼樣　價錢是一百塊錢　價錢太貴、有什麼便宜的沒有　像這麼好的表、這個價錢、就算是便宜的、我還告訴您

說、若是您帶這個表去、多偺有快慢的毛病、您竟管給退回來、我們決(줴)不能不認(신)的　你們可以保多少年呢　我們可以保十二年　我這個買不了、還有比這個便宜點兒的沒有　有、您瞧這兒、有好幾樣兒平常帶的表、價錢都不大　這幾樣兒表、大概都是怎麼個價錢呢　就是從十塊錢、到十五塊錢、不一樣　我看這瓤(양)子、都是粗(추)一點兒、不大很結實似的　若是比您剛纔要買的、自然顯着粗一點兒了、可是、若論平常帶的表、這瓤子還算是結實的了　我託您、把我、帶的這個表、交給鐘表匠、給收拾收拾　這個表怎麼樣　大概是油泥厚了、得擦一擦罷

這個表是、多偺擦的油泥　起到了我手裏、還沒擦過一回了　您是多偺買的　我是前年買的　是在貴國買的麼　不是在弊國買的、是我前年到香港去買的　等這個表收拾好了、就給您筭多少塊錢、換給我你的一個新表、行不行　那好給您辦辦、沒有什麼不行的了

第十二章　見裁縫人

我叫你找的裁縫、你找來了麼　早就我來了　你怎麼不早告訴我呀　我見老爺手底下有事、所以沒敢告訴您說　那麼、你出去把他叫進來　老爺、他就是裁縫你的成衣鋪是在那兒啊　我的成衣鋪、就在這大街上

你給這院裏老爺們、做過活了麼　先頭裏、我常到這院
裏做活來　我怎麼總沒瞧見過你呀　老爺您忘了、上
回、我在北屋裏給那位客人做活來、您不是還和我、說話
來着麼　不錯、我想起來了、我現在找你來是要做一件
大棉襖오　材料您都買了麼　綢子我都買了、棉花是叫
跟班的、等晚上買了、給你送了去　您把尺寸都開出來
了麼　這是我開出來的尺寸單子　那麼、我先把綢子
拿了去裁出來　袖子是比我這個單子、寬一點兒罷若
是窄了、穿여不得的　我知道了、樣子是照時興兒做、就是
了　這回、你若是做得好、我可以給你定一個主顧了

託老爺的福、我們鋪子裏可以發財了　給你這綢子、得多偺可以得　五六天就可以做得了　不能早兩天得麼　若是您等穿、也可以早得　你赶緊的給做罷、越快越好　是了

第十三章　要賃房屋

你租(주)妥(퉈)了房子了麼　瞧了好幾處、不是房錢大、就是房子不中意　好房子、房錢自然是貴的、你打筭是長住啊是暫(잔)住呢　若是房子可心、自然可以長住、若是不大好住就住幾個月、又往別處搬(샌)、也不一定　我們緊街坊、有一所兒房子、要出租、現在正閑着哪　是個新蓋的麼　是

個纔新蓋的、還沒人住過了 向那一方呢 南朝 有多少間房子 有三十多間房子 那麽着很好了、可是你知道一個月是、多少房錢麽 我記得什麽、每月二十塊錢、另外一百來塊錢的押租、可不大很詳細了 您順便跟那房東、打聽明白、行不行 那倒好辦、您若是不忙、可以在這兒坐一會兒罷、我這就給您問問去 勞駕々々 我找着房東打聽、可不是那樣錢呢 房子是聽得還算可以的、可是、二十塊錢的房錢、太多 您聽着這房錢、彷彿是太多、您不知道、那房子可是頂好、院子又大、地勢又好離大街也近、買東西也很方便 那麽、我租那房子、還有

茶錢麽　那茶錢自然是有的　我們不過是兩口子、還有一個丫야鬟환　所以住不了那麽些間　除了您自己住多少間、下剩多少間、您可以轉租給別人住　那麽、我就是包租了　不錯、您包租　我包租、我又怕一時租不出去我每月、得如數給房東房錢　我想那層청倒沒什麽可慮려的、脚下、房子往外租着、很容易了　那麽、偺們一兩天、到了那兒看々　是一兩天準見

第十四章　過料理店

今兒個、偺們這幾位朋友、沒什麽事、要找個地方談一談

您知道這左近、有什麽好飯館子沒有　就在這南邊兒、

不遠、有一個新開的飯館子、屋子也敞亮、弄的菜也很好
那個館子字號是甚麼、他賣的是整桌的酒席呀、還是零要也可以呢 字號是麗華園、整桌的酒席也預備、散要也可以・那都是隨客座兒上的便 那麼、偺們就走罷
我想偺們不是請大客、不過是吃個便飯、還是斟酌着散要倒好罷 不錯、散要倒還便宜些兒、偺們到了那兒、瞧一瞧有什麼可吃的菜、大家斟酌着要幾樣兒罷 辛苦掌櫃的、給我們找個清靜地方兒、爲得是我們可以得說話
有、請老爺們到樓上有單間兒屋子、很乾淨 老爺們是還等人哪、就可以用飯呢 我們人都來齊了、你們有菜單

子拿來、給我們瞧々　這菜單子上的菜、還不齊(치)全(찬)、我們

另外、還有新樣兒菜、沒上單子哪　那麼、這幾樣兒菜、不

分先後、甚麼先得、就可以上來罷　你們可以趕緊的弄

罷別要叫我們挨(이)餓(어)急了

第十五章　逛料理店續

你們店裡整桌的是什麼　整桌的都是八大碗、四冷葷

另外要添(톈)甚麼小吃兒、那是隨便再要　那麼零要呢　那

是人喜歡吃甚麼東西、隨便叫我們現做　有頂好的眞個

燕窩魚翅(츠)沒有　巧了、那兩樣兒東西、因為這兩天下雨都

化完了、現在還沒預備好哪　海蔘鮑魚是怎麼樣呢　都

有、您要什麼、有什麼沒有不現成的、老爺們只管吩咐先頭裏、我們要一碗炸(쟈)油鷄、兩碗猪肋骨(주레구)湯、還要洋糡(징)皮一大海碗　那些個菜名兒我可叫不上來、你總要挑那不膩的、添幾樣兒菜就是了　有什麼酒　黃酒、壯元紅玫瑰露、蓮花白還有白乾兒　那個酒是論斤哪、還是論瓶呢　中國酒是論斤、外國酒是論瓶了　八寶飯和白果湯是味道很香甜的、一刻的工夫、你們可以弄得麼　不能勾、雖然赶緊的做、少不得就悞了一個時辰的工夫了　那罷了、熬一碗粳米粥、也要點兒火腿　是了　這兒還短着一位客人的酒杯、羹匙(셩치)和筷子了、快拿來罷　你順便

拿辣草麵兒、和醎(셴)菜來罷　我們的醎菜、比貴國的不一樣、
因爲他鹽擱多了、齁(화)醎的　這個魚沒燒透、裡頭還有血(쎼)
津兒味道也是齁腥(셩)的　沒有的話、你們趁熱、吃這個罷、
過了會子、就吃得不好了　每人跟前、蒸饅頭十個一碗
擺(비)好罷　那個饅頭的餡(셴)兒是、不要用猪(주)肉和韮(자)菜、我們
吃不慣中國油膩的菜、存(춘)在心裡、很不受用了　哎呀、這
是什麼東西、不但味兒不好、而且又是清淡的、實在中看
不中吃了　偺們、今兒個這麼空喝酒、也無味、莫若偺們
都斟滿了、滑幾拳罷　罷罷、可別筭我、我不大會、安心要
我們喝醉(쮀)了呢　不要緊、若是說不上來、只多吃了一盃

酒、醉了睡覺去、還有誰、笑話偺們了呢 你怎麼不喝、我們大家動手灌관你 我已經喝醉了、頭暈윈眼花、有點兒惡어心了 那麼、偺們喝乾了這種酒、就撤下去罷 來 喳、你們可以算賬罷 通共算起來、八塊五角二哪 這是十塊錢的票子、你拿了去、你們櫃上跟前算賬、其剩下的錢是、賞給你們酒錢了 謝謝您老爺的恩언典뎬

第十六章 銀行滙錢

我有一千塊錢、打算要從貴行、電滙휘到天津去、不知道是多少滙水 往外國電滙、都不要滙水、因爲不算是滙去的、算是按안着今天的行市、賣給您的 是了、我明白了、那麼、我要

買一千塊錢的電滙、是得用多少日本的票子呢　您不是要買天津的電滙麼　不錯的　等我筭一筭、按着今兒個的行市、是減一成五分五釐、你就給八百四十五圓就行了可是、您得單給電報費　您說的這個電報費、不是由您這兒貴行、打到天津分行去的、那個電報的花費麼　原是的　那麼、天津的我那個朋友、怎麼能知道、我給他電滙銀子去呢　那您得單打個電報、知會令友、叫他到天津銀行裡、取那銀子去　若是我那個朋友、接了我的電報到貴分行取銀子去、就可以給他麼　若是我們行裡、認得令友、自然立刻、就可以給他了、若是不認得令友的話、可

以找個保人、就可以取了去了、那也並沒什麼累贅(뤼쥐)的

第十七章　錢鋪換票

掌櫃的、這兒有一張退票給您打回來了　拿來我瞧々
這張票子、不是我們給的　怎麼不是你們給的呢　因
爲這張票子上、沒有我們的收号　我記得可實在是你
們給的、怎麼如令你們說、不是你們給的呢　我告訴你
若是我們給的票子、必有我們的收号、我們的截(취)子、如今
這張票子上、又沒我們的收号、又沒我們的截子怎麼是
我們給的呢　你說、沒有你們的收号、我這票子上、可收
的是你們了　竟你收的是、我們不行啊、總得有我們收

的人家、纔行了　就是有你們的收号、如今你們不認、我
也沒法子呀　沒有不認的理、若是我們給的、我們也是
給人家往回裏打、我們又不賠(페)甚麼、作什麼不認呢　也
許(쉬)這張票子、你們忘了收了　沒有的話、我們決不能忘
了收了、這裏頭還有個緣故、我告訴您說、這是一張毋錢
鋪的票子、我們這鋪子、向來不使用毋錢鋪的票子、所以
更知道不是我們給的了　你們若一定說、不是你們給
的、那沒法子、只可我認苦子、就是了　依我說你拿回去
再想想是誰給的罷　你把這個十吊錢的票子、給破(퍼)五
個一吊、一個五吊　一吊一張的、沒有我們本鋪子的、給你

磨別處的、行不行　磨別處的也使得　你點點對不對

不錯對了、這票子上、你們都收着了　都收着了

第十八章　鐵路買票

這條鐵路、是往釜山去的麼　這是往仁川去的、你要到釜山去麼　是要到釜山去　那麼、你過那個飛樓就在對面兒等着就是了　往平壤去的火車開了沒有　纔開了、不大的工夫兒　啊、下一盪的火車、是甚麼時侯兒開呢　那是末末了兒的火車、再沒有了　哎、沒有法子、只可走着回去罷　我要買義州去的車票　是一去的車票是來回的車票　這兒也賣來回的車票麼　是賣了

若買來回的車票、一來是減點兒價錢、二來又省得再買車票甚麼的費事　可以用幾天呢　十五天爲限　就是就是、你給我買來回的車票罷　從開車走出、有多少里來了　啊、不少了、我現在肚子、有上點兒餓、不知道這火車裏、有飯廳兒沒有　這火車裏、到沒有飯廳兒了、可是各火車站、都有賣飯的、偺們到了下一段火車站、就可以先打尖了　就是了　偺們坐的這個車、不能一直的到那兒、半路上、還得換一回車哪　啊、偺們行李、都交給火車站了、到了換車的時候兒、可怎麼好辦呢　那不要緊、不過人下來、換車就是了、不用管那行李的事情、你可得想着帶好了銅牌子了　是帶着好了　哎、這中等的人、所滿了、偺們莫若、改坐上等的車倒好罷　好、偺們原來買的是中等的車票、要換上等的火車、還得加多少錢呢　那先不用問、偺們直到了那兒下車的時候兒、他要加多少錢偺們給多少錢、就是了

第十九章　壽日聽戲

令兒是老太太的千秋壽旦我特來拜壽來了　不敢當、實在勞駕的很　好說該當的預備一點兒薄禮孝敬老太太的　叫您花錢、我謝謝您費心　好說好說、貴國皇太后賞(상)賚(주)壽物、實在光榮的很、老太太多福多壽、眞是造

化呀　是、弊國皇太后御賜壽物、所以請您代爲恭迎
是、我必當恭迎的　您請入座聽戲罷、您聽弊國之戲怎
麼樣　是我倒很愛聽、就是有些地方不太明白　就是
弊國的人聽戲、不差甚麼的人就是看個熱鬧　若是弊
國則不然　您貴國的戲、和弊國不一樣麼　是不一樣　是
怎麼不一樣呢　弄戲的在臺上就是要、傍邊兒有個人
唱、勿論是誰、都聽得明白了　這還是二簧班的哪、要是
梆子班兒、更聽不明白了　領教您納、怎麼叫二簧、怎麼
叫梆子呢　弊國的戲有三樣兒、二簧、梆子、高腔、這二簧
又名叫徽班兒、是弊國南方來的　那麼那梆子高腔呢

梛子是弊國陝西來的、高腔是宮戲、是從弊國初、纔有的
総而言之打傢伙的聲兒、唱的腔調兒、全不一樣　是、這
麼說、我就明白了

第二十章　旅行問答

請考爺安　好呀、你是什麼人　我是英順行、打發我來
給老爺帶路進京的、老爺定規多偺走呢　明兒就要走
老爺要走的、是水路是旱路　是旱路好、是水路好　水
路呢、這幾天下雨大河水長了、上水的船、拉着很費事、再
遇着北風怕五六天、到不了通州　哎、這麼着、那水路不
行、走旱路怎麼樣　若是老爺明兒動身、趕着走、第二天

晚上、就可以到京、慢着點兒、第三天足可以的　這旱路你熟罷　哎、這十幾年常常的來往怎麼是不熟呢　比方、我不用滯道、你細細兒的告訴我都是打那麼走、行不行　可以、沒甚麼不行的、出了城東邊兒、那個浮橋、您知道不知道　那個我知道了　您過了一道橋到了熱鬧街兒、那兒再打聽第二道橋、一溜的往西北、就是進京的大道了　聽見說還有過河的地方兒沒有　那是擺渡罷　擺渡是有　擺渡是有、那車馬怎麼樣呢　車馬沒甚麼難的、那都可以擺過了　按道兒說、這河西務、離京還有多遠呢　按道兒說、可以筭得是中間兒在那兒住一夜、明兒可

以到了京了　住一夜是在那兒呢　貴國的人、向來有住店裏的、有住廟的　是店裏好是廟裏好　依我說是店裏方便些兒、廟裏留客是、格外的事情一來不定有房子沒有、二來如果趕車的多、和尙不願意、再者丟了東西、是還誰管呢　我到了店裏、叫他們弄甚麼菜好呢　老爺怕沒吃過我們的菜罷　我沒吃過呢　啊、老爺還沒吃過、不如從天津、做一點兒好拿的菜帶着罷　甚麼、自己帶着、到了店裏、不吃他們的飯、他還願意麼　那倒沒甚麼、店裏還得他們的房錢就是了　這房錢有一定的價兒麼　我們人住店、差不多有一定的價兒、若是外國客人、怕那掌櫃的、可以多要幾個錢　就是這個房錢、可以望我要多少錢呢　那倒難說了、老爺會說我們的話、可以望他商量、看他要的價兒很多、不妨駁他、再還他的價兒

第二十一章　旅行問答續

我還有一件事、我走得這麼快、我的行李是可怎麼樣呢　老爺的行李有多少　就是門外頭擱着的那些個東西甚麼、那些大箱子、也是老爺的麼　原是的　老爺想兩天進京、恐怕不能都帶着罷、不但用好些個大車費錢、不能走得很快　那麼、你說還有甚麼好法子呢　依我說老爺那個鋪盖等項、可以雇一個小車兒裝上、同老爺一

塊兒走、其餘上船、打通州那裏走了　那麼着、我就坐着裝行李的那輛車麼　老爺另雇一輛小車坐着好罷　那車是單套、是二套　老爺要快走、必得二套的、現在雨水大、道兒不好走、三套的也可以　哎道兒不好走、坐車不大對(뒤)我的勁(징)兒、在這兒雇馬行不行　騾(뤄)子、馬、都可以雇只怕我們的鞍子、老爺騎着不合式　我們那兒、馬身上的傢伙、我都帶着呢　也怕不行、那馬鞍子、我們的馬還可以背、那籠頭却不肯戴了　籠頭是甚麼呢　就是牲口嘴裡的嚼(잡)子、人拉的扯(처)手都在裏頭、恐怕我們的馬、戴不慣、與老爺有礙(의)、不如買一匹外國馬倒好　外國馬在

天津這兒、可以買麼　可以我們行裏、有匹馬、是我們行中、一個夥計的要賣、那匹馬很好、又老實、又快、來往京裏有三四回了　那麼、我可以到行裏、商量商量、還有那些大箱子、運到通州的時候兒、雇甚麼人、送進京去呢　老爺就可以雇小的、好不好　好、倒沒有什麼不好的、只怕是這麼些日子、你們行裏、離不開你、不容你去　可以離得開、今兒打發我來不是聽老爺的吩咐來了麼

第二十二章　叱罵家僕

你這幾天晚上、總不在家、是上那兒去了　小的任那兒也沒去　你別不認、我昨兒晚上回來、要打發你送信去

你怎麼沒在家　那是因爲小的肚子疼、到茅房裏去、出了一回恭　你別胡說、那兒有上茅厠去那麼大的工夫呢、我知道你是出去要去了　小的不敢要錢　我有一天、看見你和夥伴兒們、在一塊兒賭、我因爲是大年下、沒說你、近來我看你做事、無精打彩的、那總是夜裏要錢、不睡覺的緣故、而且屋裏的土也不撣、滿地板的水也不擦若是有客來成甚麼樣兒呢　老爺別那麼說、家裏的事情多、一個人兒忙不過來　那麼、我問你、昨兒我叫你爖火、你睡晌覺起來、眼睛還睜不開了、難道、你沒工夫做家裏的事麼　老爺另雇別人罷、小的不幹了　你這個人

實在混帳、你向來還是嘴硬잉 我怎麼嘴硬了 勿論做家裏的什麼事、竟等着挨이說纔幹哪、那還算人麼、近來又添了一樣兒毛病、你有朋友잉來、把我的各樣兒的東西、拿出去用、這還像事麼 我多偺拿您的東西去了 你別不認賬、昨兒個你拿我的茶葉、我悄々兒的進來瞧見了

我沒拿 你說你沒拿、我現在到你屋裏、搜숴一搜去

您竟管去搜 你瞧々這是什麼、你還這樣護후短돤麼 那是我各人買的、您不要賴我罷、實在委위屈취得很 這兒有眞贓實犯、你還不肯認賬、你滾쿤出去罷、我不要你了 老爺別生氣、小的下次再不敢了、求您寬콴恕수我罷、給老爺磕

頭　你眞是滚力肉我也沒有法子、這次饒^ㅛ你罷

第二十三章　叱罵厨子

你去把厨子叫來　厨司務、老爺叫你哪　老爺叫我做甚麼　我問你、你做事、老是這麼邋^라裏邋^타蹋的告訴你好幾回了你總聽不進去、這是怎麼了　老爺吃的用的東西、都是洗得乾淨了的　你別不認、你這飯碗、洗過了沒有　那兒有不洗、就給您盛^청飯的理呢　那麼、你瞧這是什麼、難道、你是睜着眼兒的瞎子麼　這是他們拿錯了給您換乾淨的來罷　我告訴你、厨房裏總要拾掇得乾乾淨淨兒的、別拿使剩下的臟水、洗吃飯的傢伙、我那天、看

見你把洗油膩東西的搌布(잔부)、就給我擦桌子、那還行麼

小的、往後記着、就是了

還有一件事、你那厨房裏瓢(퍞)朝天、碗朝地的、招了好些個蒼蠅(창잉)、你也不管、那是怎麼了

是因爲我有個朋友來了、躭悞了一會兒工夫、沒能拾掇了

我還告訴你、厨房裏燒火、不論是夜裏、是白天總得小心、叫火星兒、迸在煤堆裏、不定多偺、你就留心罷

這些事小的都很留神的、請老爺放心罷

你天天買來的菜、不很新鮮、萬一吃出病來、算誰的不是呀

小的天膽、也斷不敢買不新鮮的菜

只要你明白、就得了、你去罷

第二十四章　曉諭苦力

你去叫幾個挑脚的來、把這些貨、運到棧房裏去　他們說、今兒天晚了、明兒再說罷　那如何行得呢、你再去叫他們來　等我告訴他們罷他們說、今兒天又冷、又是陰天、而且、時候也晚了、只好明兒再說罷　不行、你要告訴他們、我們這行裏、出入的貨物多、若是給我們好好兒的做、與他們也有好處、因爲後來日子長、不是這一盪兒的買賣　可不是麼、我也是那麼告訴他們的、無奈他們總不肯聽、我也沒有法子　哎、你既是頭目、你該當把這些話、細細兒的說給他們聽、不要耽悞我們的事　話是不錯的、他們到底不聽、實在是沒法子的事、您也別抱怨我

呀　那兒有不聽的理呢他們無非爲幾個錢兒、若是他們給我盡心竭力的做、難道、我是木頭人兒、不知道好歹的麽　您這話狠明白了、那總要給他們一點兒好處的多加幾個錢、倒不要緊、可是他們若耽悞我的事、怎麽辦呢　那斷不敢的

第二十五章　新歲請安

回票老爺、李老爺給您拜年來了　你去、請進來讓到書房裏坐　兄台新喜了　老弟新喜了　兄台請上、我給您拜年　不敢當一說就是了　老弟請起來今年陞官哪、發財呀　好說、大家同喜哪　老弟、今兒個是頭一天、出來

麼　我是昨天出來的　得拜幾天哪　也不過五六天
就拜完了　打算多偺到省裏去呀　我打算初八進省
得多偺回來　得過了節回來罷　老弟、起頭年封了印、
總沒到衙門去　封了印之後、還去了兩盪、辦了幾件零
碎的事情　趕開了印之後、就該忙了罷　可不是麼、趕
開了印之後、就沒甚麼閒工夫了　老弟請再喝盃茶罷、
還有我們這兒、現成兒的煑餃子、請吃幾個罷　我在家
裏吃了出來的、現在還不餓了、我該走了　忙甚麼了天
還早哪　是因爲該去的家數多、去晚了不像事　那麼
勞老弟的駕、到家裏先替我請安道新喜罷　是回去都

替您說

第二十六章　尋訪未遇

前日給您請安來、遇見您納出外去　可不是失迎失迎、本來我沒打算出門、就怕是有人來、我們舍親上這兒來了、再三再四的、約我出去、又不好固辭、那兒想到您就來了呢、眞得罪不少　那兒的話呢、我也是前兒纔得工夫、想偺們這些日子沒見、所以特來問候、不想來得不虔誠您沒在家、我還等了會子、和孫少爺談了半天、看見光景大概是一時回不來、府上的人都說是沒準兒、故此我就先回去了　您說也巧了、我回來的時候兒、家裏人說、您纔走、要打發人去赶去罷、又不知道您往那裏去了、哎、大遠的往這麼來、空回去、眞叫人不好意思啊　那兒的話呢、到您這兒、我還是外人麼若是渴了餓了的時候兒、就是您不在家、我還不會自己要麼

第二十七章　謝友不逢

前天失迎失迎我們今天特來道謝　不敢當不敢當、前兒個到您府上、實在天晚了、所以趕忙的回來了、那一點兒東西、不過是些個頑意罷了、何敢當謝字　好說好說您帶來的東西、固然是不少、親友們多、那兒不得應酬呢、若是都像給我的那麼給、恐怕分不過來了罷　那兒的話

呢、沒有什麼、本應當給您帶點兒什麼成用的東西來、但是不好帶的不好帶、況且、貴的是眞貴、道兒上倒顯着招搖、所以不過是弄點兒粗東西、遮(저)羞(샤)而已　好說、還要什麼好的呢、這個我們看着就都寶貝似的、又不出門、那兒能見這樣希奇的東西、還有幾樣兒不認得的呢、前兒個、看了一晚上、看來看去直不知道是作什麼用的、您明兒有工夫的時候兒、務必還求指教指教　是過兩天、我們再來請安的時候兒、可以把他試用一回、自然就都知道了

第二十八章　謝友辦勞

前者(저)實在費心費心　好說好說都辦得不周倒、恐怕倒

耽悞了您的事情了罷　那兒的話呢、我們這感激不盡了、您納說、我這件事、那兒有工夫辦、再有至近的親友們裏頭、誰肯替我擔這樣的沉重呢、若不虧您納、實在糟極了、恐怕耽悞到這時候兒、也還沒章程呢　那兒的話呢本來我也不知道什麼、向來在您跟前、也沒效過勞、遇見這麼點兒事、既是能辦的、還敢不上緊的辦麼、要不然、可要朋友作什麼呢　話雖是這麼說、您待我的這情分、實在是不能一時報答的、只好記在心裏就是了

第二十九章　見畫工求畫

聽說您的法繪實在好、多偺我總得求求您納　我畫的

實在拿不出手、我怕是給您蹧잡蹋타了紙　那兒的話呢您這太謙了　您瞧這幅山水兒畫的怎麼樣　這就是您畫的麼、章法勾多麼好啊、眞是古名人的樣子　您這也太加奬譽위了、我不過纔學畫、只要您不嫌辭、我就給您胡亂畫就是了　好說、明兒我就打發人、把紙送到您府上去　是、就是罷　我還聽說趙夫人的花卉、和錢小姐的昆虫說是畫的很好了　是不錯、您沒瞧見過麼　我沒瞧見過　我瞧見過趙夫人畫的一幅桃花兒、題目是桃紅復含함宿숙雨、畫出來、桃花兒眞是帶着雨的樣子、您別提多麼好看了　啊、是工筆的、是寫意的　是工筆的　我

想畫畫兒這一道、也在乎人的學問見識　那是一點兒不錯、我聽說古來有那麼個時候兒、考試畫畫兒、這一場出的題目是、萬綠叢中一點紅　這個怎麼畫呢　有畫的是一片青草、一個婦人、頭上戴着一朵紅石榴花兒　這個有點兒意思　內中有一個人畫的是一片大海一輪紅日剛來出的樣子　這個可眞好極了

第三十章　漢語討論

聽見說、你的清國話、如今學得很有點兒規矩了麼　那兒的話呢、人家說的我雖懂得、我自已要說還早呢、不但我說的不能像別人兒說的成片段兒、而且一連四五句

話、就接不上了、還有個怪處兒、是臨說話的時侯、無緣無故的怕錯、不敢簡簡决决的說、這麽樣兒、可叫我怎麽說呢、我也灰了心了、想着就是這麽樣兒的學來學去、也不過是這麽個本事兒、那兒還能勾가有長進呢　這都是你沒熟的緣故、我告訴你、無論他是誰、但遇見個會說清話的人、你就趕着和他說話再有那清話精通的師傅們、也要往他們那兒去學쌰、天天兒看書記話、時時刻刻的說、舌頭就活了、若照着這麽學、至多一兩年、自然而然的就會順着嘴兒說了、又愁차甚麽不能呢　大哥、你的清國話是甚麽空兒學的、說得聲兒好、而且又明白　啊、承您納誇

獎、我的清國語還算甚麼呢、我有一個朋友、滿州話說得很好又清楚、又快、沒有一點兒漢音、很熟鍊了、不但這個、而且記得話兒也多、那纔可以算得是好呢　他比你如何　我怎麼敢比他、我可不是他的對手兒、差得天地懸현셔隔呢　甚麼緣故呢　他學得日子深、會得多、頗파好書、如今還是不離嘴兒的念、不離手兒的看呢、若要提他實在是難哪　大哥、你這話只怕有點兒說錯了罷、你忘了有志者事竟成這句話了麼、他也是學會罷了、并不是生了來就知道的呀、咱們那點兒不如他、任憑他是怎麼樣兒精熟、咱們只要拿定主意、用心去學、雖然到不了他那個地步

兒、我想也就差不多兒了

第三十一章　邀友觀花

您不說是到了三月、您請我逛花兒來麼、這不用您去請我、我自各兒就來了　我今兒本來要打發人去、您來得正好了　這眞省了您事了、頭幾天要不下雨、我早就來了　頭幾天也沒大意思、梨花兒、杏兒、桃花兒、都還沒開哪　那麼、現在呢　現在不但這個、連丁香海棠、香蓉兒都開了　這倒有個趣兒、還有昨兒、我到花兒廠子去看見、他們迎門兒、都有一盆花兒仙人掌　是、不錯、您知道是甚麼緣故麼　我打聽他們、據他們說、可以避麝(外)香氣、我可不知道麝香礙着花兒、什麼相干了　您可不知道、像這三月裡景兒、碧桃藤蘿、就是草花兒、荷包木槿、不論甚麼花兒、一沾麝香味兒就歇了、這說的可是生麝香、可不是熟麝香　啊、還有這麼些講究哪、我可眞不通行　那是了、偺們別竟在這兒談一談、您瞧天不早了、偺們溯打去罷　就是黑了、也不要緊的、偺們不會打着燈籠去麼　啊、您的高興眞不淺了

第三十二章　邀友會食

前次承兄台枉顧、今兒特來謝步　豈敢、老兄實在多禮　那兒的話呢、這是該當的　老兄這一向官差如何　這

幾天稍微的漸消停一點兒　老兄是能者多勞　承過獎了、不過以勤補拙就是了　老兄太謙了　今兒兄弟來、打算初五、奉請兄台、在同慶堂一聚會、求老兄千萬賞臉、別推辭　兄台何必如此費心、偺們一見如故、不必拘此形跡　這不過是兄弟一點兒誠心、聊盡地主之情、況且同座幾位、都是偺們道義中人、又是和兄弟至好、大家不過聚在一處、談一談就是了　既蒙老兄擡愛、我就遵命了　豈敢、這是兄台賞臉賜光了、那麼、明天我備帖過來就是了　偺們今天、當面說明白了、老兄不必送帖來了、不過請告訴我時辰就得了　那麼、我就從命不送帖來了、偺們初五午初、在同慶堂會面就是了　我届時必要早到的　那好極了　還有一件事、我要奉懇老兄、替我爲力　兄台有何事吩咐　因爲我這是初次到京、擧眼無親、現在要投供、無處找互結官、老兄若有素識投供的朋友、求您給我、找一位互結官、纔好哪　此事甚巧、現在有一位朋友是擧人、他連今年會試、算是已過三科了正打算要投供候選了、你們二位互相保結、倒是很好、偺們初五、這約、就有此公在座、那個時候、便可當面商議這實在是萬分湊巧了、此事全仗老兄爲力了　豈敢、該當効勞的、我也要告辭回去了　偺們初五見、就是了

老兄回去了　再見再見

第三十三章　夏搭涼棚

怎麼、我今兒來覺着您這屋裡、顯着黑多了、是甚麼緣故呢　您眞是不留神、您進來的時候兒、沒看見搭써涼棚了麼　您瞧我多麼慌疎、我還沒大理會哪　您的眼睛竟看甚麼來着呢　我看您那幾盆柘榴花兒、和那幾顆西番蓮、那兩盆架枝桃、開的眞是愛人兒了　這不過幾盆草花兒、有什麼好看呢　像您這整天家、屋裡黑漆漆的作個活兒、寫個字兒的、您也不懣페悶的慌麼　慣了也是一樣、若是不搭涼棚、我實在熬와不過這個熱去　涼快可

是涼快、花兒甚麼的、永見不着太陽、可也開不好　沒什麼好花兒罷、有時候兒、把涼棚拉起來、晒一晒也就得了、像您貴府上、怎麼到了這五月、還沒打涼棚呢　舍下是永不搭、因爲搭涼棚很懸心　這有什麼可懸心的　您是不知道弊處的風俗、常有祭祀(지스)的時候兒、放鞭炮呢　這是什麼意思呢　古來是拿他嚇唬(샤후)鬼、如今是拿他祭祀神了、像鞭炮和麻雷(레)子、還不大要緊、就是雙響兒、二踢脚、若是迸在涼棚上、可真了不得　好在弊館、離住家兒的很遠　是您這兒不怕

第三十四章　雇用馬車

我叫你雇的車、你雇來了麼　雇來了　雇的不是跑海的車麼　不是跑海的車、是宅門兒的車　車圍子都是新的麼　全都是新的　宅門兒的車、怎麼能拉買賣呢　是因爲他們老爺沒差使、怕牲口閙出毛病來、所以叫趕車的套出來、拉一天買賣了　啊、那敢情是很好的了、還有一層(청)那趕車的若是個力把兒頭、趕到了前門、走到石頭道上、可就把車竟往(시)跩窩裏頭趕、把人顚的頭暈眼花、連坐車的屁股蛋兒、都可以給撴(운)腫了　現在是個好手趕車的、決不至於這麼樣　是多少錢雇的　跟他說妥了的是六吊錢、連飯錢也在其內、赶老爺坐車回來的時

候、若是天太晚了、再賞給他幾個酒錢也可以的、小的不用跟老爺去麼　哼、你可以盼在車沿兒上、跟了我去罷　是　先把那塊花洋氈子、拿到車裡頭去鋪好了罷、你不是有兩頂官帽兒麼、你可以借給趕車的一頂戴罷　是、老爺上車、不要板登兒麼　哼、要、你拿脚、把板登兒那頭兒踹住了罷、啊、你快把棍子取來　小的拿來了、遞給您、您就掖在氈子底下就得了　哼、你快上車罷　吆喝罷

第二十五章　旅行束裝

我現在要上上海去、你把東西都歸着起來　老爺打算多早晚兒起身呢　一兩天就要動身　那麼、這粗重的

傢伙、也都帶了去麼　不啊、那我打算、託朋友都把他拍(씨)賣了、等我今兒晚上連夜、把拍賣的和留着的分出來、再打點罷、我先把這箱子騰空了、把這零碎兒、都插在裏頭好不好　好是好、趕插在裡頭之後、可得拿滑(솨)藉(저)、或是棉花、充着結實了、別叫他在裡頭搖晃纔行了　那是自然的、還有那些衣服怎麼樣呢　那疊着歸在那皮箱兒裡、(솬)軟片一塊兒打包　就是了　那書槅子上的書、和字帖、條幅、都拿紙裹上就行了　那匾額竟把字撤出來、那架子不好帶、可怎麼辦呢　那就先擱着罷　老爺箱子都裝好了、那麼、把蓋兒蓋上、可以就先釘死了罷　可以可

以、你把那張紅紙遞給我、寫個鐵(철)字貼在箱子上　那皮
箱還得上鎖拿馬蓮包、包上然後、拿繩(레)子綑(쿤)上、可就省得
車磨了　不錯、那繩子扣(쿠)兒、務必要勒死了、看上車之後、
別提蕩開、你快打發苦力去、買兩張油紙來、包那綢子
嗜、那軟(솬)簾(렌)子摘下來、捲上不好麼　也好還有那把旱傘
也套上罷、再把這文具、都裝在白拜匣裡　現在把您的
舖蓋、也都捲起來罷　把夾被棉被都疊起來、裝在褥(수)套
裡、那褥子明兒個還要舖在車上哪　是明兒個把那馬
蓮包的箱子煞(싸)在後車尾兒上您想怎麼樣　使得罷、那
磁器得拿紙蘸上水糊上再裝纔妥當了　這個法子更

妙了　回老爺知道、某老爺打發人、給您送了送行的禮物來了　拿進來、拿出我的名片給他去、又叫他回去道謝就是了

第三十六章　搬家運貨

啊、好容易我今兒纔租妥了一所兒房子、本來是一個小廟、那個屋子可很乾淨、房錢也不大　是在甚麼地方、有幾間屋子　在齊化門外頭、日壇西邊兒、我可不知道那個地方的名兒叫甚麼、那房子是三間正房、有四間廂房、還有兩間倒座兒、東[illegible]사라拉裡有厨房、和你們住的屋子、茅房是我搬了去之後、我得找個地方蓋一間　那麼、老爺

打算多偺搬呢　我打算、今天就趕緊的挪過去、爲得是到那兒、給房錢的時候、解月頭兒起好算　那麽、小的今天得趕緊的、把東西先歸着잔歸着잔罷좌　哼、你先把這零碎東西、挪到院子裡去、把地毯拿笤箒先掃一回、捲起來、拿繩子綑上、後來那書槅子和櫃子還有其餘的那些個粗重的東西、你挑那皮刺的、都裝在那個劉二雇來的大車上罷　是、老爺外頭的那些個小物件、是我想要裝在一個大傢伙裡、叫苦力挑了去、倒妥當　很好、可是那些個磁器、可得好好兒的拿紙包上、那床、若是不好搭、可以卸씨下來、等拿過去、到那兒、再安上、然後再把帳子、還照舊的

지 搘上　老爺從先掛那些對聯和扁幅的那個釘子、是得都拔下來麼　哼、嘿嘿、你留神、看墻上的土、掉下來、你怎麼、不拿鉗子拔呢倒拿鎚子打呢、　是　哎你和苦力說小心出大門的時候、磨傷了桌子　是、那麼、我也跟着東西一塊兒去、先把東西、都照舊擺好了罷　那先不必、等那兒掃得了之後、鋪上地毯、那桌子椅子就先暫且散擱着、等我過去、再調度安置、若你一個人兒弄不了、找個夥件兒、幫着也使得、務必儘這一天、都挪過去纔好哪　是

第三十七章　探問年形

老爺是幾兒打屯裡來的　我到了好些日子了　老弟

來了、我總沒聽見說、若是聽見、也早去瞧你去了　咱們住的地方很遠、您納又是官身子、那裏聽得見呢　我問你、你們的地方在那兒　在霸州所屬的地方兒　挨着琉璃河麼　不是、是渾河那塊兒　今年那兒的莊(좡)稼怎麼樣　好得很、十分收成了　這奇怪得很、他們不是先說潦(요)了、又說旱了麼、　那都是謠言、信不得的、別說別的、黑豆的價兒、十分便宜、十來個錢一升、這有許多年來、沒有這麼賤了　是眞的麼　可不是眞的麼　若是這麼着、你再打發人去的時候兒、請替我買幾石(단)來用多少銀子、算明白了告訴我、我照着原買的價兒給你　是了、我

看見您納槽上拴着好幾匹馬、也總是買豆子餵的、與其偺們這兒買的價兒貴、倒不如在那兒帶了來、有減半兒的便宜呢

第二十八章　慰問吊喪

您承着是誰的服啊　是、我穿着我們太老爺的孝　啊、您家太老爺有一年來京引見、到舍下去過一次、我聽說很硬朗的、是得了甚麼病啊　是、因爲現在的事情、一切都棘手、憂勞成疾、又勾起老病兒來了　是多偺去的世是、去年六月過去的　這眞想不到、若是在世、今年高壽了　若是在世、今年整六十歲了　這眞可惜得很、您想

開着點兒罷、再說也筭到了歲數兒了　是、這麼着　是
在籍(디)病故的麼　不是、是在河南任內病故的　那麼靈(링)
柩(작)、起回來了麼　是、我家老爺、聽見這個凶信、就赶緊的
去、扶柩回籍守制(지)來了　啊、您這是在籍丁憂了、穿孝的
服、多偺起服呢　旗籍漢籍不一樣　怎麼不一樣呢
若是旗籍、一百天就起服、若是漢籍、二十七個月纔起服
哪　您是旗籍是漢籍呢　我們是漢籍　啊、是了

第三十九章　病中慰勞

夫人您來了、您可好了、您把我都要想壞了　是、實在感
情的了不得　好說、我屢次的給您打得律風去、問候您

納、我可以又不敢造次到您貴館　是、那時候我實在不敢請您到弊館去、恐怕病身子、禮貌不能週到、怠慢您納那兒的話呢　今兒我還特意來、謝謝您納、屢次承您賞東西　您這實在多禮、那麼點兒東西、您還提起來、實在令人慚愧得很、您請這邊兒坐罷　您瞧我多麼慌踈、我還忘了問問您納、大小姐那天回來好呀、沒累着、又沒熱着啊、　您的禮兒是眞多、也沒累着、也沒熱着、　啊、那就是了、今兒他沒在家麼　沒在家、是他姨兒接去住着去了　我還要謝謝他勞駕哪　孩子們不是應當瞧您去的麼、您現在還吃藥不吃藥了　現在倒不吃藥了　您臉上刷白、可顯着瘦多了、精神可還照舊的樣了　是要復元兒還得過些個日子　是、您總得多吃點兒補養的藥、下個病根、也不是頑的　是我要回去了　您忙甚麼、偺們姐兒倆這些日子沒見、多盤桓一會兒罷　我是病好了、各處都要到一到

第四十章　見醫師問病

老爺來了、勞駕勞駕　好說好說、今兒個天氣還好啊是請茶　請府上欠安的、就是您本人兒麼　可不是麼、病了這麼些日子、也請過些位先生乍瞧、都彷彿是好、其實沒見什麼大効、所以就悞到這時候兒了、昨兒聽見弊

友說、老先生高明得很故此勞動大家、您救一救我罷

好說、您這病從得現在有多少日子了　這說起來、也足有三年了、每逢一到冬天就犯、一直的得到二三月裡、纔能見好、藥也不知道是吃了多少了　您這犯病的時候兒、能勾起來不能勾　不能勾、就在炕上爬着、若是工夫大了、忽然一動、就喘得了不得、總得吐出幾口痰來、纔能稍止住一點兒　啊、痰裡帶血不帶　有麼、咳嗽一大發、就有血、還有痰也是和尋常的不一樣、稠糊糊的帶一股腥氣、一到嗓子惡心的受不得、請了別的大夫瞧、也有說肺熱的、也有說勞傷的、也有說應當踈通的、也有說該吃

補藥的類如什麼人蔘鹿茸、吃的也不少了、身子也不見足壯、前幾天又有人叫天天兒吃白木耳、我想那更是沒甚麼力量的東西、所以也沒吃他、您看是怎麼樣　現在聽這病源、還是肺經受傷、您請胷口廠開、我們這兒有問病筒、可以查考查考、您請躺下　那麼實在的不恭　您別動、等我聽一聽您可以數幾個字兒　一二三四五六七得了、您還是肺經受傷現在在左肺上邊、已經壞了、方纔說的、吐的那個腥痰、那就是膿、這個病總得治病源、我想您從前、必是酒喝得過于利害、所以肺經受傷、也是因爲酒不化食、身子所以軟弱、肺經因而虧傷、現在總得先吃定喘的藥、早晚兒還得吃養身的藥、兩下裡加攻、纔能望好、這病實在是耽悞了、若是在前年一得的時候兒、就用這個法子治、一定不致于到這個地步兒　老爺說的何曾不是呢、都是叫人耽悞了、現在也後悔不及、只好求您施妙手救我罷、等好了一塊兒到府上、給您磕頭道謝去　您不必着急、我們是决不能不用心的藥呢、回頭我配得了、打發人送來、您總要多吃養身的東西、奶子喝不喝　可以喝　更好、一天要喝一半碗兒奶子、少着急、生氣、瞧書、下棊、是萬不行的、多養身、小着凉、這麼保養纔好、若是竟吃藥、您保養的不好、恐怕也是白勞、　承教謝謝、

您再坐一坐兒罷　不了、別處還有幾家呢、也是要早去的　那麼、叫他們替我送送這個藥罷、我給您磕頭了

華音二千字文

天텐 地디 父뿌 母무 君쥔 臣친 夫뿌 婦뿌 兄쓩 弟디 男난 女뉘
姊쯔 妹메 娣디 嫂싼 祖주 宗중 子쯔 孫쑨 姪쯰 姑구 甥셩 舅쥐
姨이 婭야 婿쉬 息시 妻치 妾쳬 嬸신 姆무 伯쌔 仲중 叔수 季지
族주 戚치 朋펑 友여 賓삔 師스 主주 客커 翁옹 媼운 童퉁 叟쒀
帝디 王왕 后허 妃예 將쟝 相샹 卿칭 士스 吏리 民민 工궁 商샹
僮퉁 僕푸 奴누 婢비 儒슈 俠샤 醫이 巫우 氓밍 肆리 妓지 娼창
僧썽 尼니 盜닾 賊제 夷이 狄디 蠻만 羌챵 耳얼 目무 口컥 鼻삐
股구 肱궁 手쒸 足주 頭퉈 腦놔 頷한 項썅 顴찬 頰쟈 頂뗭 額어
齒츼 牙야 唇춘 舌셔 眼옌 睛징 頤이 齶어 乳수 脅쎄 臍치 肛쌍

胷쓩 背베 腰얖 腹뿌 指즤 爪좌 掌장 腕완 肩졘 臂삐 肘젹 腋이
跗뿌 趾즤 腨쵄 踵중 臀둔 膝시 脛징 脚쟢 鬚쉬 眉메 鬢샌 髮빠
咽신 喉허 臟장 腑뿌 心신 肺뻬 肝깐 脾피 膽딴 腎신 腸창 肚두
皮피 肉석 膏간 血쎄 筋진 脈머 骨구 髓쉐 涎쎈 汗한 糞뻔 溺냪
首석 面면 身신 體티 日시 月웨 星싱 辰천 風뻥 雲윈 雨위 露루
霜쐉 雪쉐 霰쌘 霾매 雷레 電뎬 霞쌰 霧우 虹훙 霓니 颶뻬 飄퍞
霖린 凍둥 霢머 霂무 陰인 陽양 氣치 暈윈 彗산 孛뻐 氷쌩 雹퍞
水쒜 火훠 土투 石시 山싼 川촨 海히 陸루 原웬 野예 邱치 陵링
峯뻥 巒만 岡쌍 麓루 嶺링 嶽웨 峽샤 岫식 洞둥 壑허 巖연 谷구
隴룽 阪판 崖애 岸안 塵친 埃애 塊쾌 礫리 泉찬 瀑반 溪치 澗젠

溝꺽 渠쥐 陂피 池치 江쟝 淮홰 河허 漢한 湖후 澤쩌 津진 涯이

灘탄 潭탄 島닾 嶼쉬 浦푸 渚주 汀딩 洲작 潮챂 汐시 波써 浪랑

泥니 沙사 泡팦 漚억 國궈 邑이 京징 鄉샹 郡쥔 縣쏀 州작 都두

鄰린 里리 市쓰 井징 城쳥 郭궈 村춘 閭뤼 街졔 巷썅 蹊시 徑징

道닾 路루 橋챂 驛이 田톈 畦치 園웬 圃푸 境징 界계 阡쳰 陌머

金진 銀인 銅퉁 鐵톄 鍮텆 鉛옌 錫시 鑼라 珠주 玉위 寶봪 貝베

錢첸 幣쎄 圭퀴 璧비 炬쥐 潦럎 燈떵 燭추 薪신 柴치 炭탄 灰휘

硝샾 硫리 烽뽕 燧쉬 熛퍒 燄옌 烟옌 煤메 草챂 木무 禾허 穀구

柴치 蔬수 花화 藥얖 芝쯔 蘭란 蕙시 菖창 萱쎤 朮추 芎숑 芍샾

蒲푸 艾이 蓬펑 蒿핲 茅맢 莎샤 蘆루 荻디 茶투 蓼럎 薇위 蕨줴

蓮렌 荷허 薔창 菊쥐 葡푸 萄탄 藤텅 葛거 芭바 蕉챠 藍란 茜첸

葵퀴 藿커 芹친 薺치 茄쟈 芋위 薯수 莧쎈 菘쑹 菁칭 芥제 葑앵

韭작 菠버 葱충 薑장 瓜과 瓠후 菌쥔 蕈신 萵워 苣쥐 蒜싼 苡이

松쑹 栢배 檜휘 杉싼 梧우 桐퉁 梓쯔 漆치 楡위 槐홰 楊양 柳릭

橡샹 桂궤 榛첸 栗리 檀탄 椰예이 椒챠 橄간 梅메 杏싱 桃탄 李리

柿쯔 棗잔 梨리 楸치 橘쥐 柚여 柑간 枳쯰 梔즤 榴릭 櫻잉 柰의

楓앵 楮주 棣치 棠탕 桑쌍 柘저 杻누 檗비 竹주 竿간 笋쑨 篁황

樹수 林린 菓궈 蓏거 根쓴 荄히 材치 幹간 枝즤 葉예 莖징 節제

蘂웨 萼어 蔕디 蔓완 黍수 稷지 稻닾 粱량 菽수 豆뎍 牟무 麥메

紵주 麻마 枲시 棉멘 蕎챠 秫추 秬쥐 粟수 苗먀 穟쉬 秧앙 粒리

糠캉 米미 糗칙 粮량 秔징 稬눠 芻추 稾ᄀᅶ 稊더 稗배 莠역 粳징
鸞란 鳳ᄫᅥᆼ 鸛관 鶴허 鴻훙 鴈안 鳧ᄫᅮ 鴨야 鷗우 鵝어 鶩우 鸚잉
鶉춘 鳩직 鴝거 鵰ᄃᅸ 鷂ᄋᅸ 鴣구 鴇ᄇᅶ 鳶옌 鷹잉 烏우 鵲ᄎᅸ 鷥사
梟ᄉᅸ 鸎잉 鴷례 鷄지 雉즤 鷰옌 雀ᄎᅸ 麟린 麋미 麕쥔 鹿루 虎후
豹ᄇᅶ 象샹 犀시 兎투 獺라 貂ᄃᅸ 鼯우 豺채 狼랑 狐후 狸리 馬마
牛닉 羊양 豕싀 駒쥐 犢두 羔ᄀᅶ 豚툰 驢뤼 騾뤄 犬춴 猫ᄆᅶ 鼠수
熊슝 猿웬 蛟ᄌᅸ 龍룽 鯨징 鱷어 魴ᄫᅡᆼ 鯉리 鮮션 鰣싀 鯊사 鱸루
鮒ᄫᅮ 鱨창 鯼총 鯖칭 鮎덴 鱺리 魨툰 鱖귀 鱔샨 鰒ᄫᅮ 鰍취 鱓샨
鰕쌰 鰈데 龜귀 鼈베 蟹셰 蟶청 蝸워 蠃뤄 蠔ᄒᅶ 蛤거 蜂ᄫᅥᆼ 蟻이
蝴후 蝶데 蜻칭 蜓팅 蟋시 蟀쇄 蠶찬 蛾어 螬ᄎᅶ 蟬찬 蛛주 蠅잉

蚊운 蝎쎄 鼃와 蟾찬 蛇서 蝮뿌 蚓인 蛭즤 螢잉 螽중 蛆주 蠹두

蚤잔 蝨싀 蛜이 螺뤄 蚣궁 蠓멍 禽친 畜추 犧시 牲셩 鳥냐 獸셔

魚위 虫충 雛추 麋미 鮞얼 卵란 牝핀 牡무 雌츠 雄쓩 羽위 毛맏

鱗린 甲쟈 鬉쭝 尾웨 蹄티 角쟢 翼이 翮거 咮쥐 嗉수 塒쓰 牢랖

巢찬 殼쟌 宮궁 室시 殿뎬 闕췌 舍셔 宇위 家쟈 宅쪠 臺태 榭쎄

亭팅 館관 寺스 院웬 樓뤄 閣쒀 房빵 堂탕 屋우 廊랑 府뿌 庫쿠

倉창 廩링 棟뚱 樑량 柱쥬 椽엔 檐옌 甍멍 梯티 檻한 窓창 牖여

門먼 戶후 閨쒸 扉뻬 楣메 閾위 廚추 竈잔 廐직 厠쓰 階제 庭팅

墻챵 壁비 苑웬 囿여 廬루 店뎬 礎추 突투 瓦와 甓피 鎖쒀 鑰얏

釘딩 鈴링 垣웬 籬리 簾롄 棚펑 庋지 架쟈 牀촹 榻타 屛핑 帷위

帳장 幕무 壇탄 廟먀 碑베 塔타 塚충 墓먀 棺관 槨궈 舟작 船촨

舶버 筏빠 棹닾 楫지 帆빤 檣창 舳작 艫루 篙깐 篷펑 舷쒠 柁둬

艫뤄 根탕 車처 轝위 軒쒠 軺야 輪룬 軸작 轂구 輻뿌 轎쟌 輦넨

蓋개 傘싼 鞍안 轡페 羈지 靮디 紙쯔 筆세 墨머 硯옌 簡젠 策처

版판 牘두 符뿌 璽시 印인 牌패 棊치 枰핑 毬취 博버 器치 皿밍

几지 案안 楎휘 椸이 椅이 桌줘 瓶핑 罌잉 甑쭝 甕웡 鼎딩 鍋궈

釜뿌 鑊훠 盆펀 瓨쌍 楪데 椀완 簋궈 鉶싱 盃베 樽쭌 鍾중 鉢버

尌줘 勺샤 匙츼 筯진 俎주 盤판 箱샹 篋샤 笥쓰 籠룽 筐쾅 奩롄

櫃궤 櫝두 篘추 籔써 篩씨 籮뤄 箕치 帚적 囊낭 橐퉈 杵추 臼쥐

檠징 釭강 扇샨 爐루 氈쟌 席시 升성 龠야 斗뚜 斛후 衡헝 錘취

杖장 尺츠 釿진 斧뿌 鉅쥐 鑿쒜 錐쥐 刀닾 犂리 鎌렌 機지 梭쒀

筬청 軖쾅 碓뒈 礪리 磨머 砧쩐 鉏추 鍬챂 犁리 鍤차 耒레 耙바

耞쟈 耰우 繒쩡 丸환 笴거 鉋팦 網왕 罟구 餌얼 鉤거 弓궁 矢싀

弩누 箭젼 干간 戈거 釼젼 戟지 旗치 纛두 旌징 旄맢 鞭볜 棍쭌

韔창 箙뿌 布부 帛버 錦진 繡식 紗샤 綾링 羅뤄 縠구 經징 緯웨

綵채 紋운 絲쓰 纊쾅 絛턒 索숴 衣이 服뿌 冠관 帶되 襦수 袴콰

裘칙 衫샨 袍팦 襖앞 裙췬 裳샹 裌쟈 袖식 裾쥐 衿진 靴쉐 屨쥐

鞵쎄 屐지 襁챵 褓밮 縢텅 韈와 鎧미 胄쩍 蓑쒀 笠리 縗취 絰즤

帽맢 笏후 紳신 韠비 綦치 纓잉 縫뽕 緣옌 裔이 幅뿌 巾진 帨쉐

珥얼 佩페 衾친 裯처 枕쩐 褥수 釵치 笄지 鏡징 鑷네 髻지 髢디

梳수 篦비 鍼젠 線센 膠쟢 糊후 粉앤 黛디 臙옌 脂즤 飮인 食시

肴얖 膳샨 飯앤 餠빙 糜미 粥쥐 酒작 醴리 醪랖 麵몐 菹주 醬쟝

羹껑 臛화 脯뿌 醢히 腒쥐 鱐수 膾쾌 炙즤 飴이 蜜미 醋추 虀지

油여 鹽옌 豉츼 糟찬 麯쥐 糠캉 鍾중 鼓구 磬칭 管관 簫샾 笛디

琴친 瑟써 仁신 義이 禮리 智즤 孝샾 悌티 忠중 信신 慈츠 良량

敦둔 睦푸 寬콴 和허 恭궁 愼신 是씌 非뻬 善샨 惡어 吉지 凶숑

悔휘 吝린 聖성 賢쎈 睿쉐 哲저 英잉 傑제 豪핲 俊췬 春춘 夏샤

秋칙 冬동 歲쉐 時시 早짶 晚완 寒한 暑수 溫운 凉량 晴칭 曀이

澇랖 旱한 晝적 夜예 晨천 昏훈 曉샾 晡부 朝잪 夕시 昨쥐 翌이

期치 晬쥐 旬쉰 望왕 晦휘 朔쉬 東뚱 西시 南난 北베 左쥐 右여

前첸 後허 上샹 下샤 中중 間젠 登덩 降쟝 仰양 俯뿌 邊볜 隅위

旁팡 側처 內너 外왜 表뱦 裏리 彼삐 此츠 處추 所쒀 往왕 來래

行싱 止즤 靑칭 黃황 赤치 黑헤 朱주 玄쉔 素수 白비 丹단 紺간

蒼창 翠취 紅훙 紫즈 綠루 碧비 酸쏸 鹹쏀 甘간 苦쿠 辛신 辣라

羶산 腥싱 臭척 味워 聲성 色써 嗅허 啗단 視싀 聽팅 音인 響샹

芳빵 香샹 光꽝 彩처 形싱 影잉 唱창 嘯쌰 吹취 彈탄 舞우 蹈돠

歌거 詠융 睨니 窺퀴 望왕 顧구 瞻잔 觀관 省싱 呑툰 吐투 嘘쉬

吸시 飢지 飽반 醉쮀 醒싱 聾룽 瞽구 聵회 矇멍 聞운 見첸 聰충

察차 寤우 寐메 睡쒜 夢멍 戲시 笑쌒 喧쒠 聒꽈 歎탄 咄둬 瞋천

瞬슌 涕티 淚레 嚏티 哭쿠 鼾한 啞야 顰핀 呻신 噴펀 噠더 唾퉈

衂부 拳촨 掬쥐 拱궁 抱봐 握워 執즤 扶뿌 持츼 擡틔 舉쥐 捫먼

搔쌒 攀판 捧뻥 提틔 擕시 醞운 釀냥 斟쩐 酌줘 酬챠 酢줘 餽퀴

餉샹 貢궁 獻쎈 贈쩡 賜츠 求챠 乞치 報봐 償창 文운 武우 技지

藝이 射서 御위 書수 數수 史씌 傳촨 詩싀 詞츠 章쟝 句쥐 箋셴

註주 篆좐 字쯔 圖투 畫화 卜부 筮쐬 律뤼 曆리 講쟝 讀두 吟인

誦쑹 學쟢 習시 記지 錄루 軍쥔 旅뤼 營잉 陣쩐 攻궁 守쇠 戰잔

伐빼 兵빙 刃신 擊지 刺츠 騎치 乘청 馳츼 突투 計지 謀뭐 許쉬

諾눠 告꽈 戒졔 詢쉰 訪빵 謗팡 訕산 譏지 嘲챂 叱치 罵마 欺치

誑쾅 疾지 病빙 痛퉁 癢양 瘧야 癘리 痔지 疸단 癨훠 痢리 疳간

瘖인 癎쩬 癩래 疔딩 疝산 痺비 痀쥐 腫중 脹창 痰탄 咳커 嗽쒀

喘촨 痘뚜 疹전 瘡창 癰융 疣역 痣지 疥졔 癬쎈 婚훈 姻인 嫁쟈

娶취 胎태 孕윈 産찬 育위 葬쨩 埋매 祭지 祀쓰 餞젼 饗샹 宴옌

樂러 探탄 摘지 擁융 挾쟈 招잔 搖야 掩옌 揮휘 披피 捲좐 投턱

擲지 拘쥐 攀펜 掛꽈 垂취 跬퀴 步부 蹤중 跡지 踊융 躍야 踐쳰

踏타 超찬 越웨 蹲춘 踞쥐 跛버 蹇젼 蹶쥐 跆차 坐쥐 臥워 起치

居쥐 倚이 伏뿌 跪퀴 立리 顛뎬 倒닾 進진 退퉤 趨취 走쫙 拜배

揖이 言옌 語위 問운 答다 論룬 議이 談탄 說숴 敎좌 誘역 訓쉰

誨휘 召잔 呼후 請칭 謁예 慶칭 吊댜 賀허 慰위 會휘 遇위 盟명

約웨 灑싸 掃산 應잉 對뒤 盥관 漱수 沐무 浴위 農눙 賈구 匠쟝

冶예 漁위 釣댜 畋텐 獵례 稼쟈 穡서 耕겅 種중 耘윈 穫훠 樵챠

汲지 賣미 買매 賒셔 貸디 貿무 販판 賄두 贖수 鑄주 鍊련 劉쥐

剖퍽 採치 拔빠 捕부 捉줘 紡빵 織즤 繅쟢 染산 澣한 濯쥐 製지

裁치 春충 簸비 淅시 漉루 烹펑 飪신 蒸쩡 炊취 財치 貨훠 賦뿌

稅쉬 債지 價쟈 傭융 雇구 負뿌 戴디 轉좐 運윈 辨볜 訟숭 劵좐

簿버 爵쮜 祿루 官관 位위 法빠 度두 刑싱 政쩡 權촨 威위 勢시

力리 制지 作줘 命밍 令링 姓싱 氏씌 名밍 號한 倫룬 序쉬 班반

列례 功궁 罪쥐 黜추 陟즤 寵충 辱수 賞상 罰빠 人신 物우 性싱

情칭 古구 今진 事씌 理리 治지 亂란 得더 失시 可커 否부 成청

毀훠 生셩 死쓰 禍훠 福뿌 安안 危웨 存춘 亡왕 盛셩 衰쇄 窮충

達다 利리 害해 災쌔 祥샹 尊쭌 卑베 貴귀 賤젠 壽쑤 夭얀 貧핀

富뿌 愚위 慧훼 邪셰 正쩡 老랖 少샾 狀쫭 幼역 廉렌 貪탄 奢서

儉젠 姸옌 媸최 强챵 弱쉬 抑이 揚양 殺싸 活훠 勝셩 敗배 順쉰

逆이 大다 小쌒 長창 短돤 輕칭 重중 厚헉 薄뱦 淸칭 濁줘 高깦

低디 方빵 圓웬 曲취 直지 廣광 狹쌰 鈍둔 銳쉬 硬잉 軟완 肥뻬

瘠지 有역 無우 虛쉬 實시 疎수 密미 斷돤 續슈 剛깡 柔역 屈취

伸신 冷렁 熱싀 燥잪 濕싀 淺첸 深신 濃눙 淡단 融융 凍둥 滑화

澀써 精징 粗추 汚우 潔제 完완 缺췌 純춘 雜자 浮뻑 沉천 隱인

現쎈 開캐 閉비 出추 入수 聚쥐 散산 動둥 靜징 從충 違웨 離리

合허 明밍 暗안 通퉁 塞써 遲치 速수 緩완 急지 去취 留릭 用융

捨써 榮융 枯쿠 贏잉 縮쒜 眞쩐 假쟈 優역 劣례 加쟈 減젠 損순

益이 縱중 橫헝 遠웬 近진 歆이 整쩡 平핑 仄쩌 難난 易이 煩빤

閒쎈 專쫜 貳얼 詳샹 略뤠 翻빤 覆뿌 弛시 張쟝 稀시 稠척 泄세

蓄쉬 多둬 寡과 盈잉 虧퀴 增쩡 删산 溢이 涸허 洪훙 纖쎈 巨쥐

細시 紛뻔 紜윈 異이 同퉁 變벤 化화 周쩌 旋쉔 新신 舊쥐 始싀

終중 薈웨 蔚웨 蘢충 茂무 橋갼 萎웨 摧최 折저 凝닝 滯쯰 堙인

鬱위 滲선 漏러 潰휘 決줴 照잔 耀얀 焚뻔 燒산 灌관 沃워 熄시

滅메 豐뻥 好한 秀식 美메 尖전 碎쉐 破퍼 裂레 堅전 固구 侈츠

靡리 朽식 腐뿌 壞홰 落러 騰텅 翥중 飛뻬 鳴밍 潛천 藏창 遁둔

匿니 充충 滿만 汎뻔 濫란 空쿵 匱귀 竭제 盡진 放빵 逸이 奔뻔

逃타 回휘 還환 歸귀 反뻔 繫시 結제 牽천 曳이 游여 泳융 鮮제

脫퉈 壅융 蔽삐 阻주 隔꺼 恢휘 拓자 爽솽 豁허 勞랖 倦좬 催취

促추 休식 息시 玩완 弄눙 孤구 獨두 單단 徽휘 伴빤 侶뤼 羣췬

衆중 追쥐 隨쉬 交쟢 接제 送숭 迎잉 逢뻥 別베 毁휘 譽위 恩언

怨웬 辭츠 受석 予위 奪둬 志즤 意이 思쓰 想샹 知지 識싀 覺쟢

悟우 喜시 怒누 悲베 歡환 愛의 憎쩡 恃스 懼쥐 愉위 悅웨 欣신

快쾌 愁척 恨헨 憂역 慮뤼 慚찬 愧쿼 羞식 恥츼 悚숭 畏웨 恐쿵

怖부 慟퉁 悼닾 憐롄 恤쉬 悵창 戀롄 羨셴 慕무 誠청 僞웨 敬징

怠대 勇융 懘제 忿뻔 恕수 狂쾅 暴봐 酷쿠 毒두 謹진 嚴옌 弘훙

裕위 恬톈 雅야 惠회 諒량 驚징 疑이 猜취 妒두 端돤 莊좡 默뭐

訥눠 頑완 傲와 夸콰 誕단 謙첸 遜쑨 愿웬 淳춘 爭쩡 鬪퇴 猛멍

悍한 懶란 惰둬 嬉시 娛우 敏민 捷졔 勸촨 勉몐 荒황 湮인 驕잪

妄왕 貞쩡 淑수 舒수 坦탄 一이 二얼 三싼 四쓰 五우 六루 七치

八싸 九쥐 十싀 百빅 千쳰 萬완 億이 雙쐉 匹피 尋신 丈장 分쎈

寸춘 毫한 釐리 芒망 忽후 奇치 偶억 幾지 倍뻬 積지 累레 兩량

鎰이 吾우 我워 爾얼 汝수 勤친 孜쯔 奮쌘 發빽 沿옌 泝수 源웬

流릭 揣취 揆퀴 本쌘 末머 保봐 養양 德더 質즤 修식 飾씌 才채

能능 模무 楷캐 型싱 範쌘 規귀 矩쥐 準준 繩성 堯얖 舜순 禹위

湯탕 孔쿵 孟멍 顏안 曾쩡

大正二年九月五日印刷
大正二年九月十日發行

大正二年六月十七日朝鮮總督府警務總監部許可

定價金捌拾錢

著作者 京城北部諫洞二十九統十戶 高永完
發行者 京城北部碧洞四十三統七戶 楊明洙
印刷者 京城北部苑洞十二統一戶 申永求
印刷所 京城北部磚洞十四統一戶 曾成社
發行兼發賣所 京城中部典洞三十四統十戶 曾書館
分賣所 京城南部大廣橋卅七統四戶 滙東書館
京鄉各書舖

禁複製

華音正誤

刀音닾	四頁
軟音쏸	十一頁
閙音노	十三頁
土音투	十四頁
窩音워	十五頁
夥音훠	三十六頁
稀音시	四十八頁
避音피	七十一頁
高音잔	七十二頁
找音잔	七十六頁
早音쟌	七十七頁
狂字逛	八十一頁
備音뻬	九十六頁
沒字宜添加	一百二十四頁一行第四号
叔字收	一百三十六頁
萬音완	一百六十頁
坐着字宜添加	二百十八頁四行第九号
入音수	二百二十八頁
閙音노	二百三十頁
友音역	二百三十六頁
顧字題	二百四十七頁

“早期北京話珍本典籍校釋與研究”叢書總目録

早期北京話珍稀文獻集成

（一） 日本北京話教科書匯編

《燕京婦語》等八種

華語跬步

亞細亞言語集

北京風土編·北京事情·北京風俗問答

伊蘇普喻言·今古奇觀·搜奇新編

四聲聯珠

官話指南·改訂官話指南

京華事略·北京紀聞

（二） 朝鮮日據時期漢語會話書匯編

改正增補漢語獨學

高等官話華語精選

速修漢語自通

速修漢語大成

中語大全

修正獨習漢語指南

官話華語教範

無先生速修中國語自通

官話標準：短期速修中國語自通

“内鮮滿”最速成中國語自通

（三） 西人北京話教科書匯編

尋津録

語言自邇集

官話類編

華語入門

漢英北京官話詞彙

漢語口語初級讀本·北京兒歌

北京話語音讀本

語言自邇集（第二版）

言語聲片

華英文義津逮

北京官話初階

（四）清代滿漢合璧文獻萃編

清文啓蒙　　清話問答四十條
一百條·清語易言　　清文指要
續編兼漢清文指要　　庸言知旨
滿漢成語對待　　清文接字·字法舉一歌
重刻清文虛字指南編

（五）清代官話正音文獻

正音撮要　　正音咀華

（六）十全福

（七）清末民初京味兒小説書系

新鮮滋味　　過新年
小額　　北京
春阿氏　　花鞋成老
評講聊齋　　講演聊齋

（八）清末民初京味兒時評書系

益世餘譚——民國初年北京生活百態
益世餘墨——民國初年北京生活百態

早期北京話研究書系

早期北京話語法演變專題研究
早期北京話語氣詞研究
晚清民國時期南北官話語法差異研究
基於清後期至民國初期北京話文獻語料的個案研究
高本漢《北京話語音讀本》整理與研究
北京話語音演變研究
文化語言學視域下的北京地名研究
語言自邇集——19世紀中期的北京話（第二版）
清末民初北京話語詞彙釋